U0612585

中華古籍保護計劃

ZHONG HUA GU JI BAO HU JI HUA CHENG GUO

·成果·

涪陵图书馆
Fuling Library

涪陵區珍稀文獻圖録

◎熊世瓊　陳朝暉　主編

國家圖書館出版社

圖書在版編目（CIP）數據

涪陵區珍稀文獻圖録 / 熊世瓊, 陳朝暉主編 . —北京 : 國家圖書館出版社 , 2024.8

ISBN 978-7-5013-7999-6

Ⅰ . ①涪… Ⅱ . ①熊… ②陳… Ⅲ . ①古籍—圖書館目録—涪陵區 Ⅳ . ① Z838

中國國家版本館 CIP 數據核字（2024）第 036604 號

書　　名　涪陵區珍稀文獻圖録

著　　者　熊世瓊　陳朝暉　主編

責任編輯　程魯潔　田秀麗

封面設計　徐新狀

出版發行　國家圖書館出版社（北京市西城區文津街 7 號 100034）

（原書目文獻出版社　北京圖書館出版社）

010-66114536　63802249　nlcpress@nlc.cn（郵購）

網　　址　http://www.nlcpress.com

印　　裝　北京金康利印刷有限公司

版次印次　2024 年 8 月第 1 版　2024 年 8 月第 1 次印刷

開　　本　889 × 1194　1/16

印　　張　21.25

書　　號　ISBN 978-7-5013-7999-6

定　　價　480.00 圓

《涪陵區珍稀文獻圖録》
編輯委員會

顧　問

吴　輝　靖開媛

策　劃

薛秋紅　夏强偉　張　軍

主　任

劉　争

成　員

熊世瓊　陳朝暉　張　霞　劉　傑　李世君　鄧玉蘭　吴　密　王　瓏

主　編

熊世瓊　陳朝暉

副主編

劉　傑　張　霞

編　務

楊貴顯　楊雅涵　鄧紅玉　劉泓利　湛玉霞　劉葳蕤　鄧　潔

圖録著録

熊世瓊　陳朝暉

序

中華文化源遠流長，在數千年的歷史發展過程中，流傳下來燦若繁星的古代文獻典籍，是中華民族的思想智慧、人類文明的精神瑰寶。加强古籍保護對賡續中華文脉、弘揚民族精神、增强國家文化軟實力、建設社會主義文化强國具有重要意義。

黨的十八大以來，以習近平同志爲核心的黨中央站在實現中華民族偉大復興的戰略高度，對傳承和弘揚中華優秀傳統文化作出一系列重大决策部署，古籍事業迎來新的發展機遇。習近平總書記强調“讓收藏在博物館裏的文物、陳列在廣闊大地上的遺産、書寫在古籍裏的文字都活起來”。古籍是中華優秀傳統文化的重要載體，涪陵區圖書館在加强古籍文獻保護和文化遺産傳承的基礎上，注重文獻價值挖掘闡釋，講好中國故事，讓文字活起來，是踐行習近平總書記關於“着力賡續中華文脉、推動中華優秀傳統文化創造性轉化和創新性發展”重要論述的具體行動。

涪陵地處重慶市中部、三峽庫區腹心，長、烏兩江交匯於此，公元前277年區境始置枳縣，自唐代以來一直爲州治所在地。這片土地不僅保存着無數的歷史遺産，更珍藏着卷帙浩繁的古代文化典籍。涪陵區圖書館便是庋藏這些古代文化典籍的重要場所，其前身可追溯到1926年成立的涪陵縣公立圖書館，經歷近百年的滄桑變化，現有古籍藏書1.57萬餘册（件）。自2007年“中華古籍保護計劃”啓動以來，在區委區政府的大力支持下，涪陵區圖書館按照“保護爲主、搶救第一、合理利用、加强管理”的古籍保護方針，不斷改善古籍保護環境、强化人才隊伍建設、探索古籍活化利用，使涪陵區古籍保護工作取得突破性進展。

本書的出版，是涪陵區委、區政府推動古籍保護工程的重要内容之一。本圖録收録了涪陵區圖書館藏古籍236種，其中，17種入選重慶市第一批、第三批《重慶市珍貴古籍名録》。此外，亦收録具有代表性的館藏民國時期傳統裝幀書籍45種，以及涪陵區古籍普查成果“私人藏書”20種（古籍16種，民國時期傳統裝幀書籍4種）。共計收書301種。其中，不乏珍稀善本，如清同治九年廣州倅署刻四色套印本《李義山詩集》三卷、清光緒朱墨套印刻本《金石例》十卷等，頗具文獻研究價值。本書的面世，將向世人展示涪陵區古籍收藏成果，揭示中華優秀傳統文化的豐厚底蘊。

守正創新，古籍保護任重而道遠。在新的征程上，要擔負起新的文化使命，結合新時代古籍文獻傳承和弘揚中華優秀傳統文化，把凝聚着中華民族優秀傳統文化的古籍保護好、傳承好、利用好，讓書寫在古籍裏的文字活起來，讓更多的人通過古籍汲取古人思想智慧，爲文化强區建設提供更强大的精神力量。

吴輝

中共重慶市涪陵區委常委、宣傳部部長，

重慶市涪陵區古籍保護工作領導小組組長

2023年12月29日於涪陵

凡例

一、收録：本書主要收入涪陵區圖書館（涪陵區古籍保護中心）入選《重慶市三十三家收藏單位古籍普查登記目録》的館藏，及重慶市涪陵區古籍普查“私人藏書”。另，涪陵區圖書館所藏民國時期傳統裝幀書籍亦較珍貴，因此將它放在古籍之後。本書共計收書301種。所收版本由刻本、抄本、套印本、石印本、鉛印本、影印本等組成。

二、編排：本書以經、史、子、集、叢排序，每類中“私人藏書”放在最後。

三、著録：依次著録所選書籍之書名、著者、版本、版匡尺寸、行款、鈐印、收藏單位、存册數等，各項書籍内容儘量依據原書客觀著録。

四、書影：所選圖片均爲書籍原件高清掃描，且選取能反映該書基本信息的書影至少一幅。

目 録

古 籍

民國時期傳統裝幀書籍

古籍

皇清經解

署順德縣事准補虎門同知補用知府吳賛誠捐銀伍百兩
補用同知署香山縣知縣袁　捐銀伍百兩
同知銜新會縣
增城縣知縣張星耀捐銀貳百兩
布政司經歷李景福捐銀壹百兩
南海縣縣丞吳桂芳捐銀壹百兩
清遠營遊擊黃榮亮捐銀壹百兩
署廣州協左營都司保應熊捐銀貳百兩
布政司銜前任浙江鹽運使潘仕成捐銀陸百兩
前四川建昌兵備道俞文詔捐銀貳百兩
候選道孔廣鏞捐銀貳千兩
即選布政司經歷梁法廉捐銀肆百兩

皇清經解卷一　學海堂

左傳杜解補正　崑山顧處士炎武著

北史言周樂遜著春秋序義通賈服說發杜氏違今杜氏單行而賈服之書不傳矣吳之先達邵氏寶有左觿百五十餘條又陸氏粲有左傳附注傅氏遜本之爲辨誤一書今多取之參以鄙見名曰補正凡三卷若經文大義左氏不能盡得而公穀得之公穀不能盡得而啖趙及宋儒得之者則別記之於書而此不具也

隱元年莊公寤生驚姜氏　解寐寤而莊公已生恐無此事應劭風俗通曰兒墮地能開目視者爲寤生

不如早爲之所　解使得其所宜改云言及今制之

皇清經解　卷一　顧處士左傳杜解補正　一　庚申補刊

皇清經解一千四百八十卷首一卷　（清）阮元編　清道光九年（1829）

廣東學海堂刻咸豐十年（1860）補刻本

匡高18.5厘米，廣14厘米。半葉十一行，每行二十四字，小字雙行同，白口，左右雙邊。重慶市涪陵區圖書館藏。三百六十册。

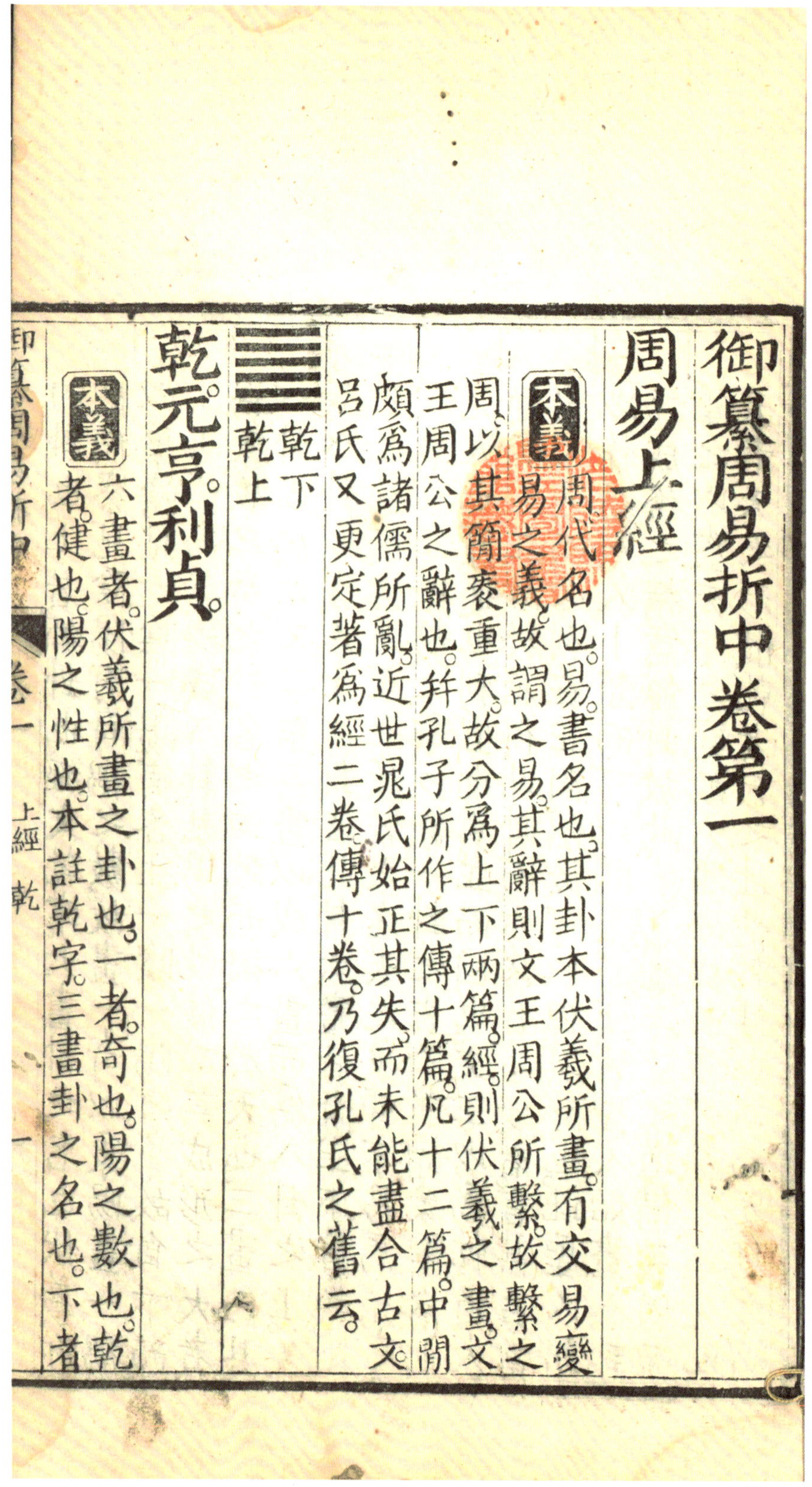

御纂周易折中二十二卷首一卷 （清）李光地等撰　清同治十年（1871）崇文書局刻本

匡高22厘米，廣16厘米。半葉八行，每行十八字，小字雙行二十二字，白口，四周雙邊。重慶市涪陵區圖書館藏。十二册。

周易

周易上經（周代名也。易書名也。其卦本伏羲所畫，有交易變易之義，故謂之易。其辭則文王周公所繫，故繫之周。以其簡袠重大，故分爲上下兩篇。經則伏羲之畫，文王周公之辭也。幷孔子所作之傳十篇，凡十二篇。）

乾下乾上 乾（渠焉反）元亨利貞（元亨利貞，文王所繫之辭，以斷一卦之吉凶，所謂彖辭者也。筮得此卦而六爻皆不變者，言其占當得大通，而必利在正固，然後可以保其終也。此聖人所以作易教人卜筮，而可以開物成務之精意。餘卦放此。）

乾健也

元大亨通利宜貞正而固也

初九者卦下陽爻之名潛藏也

初二地位故二曰在田五上天位故五曰在天三四

初九潛龍勿用（潛龍勿用，周公所繫之辭，以斷一爻

易經音訓　上經　第一　一冊

易經音訓不分卷　（清）楊國楨編校　清光緒三年（1877）崇文書局刻本

匡高19.8厘米，廣14.3厘米。半葉七行，每行二十二字，小字雙行同，白口，四周單邊。重慶市涪陵區圖書館藏。二册。

書經卷之一　　蔡沈集傳

虞書　虞舜氏因以爲有天下之號也書凡五篇堯典雖紀唐堯之事然本虞史所作故曰虞書其舜典以下夏史所作當曰夏書春秋傳亦多引爲夏書此云虞書或以爲孔子所定也

堯典　堯唐帝名說文曰典從冊在丌上尊閣之也此篇以簡冊載堯之事故名曰堯典後世以其所載之事可爲常法故又訓爲常也今文古文皆有

曰若稽古帝堯曰放勳欽明文思安安允恭克讓光被四表格于上下　曰粵越通古文作粵曰若者發語辭

書經虞書　卷一　一

書經六卷　（宋）蔡沈集傳　清光緒三十一年（1905）涪州小學堂刻本

匡高20厘米，廣15.1厘米。半葉九行，每行十七字，小字雙行同，上白口，下黑口，四周單邊。重慶市涪陵區圖書館藏。六册。

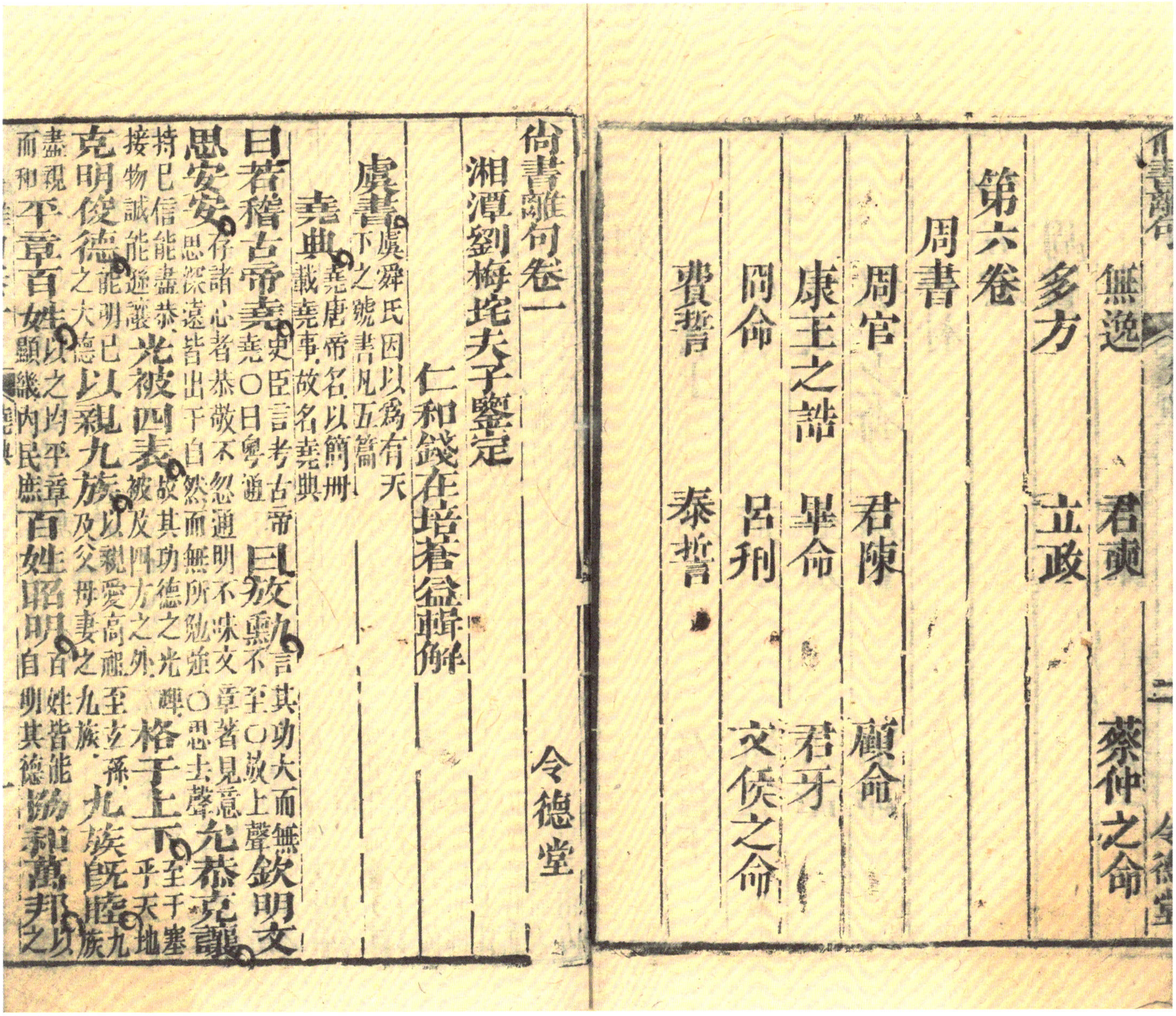

尚書離句

無逸　君奭　蔡仲之命

多方　立政

第六卷

周書

周官　君陳　顧命

康王之誥　畢命　君牙

冏命　呂刑　文侯之命

費誓　秦誓

尚書離句卷一　令德堂

湘潭劉梅垞夫子鑒定

仁和錢在培耆岳輯解

虞書 虞舜氏因以爲有天下之號書凡五篇

堯典 堯唐帝名以簡冊載堯事故名堯典

曰若稽古帝堯 史臣言考古帝堯〇曰粵通 曰放勳 言其功大而無不至〇放上聲 欽明文

思安安 存諸心者恭敬不忽通明不昧文章著見意思深遠皆出于自然而無所勉強〇思去聲 允恭克讓

持己信能盡恭接物誠能遜讓 光被四表 被及四方之外故其功德之光輝 格于上下 至于天地至于塞

克明俊德 能明己之大德 以親九族 以親愛高祖及父母妻之九族至玄孫 九族既睦

而和盡親之均平章 平章百姓 顯識內民庶 百姓昭明 百姓皆能自明其德 協和萬邦 之以

尚書離句六卷　（清）錢在培輯解　清刻本

匡高20.5厘米，廣14.5厘米。半葉十行，每行二十四字，小字雙行同，白口，左右雙邊。有“全德堂”“文星堂”室名印章。重慶市涪陵區圖書館藏。四册。

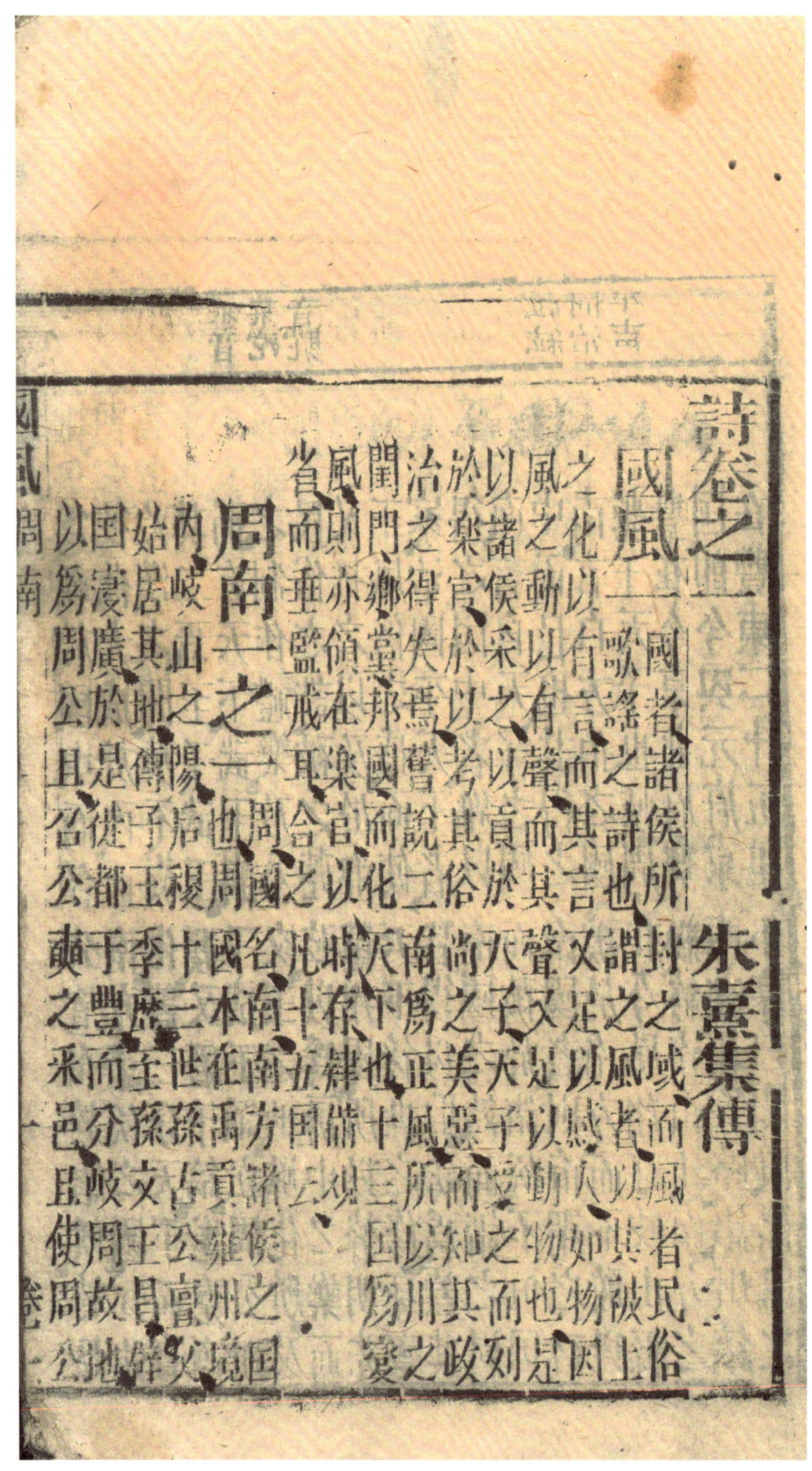

詩傳八卷　〔宋〕朱熹集傳　清刻本

匡高18厘米，廣12.8厘米。上下兩欄，下欄半葉九行，每行十七字，小字雙行同，白口，四周單邊。重慶市涪陵區圖書館藏。四册。

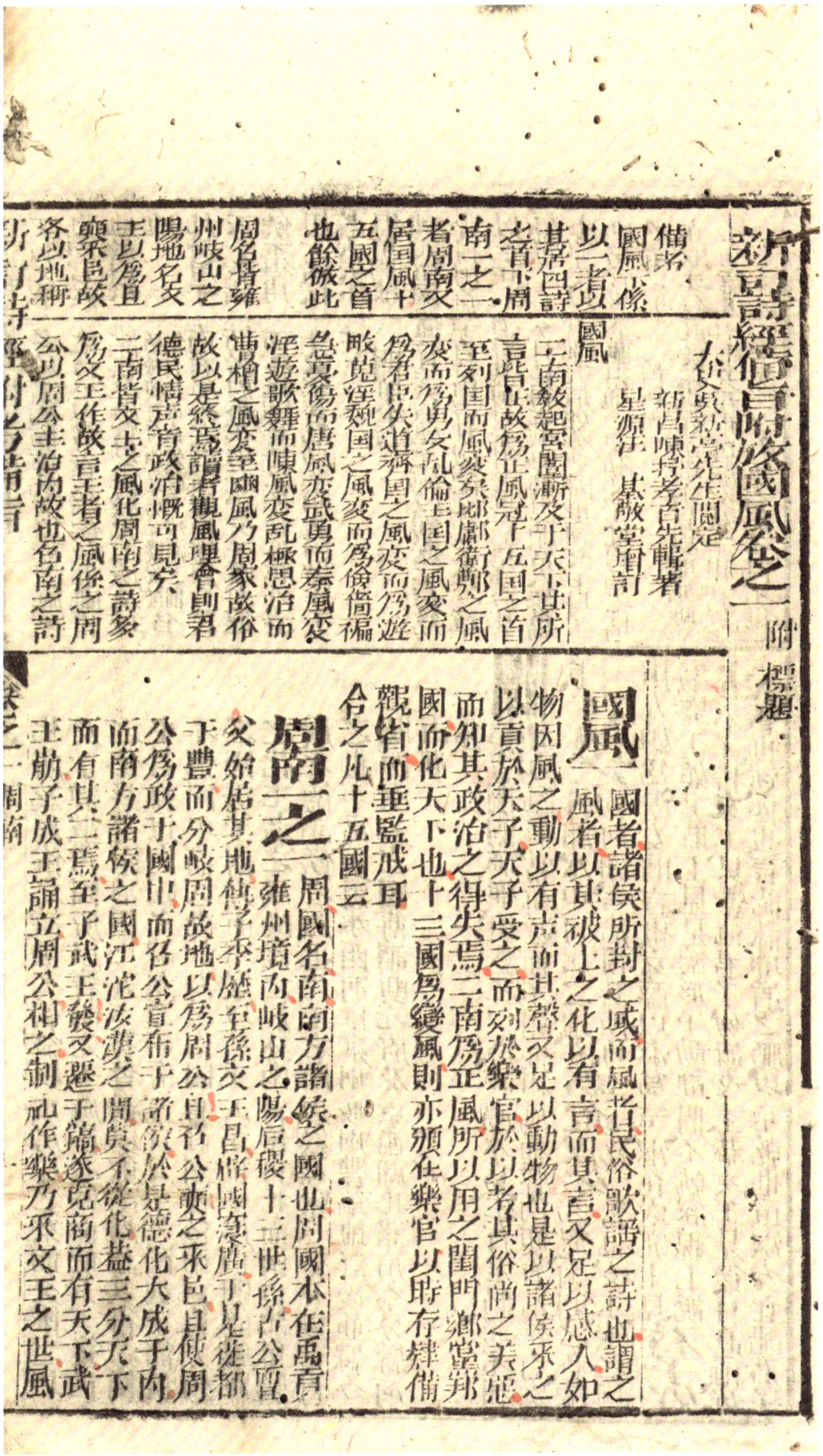
新訂詩經備旨附攷國風卷之一 附標題

國風 國者諸侯所封之域而風者民俗歌謠之詩也謂之風者以其被上之化以有言而其言又足以感人如物因風之動以有声而其聲又足以動物也是以諸侯采之以貢於天子天子受之而列於樂官於以考其俗尚之美惡而知其政治之得失焉二南為正風所以用之閨門鄉黨邦國而化天下也十三國為變風則亦領在樂官以時存肄備觀省而垂監戒耳合之凡十五國云

周南一之一 周國名南南方諸侯之國也周國本在禹貢雍州境內岐山之陽后稷十三世孫古公亶父始居其地傳子王季歷至孫文王昌辟國寖廣于是徙都于豐而分岐周故地以為周公旦召公奭之采邑且使周公為政于國中而召公宣布于諸侯於是德化大成于內而南方諸侯之國江沱汝漢之閒莫不從化蓋三分天下而有其二焉至子武王發又遷于鎬遂克商而有天下武王崩子成王誦立周公相之制禮作樂乃采文王之世風

新訂詩經附考備旨 卷之一 周南

新訂詩經備旨附攷八卷附圖說　（清）陳抒孝輯著　清道光三年（1823）清慕閣刻本

匡高21.3厘米，廣14.5厘米。上中下三欄，下欄半葉十行，每行二十三字，小字雙行同，白口，四周單邊。重慶市涪陵區圖書館藏。四册。

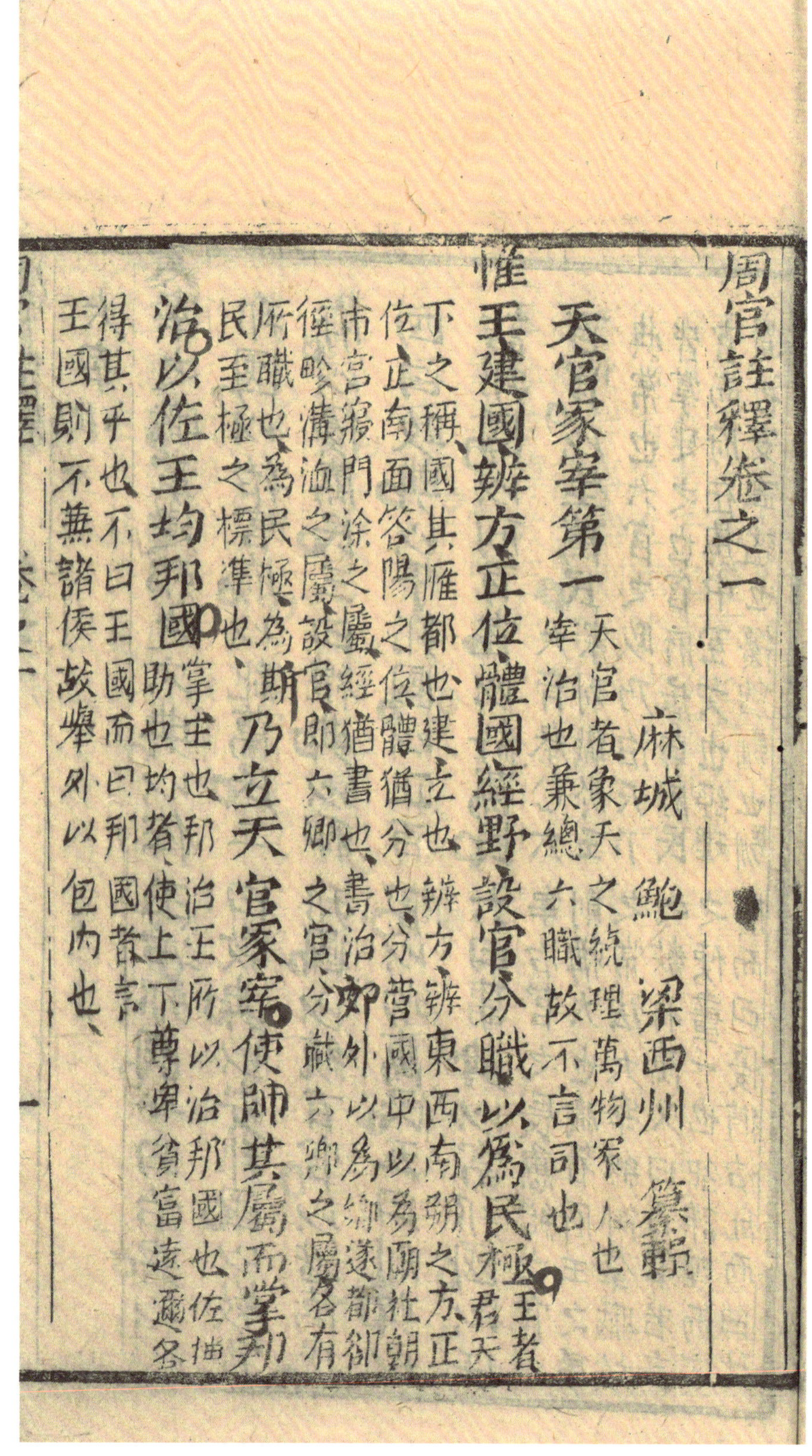

周官註釋卷之一

麻城　鮑梁西川纂輯

天官冢宰第一　天官者象天之統理萬物冢大也宰治也兼總六職故不言司也

惟王建國辨方正位體國經野設官分職以爲民極　王者君天下之稱國其雁都也建立也辨方辨東西南朔之方正位正南面答陽之位體猶分也分營國中以爲廟社朝市宮寢門涂之屬經猶書也書治如外以爲鄉遂都鄙徑畛溝洫之屬設官即六卿之官分藏六鄉之屬各有所職也爲民極爲民至極之標準也　斯乃立天官冢宰使帥其屬而掌邦治以佐王均邦國　掌主也邦治王所以治邦國也佐助也均者使上下尊卑貧富遠邇各得其平也不曰王國而曰邦國者言王國則不兼諸侯故舉外以包內也

周官註釋十二卷　（清）鮑梁纂輯　清乾隆四十一年（1776）刻本

匡高18.7厘米，廣13.4厘米。半葉九行，每行二十二字，小字雙行同，白口，左右雙邊。入選第一批《重慶市珍貴古籍名録》。重慶市涪陵區圖書館藏。四册。

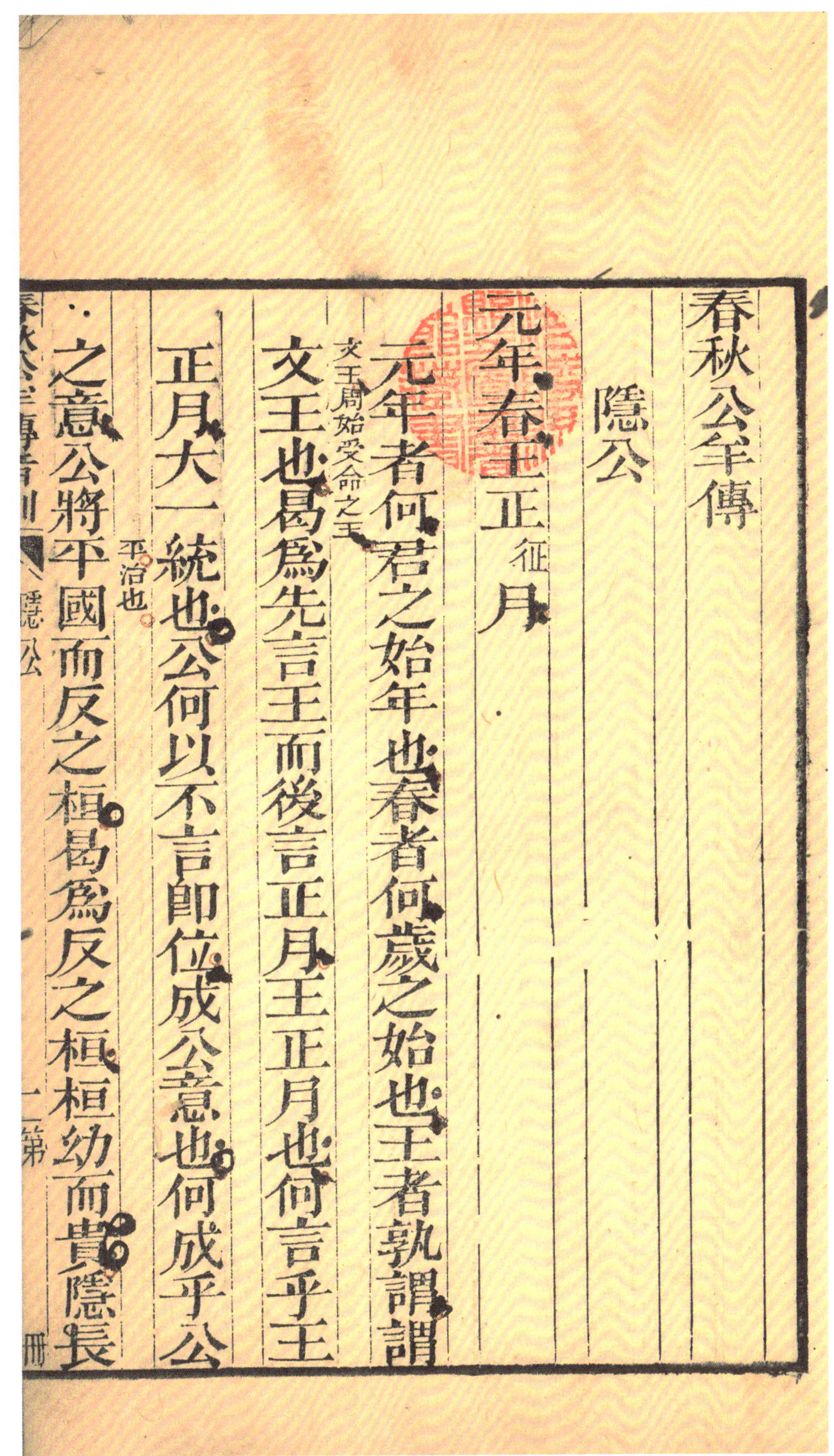
春秋公羊傳

隱公

元年春王正（征）月

元年者何君之始年也春者何歲之始也王者孰謂謂文王也（文王周始受命之王）曷爲先言王而後言正月王正月也何言乎王正月大一統也（平治也）公何以不言卽位成公意也何成乎公之意公將平國而反之桓曷爲反之桓桓幼而貴隱長

春秋公羊傳音訓　隱公

春秋公羊傳音訓　（清）楊國楨　袁俊等編纂　清刻本

匡高19.5厘米，廣14.3厘米。半葉七行，每行二十二字，白口，四周單邊。

重慶市涪陵區圖書館藏。二册。

禮制故所言莫不合于春秋先儒不得其解因與周禮不合疑爲殷制不知乃春秋制中備四代非獨殷禮也春秋制度皆本于此王制所言二伯則齊晉也所言八方伯則陳蔡衛鄭魯秦楚吳也所言卒正魯則曹莒邾滕薛杞也每州七卒正此六者一壓於方伯不見也衛則以邢見陳則以頓見鄭則以許滑見蔡則以沈胡見內詳而外略也春秋稱侯者爲方伯稱伯子男者爲卒正鄭稱伯得爲方伯者王制云八州八伯寰內無方伯春秋以鄭領冀州而入爲王卿士從天子大夫稱字之例也春秋男不見盟會不書卒葬許男序盟會書卒葬亦男許以別于魯卒正也不得此說則鄭國爲方伯許之序卒葬不能解也單伯左氏以爲王臣從氏采推之是也公穀以爲魯大夫從內大夫例推之亦是也而不能相合王制云天子大夫爲監於方伯之國國三人單伯蓋天子之大夫爲魯監者故氏采與王臣同而來往爲內文也

何氏公羊解詁　二　張氏適園叢書

何氏公羊春秋解詁十論續十論再續十論三卷　廖平撰　清宣統三年（1911）國學扶輪社鉛印張氏《適園叢書》本

匡高17.3厘米，廣11.4厘米。半葉十一行，每行二十九字，小字雙行同，黑口，四周雙邊。重慶市涪陵區圖書館藏。一册。

四書小參

明西陵朱斯行道之

大學

舉在明明德。這箇明德。如一顆寶珠。人人具足。箇箇圓成。一切寶光。皆所自有。但有迷悟。原無得失。故知明卽明。明無別明。如雲開日現。垢盡鏡光。愚者謂雲能遮日。垢能掩光。不知日本常現。鏡本自光。若肯承當。絲毫不動。舉念卽乖。默證而已。

舉在止於至善。無善可名。曰至善。猶無德可稱。曰至德也。善境現前。卽不名止。知善無善。善惡俱忘。有何

四書小參　一

四書小參不分卷附問答一卷　（明）朱斯行撰　清光緒三年（1877）姑蘇刻經處刻本

匡高17.3厘米，廣13厘米。半葉十行，每行二十字，白口，左右雙邊。重慶市涪陵區圖書館藏。一册。

四書味根錄　大學（大舊音泰　今讀如字）

〈學庸總論〉約旨大學是橫說由明而新一步闊一步中庸是竪說自人合天一層高一層。學庸一言大學所說人是中庸誠之者人之道而明新兩傳一曰天之明命便直探其原一曰其命維新便極盡其效則言人道而天道亦在其中究中庸所說只是大學明明德而妻子好合二節凡爲天下國家四節却并新民內齊治平細條目都劃出來。曾子篤實故大學說行處較多。子思敏悟故中庸說知處較多

〈大學總論〉約旨大學十傳固是釋經然有補經處最爲吃緊如天之明命四字迦出明德根原慎獨二字指出誠意關要忠信二字挈出明新綱宗皆聖經所未及子思一部中庸又是此數字註脚。曾子曰夫子之道忠恕而已矣如惡惡臭如好好色是忠民之所好好之民之所惡惡之是絜矩致便是辨此好惡之理誠正便是清此好惡之源治平便是滿此好惡之量。忠恕是總體工夫慎獨是關鍵大處即此四字曾子大有功後學。

子程子曰大學孔氏之遺書而初學入德之門也於今可見古人爲學次第者獨賴此篇之存而論孟次之學者必由是而學焉則庶乎其不差矣。

〈大學章旨全旨〉通章聖人望人盡大學之全功爲詳其綱領目以示人也前三節總言綱領而推言得止之由四以先後結之以示人知序後四節詳言條目而復說所言之意也

四書味根錄　大學　上

四書味根錄三十七卷　（清）金澄輯　清道光二十二年（1842）粲花吟館刻本

匡高19.2厘米，廣14.2厘米。半葉九行，每行三十六字，小字雙行同，白口，四周雙邊。重慶市涪陵區圖書館藏。十二册。

繪圖四書速成新體讀本

大學

仁和尊甫王有宗
泉唐錫軒施崇恩 合演校訂

經第一節 大學之道在明明德在親（當作新）民。在止於至善。第二節 知止而后有定定而后能靜靜而后能安安而后能慮慮而后能得。第三節 物有本末事有終始知所先後則近道矣。第四節 古之欲明明德於天下者先治其國。欲治其國者先齊其家欲齊其家者先脩其身欲脩其身者先正其心欲正其心者先誠其意欲誠其意者先致其知致知在格物。第五節 物格而后知至知至而后意誠意誠而后心正心正而后身脩身脩而后家齊家齊而后國治國治而后天下平。第六節 自天子以至於庶人壹是皆以脩身為本。第七節 其本亂而末治者否矣其所厚者薄而其所薄者厚未之有也

第一節問答

問 大字何解、
答 大小的大就是廣大高大

問 學字何解、
答 先生教我的榜樣我照樣去做就是學

繪圖四書速成新體讀本 大學

繪圖四書速成新體讀本不分卷 （清）王有宗等校訂 清光緒三十一年（1905）重慶正蒙社刻本

匡高19.2厘米，廣14厘米。半葉十行，每行三十二字，小字雙行同，白口，四周單邊。重慶市涪陵區圖書館藏。存二十四册。

說文解字第一篇上

金壇段玉裁注

一 惟初大極道立於一造分天地化成萬物 漢書曰元元本本數始於一

凡一之屬皆从一 一之形於六書爲指事凡云凡某之屬皆从某者自序所謂分別部居不相襍廁也爾雅方言所以發明轉注假借倉頡訓纂汤熹及凡將急就元尚飛龍聖皇諸篇僅以四言七言成文皆不言字形原委以字形爲書俾學者因形以考音與義實始於許功莫大焉於悉切古音第十二部○凡注言一部二部以至十七部者謂古韵也玉裁作六書音均表識古韵凡十七部自倉頡造字時至唐虞三代秦漢以及許叔重造說文曰某聲曰讀若某者皆條理合一不紊故既用徐鉉切音矣而又某字志之曰古音第幾部又恐學者未見六書音均之書不知其所謂乃於說文十五篇之後附六書音均表五篇俾形聲相表裏因耑推究於古形

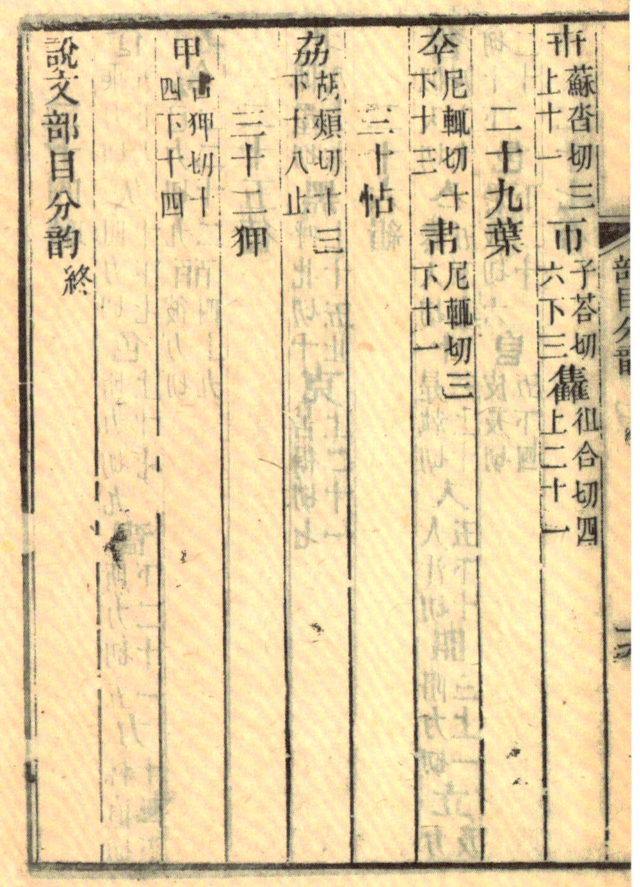

卅 蘇沓切 三 上十一

帀 子荅切 六下三

雥 徂合切 四 上二十一

二十九葉

㚔 尼輒切 十 下十三

聿 尼輒切 三 下十一

三十怗

劦 胡頰切 十三 下十八上

三十二狎

甲 古狎切 十四下十四

說文部目分韵終

說文解字注三十卷附六書音韵表二卷 （清）段玉裁注 **部目分韵一卷** （清）陳奐撰 清光緒三年（1877）成都尊經書院重刻經韵樓刻本

匡高19.5厘米，廣14厘米。半葉九行，每行二十二字，小字雙行同，白口，左右雙邊。重慶市涪陵區圖書館藏。十六册。

說文解字弟一　義證弟一

曲阜桂馥學

一　惟初太始道立於一造分天地化成萬物凡一之屬皆從一　於悉切

周易天一地二馥案本書二從偶一地之數然則一者天之數也　繫辭傳天下之動貞夫一者也虞注一謂乾元萬物之動各資天一陽氣以生故貞夫一　春秋元命包陰陽之性以一起人副天道故一生子　老子有物混成先天地生又云道生一一生二二生三三生萬物又云昔之得一者天得一以清地得一以寧神得一以靈谷得一以盈萬物得一以生矦王得一以爲天下貞阮籍通老論道者法自然而爲化易謂之太極春秋謂之元老子謂之道王弼注老子一者數之始也物之極也　鬼谷子外篇道者天地之始一其紀也物之所造天之所生包宏無形化氣先天地而成　莊子天地篇泰初有無無有無名一之所起有一而未形物得以生謂之德　鶡冠子環流篇有一而有氣有氣而有意有意

說文解字義證　卷一　一

說文解字義證五十卷目錄一卷　（清）桂馥撰　清同治九年（1870）崇文書局刻本

匡高19厘米，廣13.5厘米。半葉十行，每行二十三字，小字雙行同，白口，四周雙邊。重慶市涪陵區圖書館藏。三十二冊。

說文解字句讀弟一上

漢太尉南閣祭酒許氏記

安邱王　筠撰集

十四部　六百七十二文十四篇皆有此句而文字在句末者一二五八九十十一十二凡八篇其在句首者三四六七十三十四凡六篇案許君自敘曰九千三百五十三文是當在句末之證今改歸一律

重八十一毛孫鮑三本同毛後刓去一字

凡萬六百三十九字凡十四篇之文數重數說解都數一依宋本而注各本之異同于下不復覈實以登下之何者總計每篇之數與許君自敘之數不符也敘曰九千三百五十三文今覈

說文解字句讀三十卷　（清）王筠撰集　清光緒八年（1882）四川尊經書局刻本

匡高20厘米，廣15.3厘米。半葉十一行，每行二十四字，小字雙行同，白口，四周單邊。重慶市涪陵區圖書館藏。十四册。

說文釋例卷一

安邱王筠貫山學

六書總說

漢書藝文志曰六書謂象形象事象意象聲轉注假借造字之本也顔注曰象形謂畫成其物隨體詰屈日月是也象事卽指事也謂視而可識察而見意上下是也象意卽會意也謂比類合誼以見指撝武信是也象聲卽形聲謂以事爲名取譬相成江河是也轉注謂建類一首同意相受考老是也假借謂本無其字依聲託事令長是也文字

說文釋例二十卷 （清）王筠撰 清光緒九年（1883）成都御風樓刻本

匡高17.5厘米，廣13.2厘米。半葉九行，每行二十二字，小字雙行同，黑口，左右雙邊。重慶市涪陵區圖書館藏。二十册。

說文逸字辨證二卷　（清）鄭珍撰　（清）李楨辨證　清光緒十一年（1885）善化李氏畹蘭室刻本

匡高18.8厘米，廣12.8厘米。半葉九行，每行二十二字，小字雙行同，白口，四周雙邊。重慶市涪陵區圖書館藏。二册。

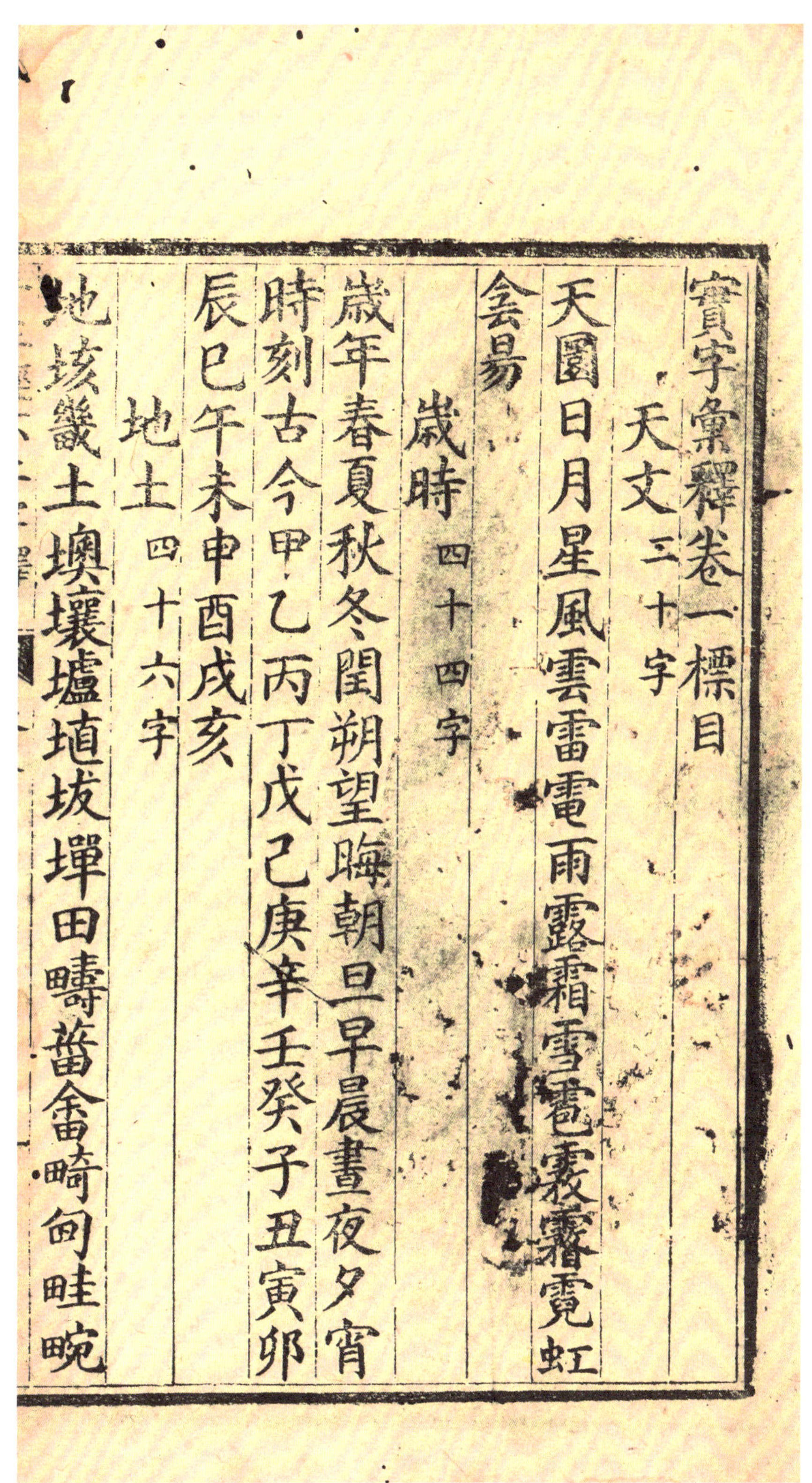
實字彙釋卷一標目
天文三十字
天圜日月星風雲雷電雨露霜雪雹霰霧霓虹
会易
歲時四十四字
歲年春夏秋冬閏朔望晦朝旦早晨晝夜夕宵
時刻古今甲乙丙丁戊己庚辛壬癸子丑寅卯
辰巳午未申酉戌亥
地土四十六字
地垓畿土壙壤壚埴坺墠田疇菑畬畸甸畦畹

實字彙釋八卷　（清）袁培福輯　清宣統元年（1909）刻本

匡高20厘米，廣13.5厘米。半葉十行，每行十八字，小字雙行同，白口，四周雙邊。重慶市涪陵區圖書館藏。六册。

十辨無字之音
十一辨嬰兒之音
十二論圖書爲聲音之源
坿錄
榕村等韵辨疑正誤
皇極經世韵坿
康熙字典等韵辨惑

音學辨微　三

音學辨微
婺源江　永愼修氏箸
一辨平仄
音有平上去入分而爲二一爲平一爲仄平字平聲之
濁舉濁已該清仄字入聲之清舉入已該上去平聲爲
陽仄聲爲陰平聲音長仄聲音短平聲音空仄聲音實
平聲如擊鐘鼓仄聲如擊土木石音之至易辨者也稍
爲指示童子能知亦有白首猶茫然者升高自下當自
辨平仄始四詩賦駢體固須辨平仄即時文對偶亦必
平仄調方有聲響散文亦必平仄相間音始和諧陰陽

音學辨微　四

音學辨微不分卷　（清）江永撰　清刻本

匡高15.9厘米，廣11.5厘米。半葉十行，每行二十一字，小字雙行同，黑口，左右雙邊。重慶市涪陵區圖書館藏。一册。

古韻標準卷首　婺源江永編　休寧戴震參定

詩韻舉例　韵本無例詩用韵變動不居衆體不同則例生焉不明體例將有誤讀韵者故先舉此以發其凡自是而古韵可求其非韵者亦不致強叶誤讀矣

連句韵

連兩句如關關睢鳩在河之洲　連三句如言告言歸薄污我私薄澣我衣　連四句如維葉莫莫至服之無斁　連五句如掇之以日至爰伐琴瑟　連六句如北流活活至庶士有朅　連七句如老使我怨至不思其反　連八句如氓之蚩蚩至子無良媒

古韻標準　詩韵舉例

古韵標準四卷　（清）江永編　（清）戴震參定　清刻本

匡高15.7厘米，廣11.5厘米。半葉十行，每行二十一字，小字雙行同，黑口，左右雙邊。重慶市涪陵區圖書館藏。二册。

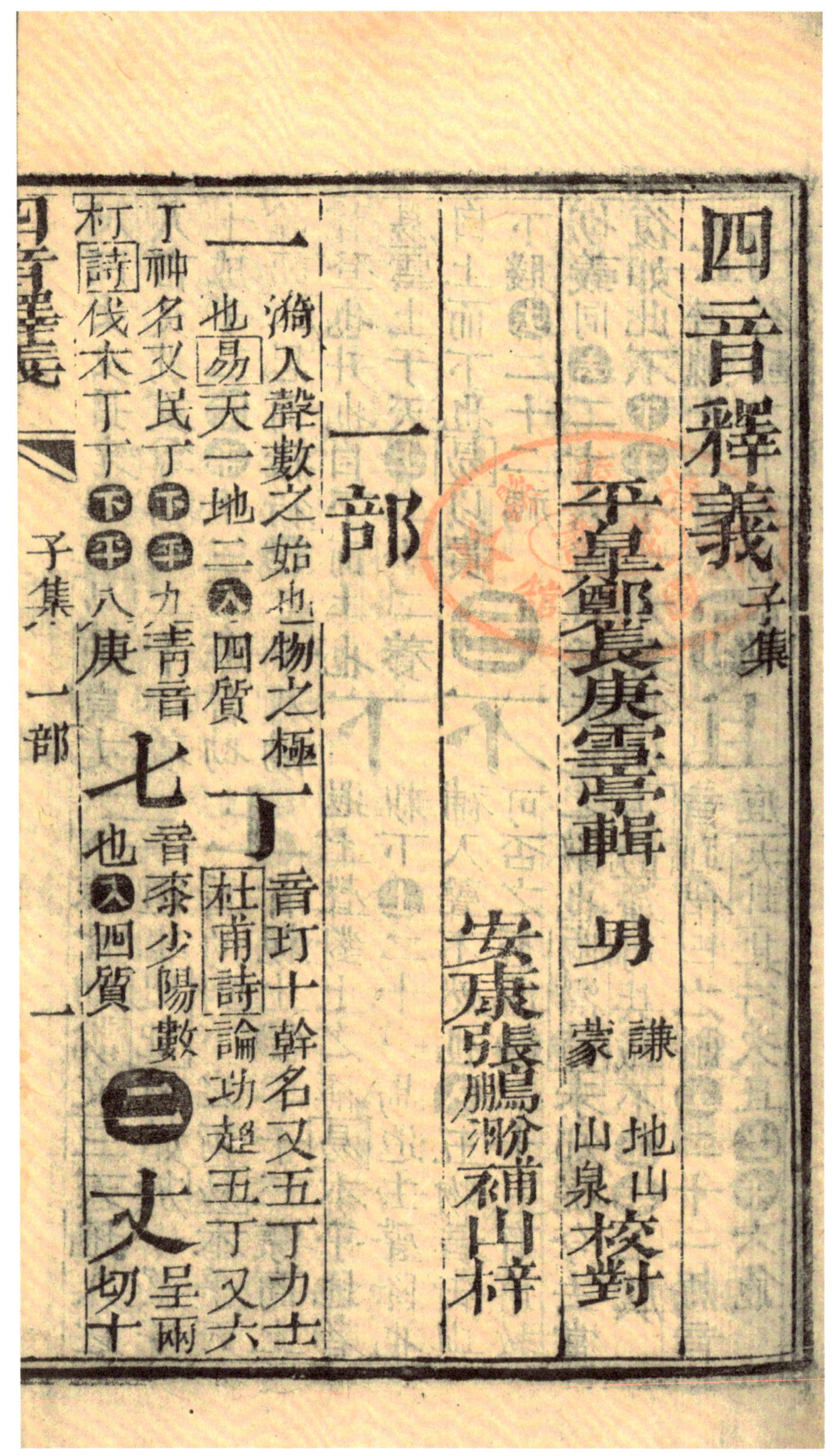

四音釋義十二卷　（清）鄭長庚輯　清道光十一年（1831）來鹿堂刻本

匡高15.5厘米，廣10.7厘米。半葉六行，每行二十四字，白口，四周雙邊。

重慶市涪陵區圖書館藏。六册。

周易注疏卷一

魏王弼注　唐陸德明音義　孔穎達疏

上經　乾

☰☰ 乾下乾上

乾元亨利貞【音義】乾竭然反依字作乾下乙乾從旦扵音偃說卦云乾健也此八純卦象天亨許庚反卦德也訓通也餘放此【疏】正義曰乾者此卦之名謂之卦者易緯云卦者掛也言懸掛物象以示於人故謂之卦但二畫之體雖象陰陽之氣未成萬物之象未得成卦必三畫以象三才寫天地雷風水火山澤之象乃謂之卦也故繫辭云八卦成列象在其中矣是也但初有三畫雖有萬物之象於萬物變通之理猶有未盡故更重之而有六畫備萬物之形象窮天下之能事故六畫成卦也此乾卦本以象天天乃積諸陽氣而成天故此卦六爻皆陽畫成卦也此既象天何不謂之天而謂之乾者天者定體之名乾者體用之稱故

乾隆四年校刊

周易注疏卷一　乾　一

禮記注疏卷五十八

漢鄭氏注　唐陸德明音義　孔穎達疏

三年問

三年之喪何也曰稱情而立文因以飾羣別親疏貴賤之節而弗可損益也故曰無易之道也【注】稱情而立文稱人之情輕重而制其禮也羣謂親之黨也無易猶不易也【音義】稱尺證反注及下皆同別彼列反易音亦注同創鉅者其日久痛甚者其愈遲三年者稱情而立文所以為至痛極也斬衰苴杖居倚廬食粥寢苫枕塊所以為至痛飾也【注】飾情之章表也【音義】創音瘡初良反鉅音巨大也愈徐音庾差也遲徐直移反倚於綺反枕塊之鴆

乾隆四年校刊

禮記注疏卷五十八　三年問　一

十三經注疏四百十六卷　（清）阮元校刻　清同治十年（1871）廣東書局刻本

匡高22.3厘米，廣15.2厘米。半葉十行，每行二十一字，小字雙行同，白口，左右雙邊。重慶市涪陵區古籍普查“私人藏書”。一百六十二册。

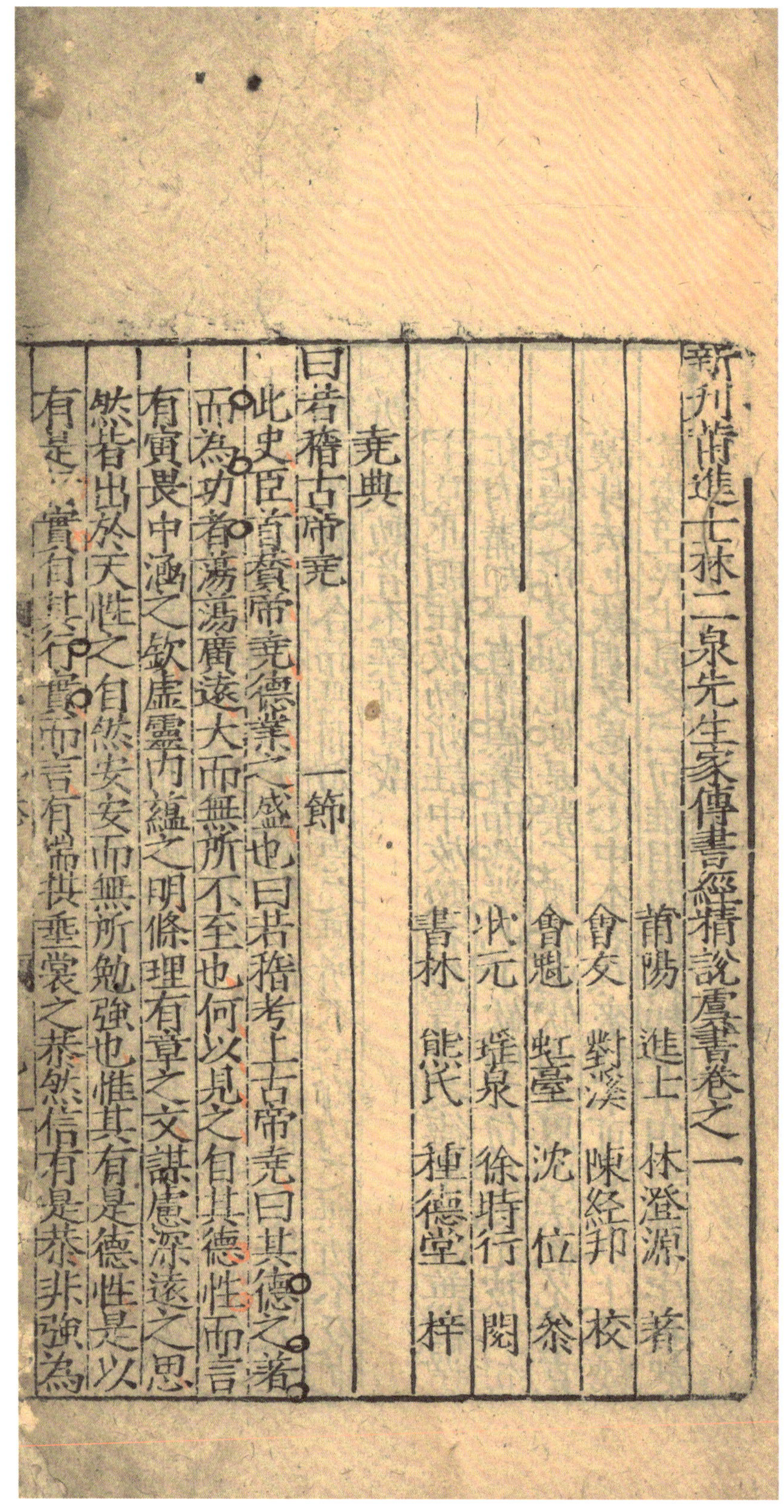

新刊莆進士林二泉先生家傳書經精說薈書卷之一

莆陽 進士 林澄源 著

會友 對溪 陳經邦 校

會魁 虹臺 沈位 叅

狀元 瑶泉 徐時行 閱

書林 熊氏 種德堂 梓

堯典

曰若稽古帝堯 一節

此史臣首贊帝堯德業之盛也曰若稽考上古帝堯曰其德之著而為功者蕩蕩廣遠大而無所不至也何以見之自其德性而言有寅畏中涵之欽虛靈內蘊之明條理有章之文謀慮深遠之思然皆出於天性之自然安安而無所勉強也惟其有是德性是以有是[illegible] 實有其行實而言有常拱垂裳之恭然信有是恭非強為

新刊莆進士林二泉先生家傳書經精說十二卷 （明）林澄源著 明隆慶四年（1570）熊氏種德堂刻本

匡高17.4厘米，廣12.5厘米。半葉十三行，每行二十六字，小字雙行同，白口，四周單邊。重慶市涪陵區古籍普查“私人藏書”。存五卷（卷一至五）。存三册。

康熙字典十二集三十六卷　（清）張玉書　陳廷敬總纂　（清）凌紹雯　史夔　周起渭　陳世儒等修纂　清道光七年（1827）刻本

匡高19.2厘米，廣13.8厘米。半葉八行，每行二十四字，小字雙行同，白口，四周雙邊。重慶市涪陵區古籍普查“私人藏書”。四十册。

東莞徐廣研核眾本爲作音義具列異同兼述訓解麤有所發明而殊恨省略聊以愚管增演徐氏采經傳百家并先儒之說豫是有益悉皆抄內刪其游辭取其要實或義在可疑則數家兼列漢書音義稱臣瓚者莫知氏姓今直云瓚曰又都無姓名者但云漢書音義時見微意有所裨補譬嘒星之繼朝陽飛塵之集華嶽以徐爲本號曰集解未詳則闕弗敢臆說人心不同聞見異辭班氏所謂疏略抵捂者依違不悉辯也愧非胥臣之多聞子產之博物妄言末學蕪穢舊史豈足以關諸畜德庶賢無所用心而已

史記一 凡是徐氏義稱徐姓名以別之餘者悉是駰注解并集眾家義

五帝本紀第一

黃帝者徐廣曰號有熊少典之子姓公孫譙周曰有熊國君少典之子也皇甫謐曰有熊今河南新鄭是也名曰軒轅生而神靈弱而能言幼而徇齊徐廣曰墨子曰年踰十五則聰明心慮無不徇通矣駰案徇疾齊速也言聖德幼而疾速也長

史記一百三十卷目錄一卷 （漢）司馬遷撰 （南朝宋）裴駰注 清光緒四年（1878）金陵書局刻本

匡高21.2厘米，廣15.2厘米。半葉十二行，每行二十五字，小字雙行三十七字，白口，左右雙邊。重慶市涪陵區圖書館藏。十六册。

唐順之曰秦興滅學而宗譜不立及漢司馬遷修史記上連黃帝下迄麟趾採世本世系而作帝紀採周譜國語而作周家由

史記卷之一

華亭 徐孚遠 陳子龍 測議

五帝本紀第一

裴駰曰凡是徐氏義稱徐姓名以別之餘者悉是駰註解并集衆家義

柯維騏曰五帝之名見於孔子家語及大戴禮其說有二其一孔子答季康子以伏犧配木神農配火黃帝配土少昊配金顓頊配水此言數聖人革命改號取法於五行之帝非五帝之定名也其一則孔子所答宰予五帝德曰黃帝曰顓頊曰帝嚳曰堯曰舜太史公所述五帝紀是也厥後皇甫謐作帝王代紀蘇子由作古史鄭樵作通志並祖孔安國以

史記一百三十卷首一卷 （漢）司馬遷撰 （明）徐孚遠 陳子龍測議 清三元堂刻本

匡高19.5厘米，廣14.3厘米。半葉九行，每行二十字，小字雙行同，白口，左右雙邊。重慶市涪陵區圖書館藏。三十七册。

高帝紀第一上 師古曰紀理也統理衆事而繫之於年月者也　漢書一
正議大夫行祕書少監琅邪縣開國子顏師古注
高祖 荀悅曰諱邦字季邦之字曰國張晏曰禮謚法無高以爲功最高而爲漢帝之太祖故特起名焉師古曰邦之字曰國者臣下所避以相代也 沛豐邑中陽
里人也 應劭曰沛縣也豐其鄉也孟康曰後沛爲郡而豐爲縣師古曰沛者本秦泗水郡之屬縣豐者沛之聚邑耳方言高祖所生故舉其本稱以說之也此下言縣鄉邑告喻
之故知邑繫於縣也 姓劉氏 師古曰本出劉累而范氏在秦者又爲劉因以爲姓 母媼 文穎曰幽州及漢中皆謂老嫗爲媼孟康曰媼母別名音烏老反師古曰媼女
老稱也孟說是矣史家不詳著高祖母之姓氏無得記之故取當時相呼稱號而言也其下王媼之屬意義皆同至如皇甫謐等妄引讖記好奇騁博强爲高祖父母名字皆非正史所說蓋無取
焉寧有劉媼本姓實存史遷肯不詳載卽理而言斷可知矣他皆類此 嘗息大澤之陂 師古曰蓄水曰陂蓋於澤陂隄塘之上休息而寢寐也陂音彼皮反 夢
與神遇 師古曰遇會也不期而會曰遇 是時雷電晦冥 師古曰晦冥皆謂暗也言大雷電而雲霧晝暗 父大公往視則
見交龍於上已而有娠 應劭曰娠動懷任之意左傳曰邑姜方娠孟康曰娠音身漢史身多作娠古今字也師古曰孟說是也漢書皆以娠爲任身字
邑姜方震自爲震動之字不作娠 遂產高祖高祖爲人隆準而龍顏 服虔曰準音拙應劭曰隆高也準頰權準也顏額顙
也李斐曰準鼻也文穎曰音準的之準晉灼曰戰國策云眉目準頞權衡史記秦始皇蜂目長準李說文音是也師古曰頰權頞字豈當借準爲之服音應說皆失之 美須髯
師古曰在頤曰須在頰曰髯髯音人占反 左股有七十二黑子 師古曰今中國通呼爲黶子吳楚俗謂之誌誌者記也 寬仁愛人

前漢書一百二十卷目錄一卷　（漢）班固撰　（漢）班昭續　（唐）顏師古注　清光緒十三年（1887）金陵書局刻本

匡高20.6厘米，廣15.2厘米。半葉十二行，每行二十五字，小字雙行三十七字，白口，左右雙邊。重慶市涪陵區圖書館藏。二十六册。

魏書一　　　三國志一

武帝紀第一

太祖武皇帝沛國譙人也姓曹諱操字孟德漢相國參之後太祖一名吉利小字阿瞞　王沈魏書曰其先出於黃帝當高陽世陸終之子曰安是爲曹姓周武王克殷存先世之後封曹俠於邾春秋之世與於盟會逮至戰國爲楚所滅子孫分流或家於沛漢高祖之起曹參以功封平陽侯世襲爵土絕而復紹至今適嗣國於容城桓帝世曹騰爲中常侍大長秋封費亭侯司馬彪續漢書曰騰父節字元偉素以仁厚稱鄰人有亡豕者與節豕相類詣門認之節不與爭後所亡豕自還其家豕主人大慚送所認豕并辭謝節節笑而受之由是鄉黨貴歎焉長子伯興次子仲興次子叔興騰字季興少除黃門從官永寧元年鄧太后詔黃門令選中黃門從官年少溫謹者配皇太子書騰應其選太子特親愛騰飲食賞賜與衆有異順帝卽位爲小黃門遷至中常侍大長秋在省闥三十餘年歷事四帝未嘗有過好進達賢能終無所毀傷其所稱薦若陳留虞放邊韶南陽延固張溫弘農張奐潁川堂谿典等皆致位公卿而不伐其善蜀郡太守因計吏修敬於騰益州刺史种暠於函谷關搜得其牋上太守并奏騰內臣外交所不當爲請免官治罪帝曰牋自外來騰書不出非其罪也乃寢暠奏騰不以介意常稱歎暠以爲暠得事上之節暠後爲司徒語人曰今日爲公乃曹常侍恩也騰之行事皆此類也桓帝卽位以騰先帝舊臣忠孝彰著封費亭侯加位特進太和三年追尊騰曰高皇帝養子嵩嗣官至太尉莫能審其生出本末續漢書曰嵩字巨高質性敦慎所在忠孝爲司隸校尉靈帝擢拜大司農大鴻臚代崔烈爲太尉黃初元年追尊嵩曰太皇帝吳人作曹瞞傳及郭班世語竝云嵩夏侯氏之子夏侯惇之叔父太祖於惇爲從父兄弟嵩生太祖太祖少機警有權數

三國志六十五卷目錄一卷　（晉）陳壽撰　（南朝宋）裴松之注　清光緒十三年（1887）江南書局刻本

匡高20.8厘米，廣15.3厘米。半葉十二行，每行二十五字，小字雙行三十七字，白口，左右雙邊。重慶市涪陵區圖書館藏。十二册。

光武帝紀第一上　後漢書一上

唐章懷太子賢注

世祖光武皇帝諱秀字文叔禮祖有功而宗有德光武中興故廟稱世祖謚法能紹前業曰光克定禍亂曰武伏侯古今注曰秀之字曰茂伯仲叔季兄弟之次長兄伯升次仲故字文叔焉南陽蔡陽人南陽郡今鄧州縣也蔡陽縣故城在今隨州棗陽縣西南高祖九世之孫也出自景帝生長沙定王發長沙郡今潭州縣也發生舂陵節侯買舂陵鄉名本屬零陵泠道縣在今永州唐興縣北元帝時徙南陽仍號舂陵故城今在隨州棗陽縣東事具宗室四王傳買生鬱林太守外鬱林郡今郴州縣前書曰郡守秦官秩二千石景帝更名太守外生鉅鹿都尉回鉅鹿郡今邢州縣也前書曰都尉本郡尉秦官也掌佐守典武職秩比二千石景帝更名都尉回生南頓令欽南頓縣屬汝南郡故城在今陳州項城縣西前書曰令長皆秦官也萬戶已上為令秩千石至六百石不滿萬戶為長秩五百石至三百石欽生光武光武年九歲而孤養於叔父良身長七尺三寸美須眉大口隆準日角隆高也許負云鼻頭為準鄭玄尚書中候注云日角謂庭中骨起狀如日性勤於稼穡種曰稼斂曰穡而兄伯升好俠養士常非笑光武事田業比之高祖兄仲仲郃陽侯喜也能為產業見前書王莽天鳳中王莽建國六年改為天鳳迺之長安受尚書略通大義東觀記曰受尚書於中大夫廬江許子威資用乏與同舍生韓

汲古閣　毛氏　一

後漢書一百卷目錄一卷　（南朝宋）范曄撰　（唐）李賢注　**續漢書志八篇三十卷**　（晋）司馬彪撰　（南朝梁）劉昭注補　清光緒十三年（1887）金陵書局刻本

匡高20.4厘米，廣15.2厘米。半葉十二行，每行二十五字，小字雙行三十七字，白口，左右雙邊。重慶市涪陵區圖書館藏。二十二册。

宋書卷一

本紀第一

武帝上

高祖武皇帝諱裕字德輿小名寄奴彭城縣綏里人漢高帝弟楚元王交之後也交生紅懿侯富富生宗正辟彊辟彊生陽城繆侯德德生陽城節侯安民安民生陽城釐侯慶忌慶忌生陽城肅侯岑岑生宗正平平生東武城令某某生東萊太守景景生明經洽洽生博士弘弘生琅邪都尉悝悝生魏定襄太守某某生邪城令亮亮生晉北平太守膺膺生相國掾熙熙生開封令旭孫旭孫生混混始過江居晉陵郡丹徒縣之京口里官至武原令混生東安太守靖靖生郡功曹翹是爲皇考高祖以晉哀帝興寧元年歲次癸亥三月壬寅夜生及長身長七尺六寸風骨奇特家貧有大志不

宋書一百卷目錄一卷　（南朝梁）沈約撰　清同治十二年（1873）金陵書局刻本

匡高21.5厘米，廣15.4厘米。半葉十二行，每行二十五字，白口，左右雙邊。重慶市涪陵區圖書館藏。二十册。

南齊書卷一

本紀第一

高帝上

太祖高皇帝諱道成字紹伯姓蕭氏小諱鬬將漢相國蕭何二十四世孫也何子酇定侯延生侍中彪彪生公府掾章章生皓皓生仰仰生御史大夫望之望之生光祿大夫育育生御史中丞紹紹生光祿勳閎閎生濟陰太守闡闡生吳郡太守永永生中山相苞苞生博士周周生蛇丘長矯矯生州從事逵逵生孝廉休休生廣陵府丞豹豹生太中大夫裔裔生淮陰令整整生即丘令儁儁生輔國參軍樂子宋昇明二年九月贈太常生皇考蕭何居沛侍中彪免官居東海蘭陵縣中都鄉中都里晉元康元年分東海爲蘭陵郡中朝亂淮陰令整字公齊過江居晉陵武進縣之東城里寓

南齊書五十九卷目錄一卷　（南朝梁）蕭子顯撰　清同治十三年（1874）金陵書局刻本

匡高21厘米，廣15厘米。半葉十二行，每行二十五字，白口，左右雙邊。重慶市涪陵區圖書館藏。八册。

魏書卷一
序紀第一
昔黃帝有子二十五人或內列諸華或外分荒服昌意少子受封
北土國有大鮮卑山因以爲號其後世爲君長統幽都之北廣漠
之野畜牧遷徙射獵爲業淳樸爲俗簡易爲化不爲文字刻木紀
契而已世事遠近人相傳授如史官之紀錄焉黃帝以土德王北
俗謂土爲托謂后爲跋故以爲氏其裔始均入仕堯世逐女魃於
弱水之北民賴其勤帝舜嘉之命爲田祖爰歷三代以及秦漢獯
鬻獫狁山戎匈奴之屬累代殘暴作害中州而始均之裔不交南
夏是以載籍無聞焉積六十七世至成皇帝諱毛立聰明武略遠
近所推統國三十六大姓九十九威振北方莫不率服崩
節皇帝諱貸立崩

魏書一百十四卷目錄一卷 （北齊）魏收撰 清同治十二年（1873）金陵書局刻本

匡高21.5厘米，廣15.4厘米。半葉十二行，每行二十五字，白口，左右雙邊。重慶市涪陵區圖書館藏。二十四冊。

梁書卷一

帝紀第一

武帝上

高祖武皇帝諱衍字叔達小字練兒南蘭陵中都里人漢相國何之後也何生鄼定侯延延生侍中彪彪生公府掾章章生皓皓生仰仰生太傅望之望之生光祿大夫育育生御史中丞紹紹生光祿勳閎閎生濟陰太守闡闡生吳郡太守冰冰生中山相苞苞生博士周周生蛇丘長矯矯生州從事逵逵生孝廉休休生廣陵郡丞豹豹生太中大夫裔裔生淮陰令整整生濟陰太守鎋鎋生州治中副子副子生南臺治書道賜道賜生皇考諱順之齊高帝族弟也參預佐命封臨湘縣侯歷官侍中衛尉太子詹事領軍將軍丹陽尹贈鎮北將軍高祖以宋孝武大明八年甲辰歲生于秣陵

梁書五十六卷目録一卷　（唐）姚思廉撰　清同治十三年（1874）金陵書局刻本

匡高21.4厘米，廣15厘米。半葉十二行，每行二十五字，白口，左右雙邊。

重慶市涪陵區圖書館藏。八册。

金陵書局仿汲古閣本刊

陳書卷一

本紀第一

高祖上

高祖武皇帝諱霸先字興國小字法生吳興長城下若里人漢太丘長陳寔之後也世居潁川寔玄孫準晉太尉準生匡匡生達永嘉南遷爲丞相掾歷太子洗馬出爲長城令悅其山水遂家焉嘗謂所親曰此地山川秀麗當有王者興二百年後我子孫必鍾斯運達生康復爲丞相掾咸和中土斷故爲長城人康生盱眙太守英英生尚書郎公弼公弼生步兵校尉鼎鼎生散騎侍郎高高生懷安令詠詠生安成太守猛猛生太常卿道巨道巨生皇考文讚高祖以梁天監二年癸未歲生少倜儻有大志不治生產既長讀兵書多武藝明達果斷爲當時所推服身長七尺五寸日角龍顏

陳書三十六卷目錄一卷　（唐）姚思廉撰　清同治十二年（1873）金陵書局刻本

匡高21.4厘米，廣15厘米。半葉十二行，每行二十五字，白口，左右雙邊。

重慶市涪陵區圖書館藏。四冊。

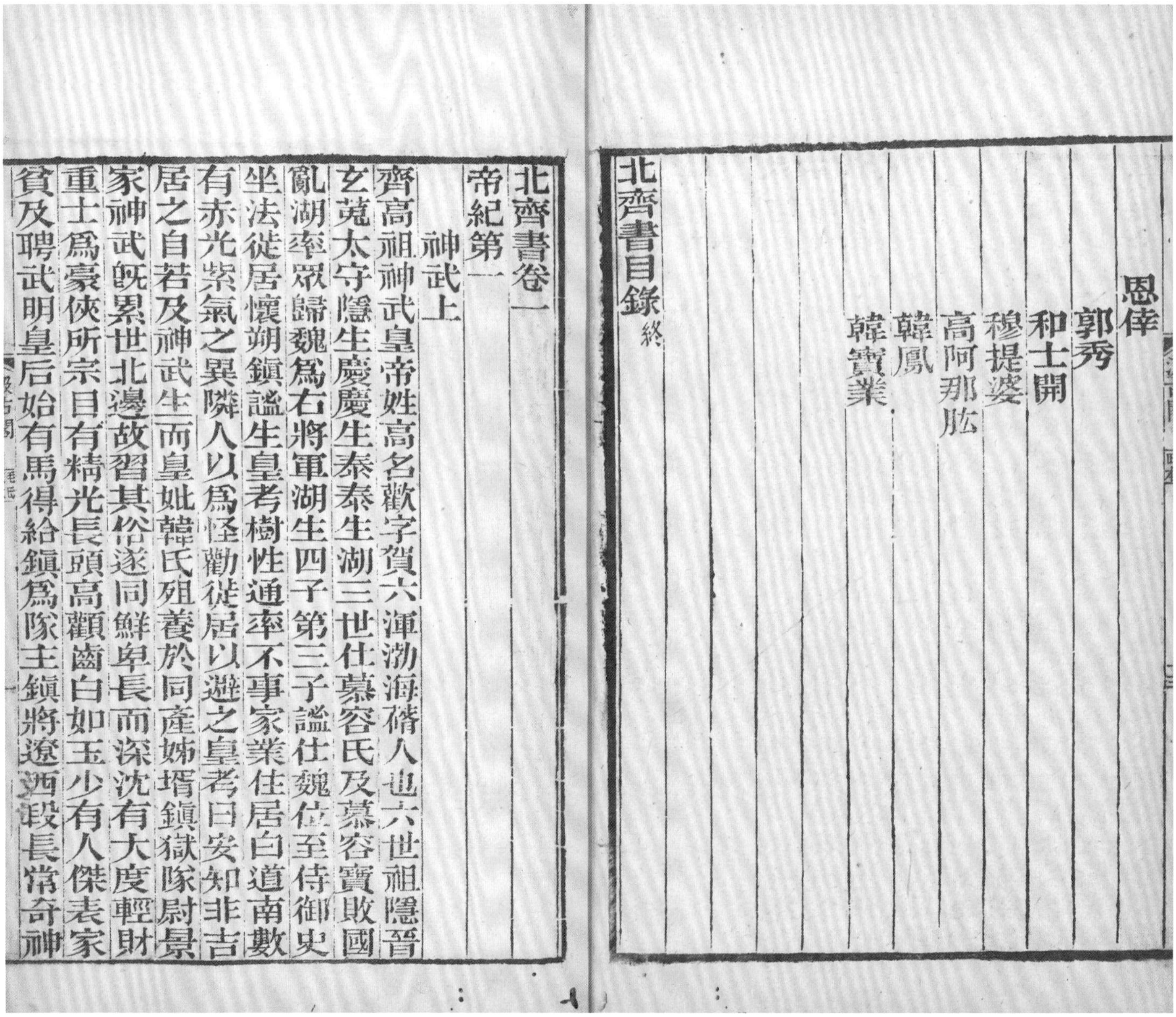

恩倖

郭秀

和士開

穆提婆

高阿那肱

韓鳳

韓寶業

北齊書目錄終

北齊書卷一

帝紀第一

神武上

齊高祖神武皇帝姓高名歡字賀六渾渤海蓨人也六世祖隱晉玄菟太守隱生慶慶生泰泰生湖三世仕慕容氏及慕容寶敗國亂湖率衆歸魏爲右將軍湖生四子第三子謐仕魏位至侍御史坐法徙居懷朔鎮謐生皇考樹性通率不事家業住居白道南數有赤光紫氣之異隣人以爲怪勸徙居以避之皇考曰安知非吉居之自若及神武生而皇妣韓氏殂養於同產姊壻鎮獄隊尉景家神武既累世北邊故習其俗遂同鮮卑長而深沈有大度輕財重士爲豪俠所宗目有精光長頭高顴齒白如玉少有人傑表家貧及聘武明皇后始有馬得給鎮爲隊主鎮將遼西段長常奇神

北齊書五十卷目錄一卷　（唐）李百藥撰　清同治十三年（1874）金陵書局刻本

匡高21厘米，廣15厘米。半葉十二行，每行二十五字，白口，左右雙邊。重慶市涪陵區圖書館藏。六册。

隋書卷一

帝紀第一　特進臣魏　徵上

高祖上

高祖文皇帝姓楊氏諱堅弘農郡華陰人也漢太尉震八代孫鉉仕燕爲北平太守鉉生元壽後魏代爲武川鎭司馬子孫因家焉元壽生太原太守惠嘏嘏生平原太守烈烈生寧遠將軍禎禎生忠忠卽皇考也皇考從周太祖起義關西賜姓普六茹氏位至柱國大司空隋國公薨贈太保謚曰桓皇妣呂氏以大統七年六月癸丑夜生高祖於馮翊般若寺紫氣充庭有尼來自河東謂皇妣曰此兒所從來甚異不可於俗間處之尼將高祖舍於別館躬自撫養皇妣嘗抱高祖忽見頭上角出徧體鱗起皇妣大駭墜高祖於地尼自外入見曰已驚我兒致令晚得天下爲人龍顏額上有

隋書八十五卷目録一卷　（唐）魏徵等撰　清同治十年（1871）淮南書局刻本

匡高21厘米，廣15.2厘米。半葉十二行，每行二十五字，白口，左右雙邊。

重慶市涪陵區圖書館藏。十六册。

晉書一

帝紀第一

宣帝

宣皇帝諱懿字仲達河內溫縣孝敬里人姓司馬氏其先出自帝高陽之子重黎爲夏官祝融歷唐虞夏商世序其職及周以夏官爲司馬其後程伯休父周宣王時以世官克平徐方錫以官族因而爲氏楚漢閒司馬卬爲趙將與諸侯伐秦秦亾立爲殷王都河內漢以其地爲郡子孫遂家焉自卬八世生征西將軍鈞字叔平鈞生豫章太守量字公度量生潁川太守儁字元異儁生京兆尹防字建公帝卽防之第二子也少有奇節聰朗多大略博學洽聞伏膺儒教漢末大亂常慨然有憂天下心南郡太守同郡楊俊名知人見帝未弱冠以爲非常之器尚書清河崔琰與帝兄朗善亦

晉書一百三十卷目錄一卷 （唐）房玄齡等纂 清同治十年（1871）金陵書局刻本

匡高21.4厘米，廣15厘米。半葉十二行，每行二十五字，白口，左右雙邊。

重慶市涪陵區圖書館藏。二十八册。

南史卷一
宋本紀上第一
武帝
少帝
宋高祖武皇帝諱裕字德輿小字寄奴彭城縣綏輿里人姓劉氏漢楚元王交之二十一世孫也彭城楚都故苗裔家焉晉氏東遷劉氏移居晉陵丹徒之京口里皇祖靖晉東安太守皇考翹字顯宗郡功曹帝以晉哀帝興寧元年歲在癸亥三月壬寅夜生神光照室盡明是夕甘露降于墓樹及長雄傑有大度身長七尺六寸風骨奇偉不事廉隅小節奉繼母以孝聞嘗游京口竹林寺獨臥講堂前上有五色龍章衆僧見之驚以白帝帝獨喜曰上人無妄言皇考墓在丹徒之候山其地秦史所謂曲阿丹徒閒有天子氣

南史八十卷目錄一卷　（唐）李延壽撰　清同治十二年（1873）金陵書局刻本

匡高21厘米，廣15.2厘米。半葉十二行，每行二十五字，白口，左右雙邊。
重慶市涪陵區圖書館藏。十八册。

北史卷一

魏本紀第一

魏之先出自黃帝軒轅氏黃帝子曰昌意昌意之少子受封北國有大鮮卑山因以爲號其後世爲君長統幽都之北廣漠之野畜牧遷徙射獵爲業湻樸爲俗簡易爲化不爲文字刻木結繩而已時事遠近人相傳授如史官之紀錄焉黃帝以土德王北俗謂土爲托謂后爲跋故以爲氏其裔始均仕堯時逐女魃於弱水北人賴其勳舜命爲田祖歷三代至秦漢獯鬻獫狁山戎匈奴之屬累代作害中州而始均之裔不交南夏是以載籍無聞積六七十代至成皇帝諱毛立統國三十六大姓九十九威振北方成帝崩節皇帝貸立節帝崩莊皇帝觀立莊帝崩明皇帝樓立明帝崩安皇帝越立安帝崩宣皇帝推寅立宣帝南遷大澤方千餘里厥土昏

北史一百卷目錄一卷　（唐）李延壽撰　清同治十二年（1873）金陵書局刻本

匡高21.3厘米，廣15.2厘米。半葉十二行，每行二十五字，白口，左右雙邊。重慶市涪陵區圖書館藏。二十八册。

舊唐書卷一

本紀第一

高祖

高祖神堯大聖大光孝皇帝姓李氏諱淵其先隴西狄道人涼武昭王暠七代孫也暠生歆歆生重耳仕魏爲弘農太守重耳生熙爲金門鎮將領豪傑鎮武川因家焉儀鳳中追尊宣皇帝熙生天錫仕魏爲幢主大統中贈司空儀鳳中追尊光皇帝皇祖諱虎後魏左僕射封隴西郡公與周文帝及太保李弼大司馬獨孤信等以功參佐命當時稱爲八柱國家仍賜姓大野氏周受禪追封唐國公謚曰襄至隋文帝作相還復本姓武德初追尊景皇帝廟號太祖陵曰永康皇考諱昞周安州總管柱國大將軍襲唐國公謚曰仁武德初追尊元皇帝廟號世祖陵曰興寧高祖以周天和元

舊唐書二百卷目錄一卷　（後晋）劉昫等撰　清同治十一年（1872）浙江書局刻本

匡高20.5厘米，廣15.2厘米。半葉十二行，每行二十五字，白口，左右雙邊。重慶市涪陵區圖書館藏。十七册。

舊五代史卷一

宋 薛居正等撰

梁書第一

太祖紀一

太祖神武元聖孝皇帝姓朱氏諱晃本名溫宋州碭山人其先舜司徒虎之後高祖黯曾祖茂琳祖信父誠帝即誠之第三子母曰文惠王皇后五代會要梁肅祖宣元皇帝諱黯舜司徒虎四十二代孫開平元年七月追尊宣元皇帝廟號肅祖葬興極陵敬祖光獻皇帝諱茂琳宣元皇帝長子母曰宣僖皇后范氏開平元年七月追尊光獻皇帝廟號敬祖葬永安陵憲祖昭武皇帝諱信光獻皇帝長子母曰光孝皇后楊氏開平元年七月追尊昭武皇帝廟號憲祖葬光天陵烈祖文穆皇帝諱誠昭武皇帝長子母曰昭懿皇后劉氏開平元年七月追尊文穆皇帝廟號烈祖葬咸寧陵以唐大中六年歲在壬申十月二十一日夜生于碭山縣午溝里是夕所居廬舍之上有赤氣上騰里人望之皆驚奔而來曰朱家火發矣及至則廬舍儼然既入鄰人以誕孩告衆咸異之昆仲三人俱未冠而孤母攜養寄于蕭縣

舊五代史一百五十卷目錄一卷 （宋）薛居正等撰 清同治十一年（1872）崇文書局刻本

匡高20.7厘米，廣15厘米。半葉十二行，每行二十五字，小字雙行三十七字，白口，四周雙邊。重慶市涪陵區圖書館藏。十六册。

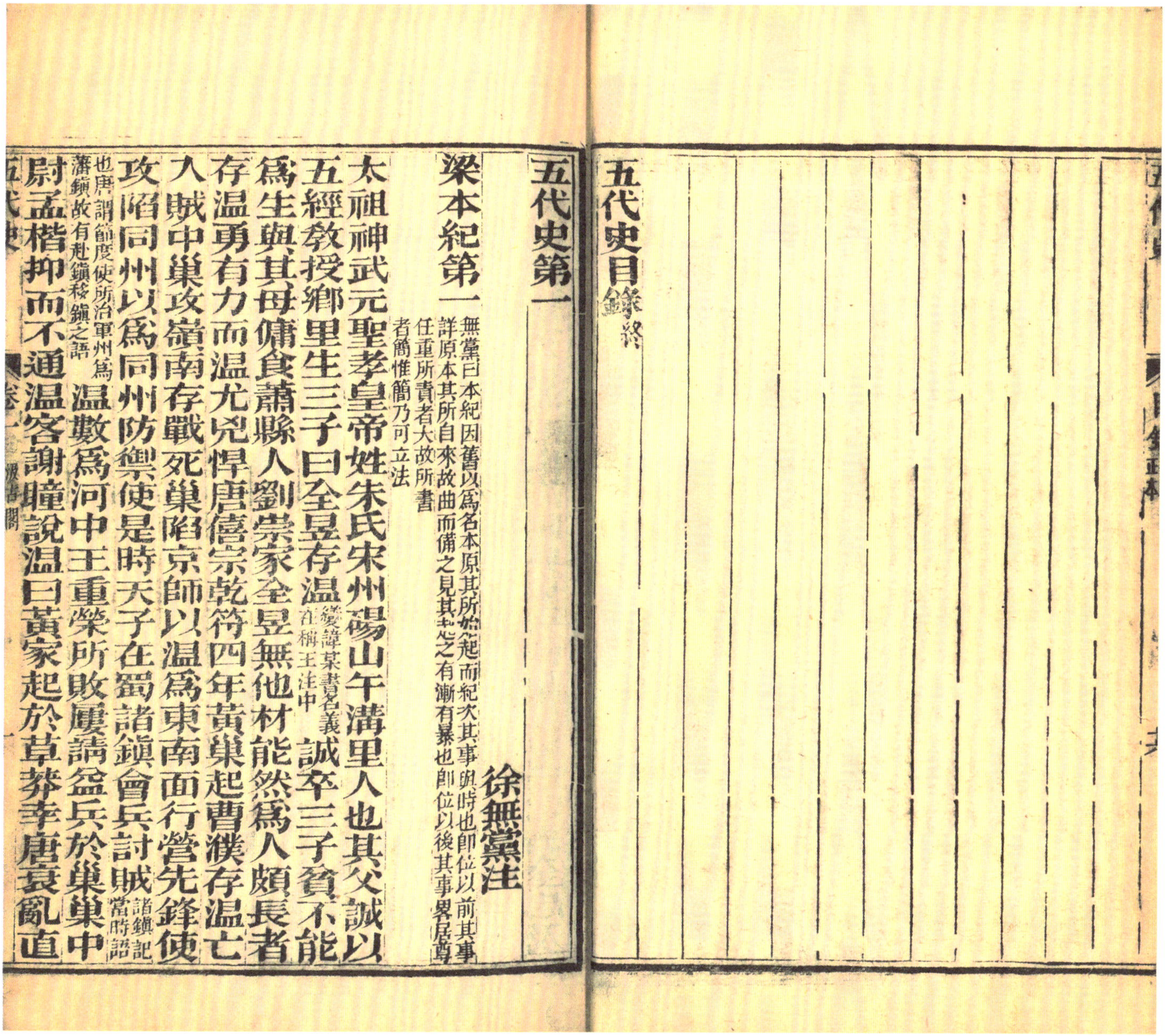
五代史目錄終

五代史第一

梁本紀第一　徐無黨注

無黨曰本紀因舊以爲名本原其所始起而紀次其事與時也即位以前其事詳原本其所自來故曲而備之見其起之有漸有暴也即位以後其事畧居尊任重所責者大故所書者簡惟簡乃可立法

太祖神武元聖孝皇帝姓朱氏宋州碭山午溝里人也其父誠以五經教授鄉里生三子曰全昱存溫（溫後諱某書名義在稱王注中）誠卒三子貧不能爲生與其母傭食蕭縣人劉崇家全昱無他材能然爲人頗長者存溫勇有力而溫尤兇悍唐僖宗乾符四年黄巢起曹濮存溫亡入賊中巢攻嶺南存戰死巢陷京師以溫爲東南面行營先鋒使攻陷同州以爲同州防禦使是時天子在蜀諸鎮會兵討賊（諸鎮記當時語也唐謂節度使所治軍州爲藩鎮故有赴鎮移鎮之語）溫數爲河中王重榮所敗屢請益兵於巢巢中尉孟楷抑而不通溫客謝瞳說溫曰黄家起於草莽幸唐衰亂直

五代史　卷一　汲古閣　一

五代史七十四卷目錄一卷　（宋）歐陽修撰　（宋）徐無黨注　清同治十一年（1872）崇文書局刻本

匡高20.5厘米，廣15.3厘米。半葉十二行，每行二十五字，小字雙行三十八字，白口，四周雙邊。重慶市涪陵區圖書館藏。八册。

本紀第一　唐書一
高祖神堯大聖大光孝皇帝諱淵字叔德姓李氏隴西成紀人也
其七世祖暠當晉末據秦涼以自王是爲涼武昭王暠生歆歆爲
沮渠蒙遜所滅歆生重耳魏弘農太守重耳生熙金門鎮將戍於
武川因留家焉熙生天賜爲幢主天賜生虎西魏時賜姓大野氏
官至太尉與李弼等八人佐周代魏有功皆爲柱國號八柱國家
周閔帝受魏禪虎已卒乃追錄其功封唐國公謚曰襄襄公生昞
襲封唐公隋安州總管柱國大將軍卒謚曰仁仁公生高祖於長
安體有三乳性寬仁襲封唐公隋文帝獨孤皇后高祖之從母也
以故文帝與高祖相親愛文帝相周復高祖姓李氏以爲千牛備
身事隋譙隴二州刺史大業中歷岐州刺史滎陽樓煩二郡太守
召爲殿內少監衛尉少卿煬帝征遼東遣高祖督運糧於懷遠鎮

新唐書二百二十五卷目錄一卷附進新修唐書表　（宋）歐陽修　宋祁等撰　清同治十二年（1873）浙江書局刻本

匡高21厘米，廣15厘米。半葉十二行，每行二十五字，白口，左右雙邊。

重慶市涪陵區圖書館藏。存二百二十二卷（目録一卷，卷一至二百〇七，卷二百十二至二百二十五）。存五十册。

宋史卷一

本紀第一

太祖一

太祖啟運立極英武睿文神德聖功至明大孝皇帝諱匡胤姓趙氏涿郡人也高祖朓是爲僖祖仕唐歷永清文安幽都令朓生珽是爲順祖歷藩鎮從事累官兼御史中丞珽生敬是爲翼祖歷營薊涿三州刺史敬生弘殷是爲宣祖周顯德中宣祖貴贈敬左驍騎衛上將軍宣祖少驍勇善騎射事趙王王鎔爲鎔將五百騎援唐莊宗于河上有功莊宗愛其勇留典禁軍漢乾祐中討王景於鳳翔會蜀兵來援戰于陳倉始合矢集左目氣彌盛奮擊大敗之以功遷護聖都指揮使周廣順末改鐵騎第一軍都指揮使轉右廂都指揮領岳州防禦使從征淮南前軍卻吳人來乘宣祖邀擊

宋史四百九十六卷目錄三卷　（元）脱脱等修　清光緒元年（1875）浙江書局刻本

匡高20.8厘米，廣15.2厘米。半葉十二行，每行二十五字，白口，左右雙邊。重慶市涪陵區圖書館藏。一百二十册。

遼史卷一

遼史卷一考證　太祖紀上

伯父當國疑輒咨焉　按卷六十四皇子表德祖兄三人長瑪魯早卒次揚珠爲德哷部額爾奇木三實嚕爲裕悅考百官志裕悅班百僚之上非有大功德者不授此云伯父當國當卽實嚕也

以兵四十萬伐河東河北攻下九郡獲生口九萬五千　按河北永樂大典作代北考卷三十四兵衛志太祖總兵四十萬伐代北克郡縣九俘九萬五千口是河北係代北之譌

會克用于雲州宴酣克用借兵以報劉仁恭木瓜澗之役太祖許之　按五代歐史劉仁恭叛晉克用以兵五萬擊仁恭戰於安塞克用大敗薛史亦云攻安塞大敗於木瓜澗惟歐史契丹傳及通鑑綱目俱云克用與安巴堅會於雲州約爲兄弟期共擊

遼史一百十五卷附考證　（元）脱脱等修　清同治十二年（1873）江蘇書局刻本

匡高22厘米，廣15厘米。半葉十二行，每行二十五字，小字雙行同，白口，左右雙邊。重慶市涪陵區圖書館藏。十六册。

金史卷一

元中書右丞相總裁托克托等修

本紀第一

世紀

金之先出靺鞨氏靺鞨本號勿吉勿吉古肅愼地也元魏時勿吉有七部曰粟末部曰博綽原作伯咄部曰恩徹亨原作安車骨部曰佛寧原作拂湼部曰哈沙原作號室部曰黑水部曰白山部隋稱靺鞨而七部並同唐初有黑水靺鞨粟末靺鞨其五部無聞粟末靺鞨始附高麗姓大氏李勣破高麗粟末靺鞨保東牟山後爲渤海稱王傳十餘世有文字禮樂官府制度有五京十五府六十二州黑水靺鞨居肅愼地東瀕海南接高麗亦附於高麗嘗以兵十五萬衆助高麗拒唐太宗敗於安市開元中來朝置黑水府以部長爲都督刺史置

金史一百三十五卷目錄一卷 （元）脱脱等修 清同治十三年（1874）江蘇書局刻本

匡高21.5厘米，廣15厘米。半葉十二行，每行二十五字，小字雙行同，白口，左右雙邊。重慶市涪陵區圖書館藏。二十六册。

元史卷一

明翰林學士亞中大夫知制誥兼修國史宋濂等修

本紀第一

太祖

太祖法天啟運聖武皇帝諱特穆津(原作鐵木眞)姓卻特(原作奇渥溫)氏蒙古部人其十世祖勃端察爾(原作孛端叉兒)母曰阿倫果斡(原作阿蘭果火)嫁托本默爾根(原作脫奔咩哩犍)生二子長曰布固哈塔吉(原作博寒葛荅黑)次曰博克多薩勒濟固(原作博合覩撒里直)既而夫亡阿倫果斡寡居夜寢帳中夢白光自天窗中入化爲金色神人來趨臥榻阿倫果斡驚覺遂有娠產一子即勃端察爾也狀貌奇異沉默寡言家人謂之癡獨阿倫果斡語人曰此兒非癡後世子孫必有大貴者阿倫果斡殁諸兒分家貲不及之勃端察爾曰貧賤富貴命也貲財何足道獨乘

元史二百十卷目錄二卷　（明）宋濂等修　清同治十三年（1874）江蘇書局刻本

匡高21.6厘米，廣15厘米。半葉十二行，每行二十五字，小字雙行同，白口，左右雙邊。重慶市涪陵區圖書館藏。四十八册。

函史上編卷之一

明盱郡鄧元錫纂

古初帝王表

自天地載闢馮翼昭冥之故靡可究而原矣二五幹維何本何化即上哲難言之而說天莫辯於易頌稱玄鳥雅詠生民厥神理可著存焉易衡圖儀象生出象化原圜圖象渾天方圖象方輿文王序周易乾坤創闢屯蒙洪荒夫非沕穆渾敦時耶而三才育君建侯不寧於草昧乎經綸斯時也林總蚩蚩之民穴居而野處汚樽杯飲捭豚而燔黍未有麻絲蒙衣其皮羽蓋需養於飲食

函史上編　卷之一　一

函史上編八十一卷下編二十一卷　（明）鄧元錫撰　清康熙二十年（1681）刻本

匡高21.3厘米，廣15厘米。半葉十行，每行二十一字，小字雙行同，白口，四周單邊。入選第一批《重慶市珍貴古籍名録》。重慶市涪陵區圖書館藏。八十册。

明史卷一　本紀第一

總裁官經筵講官少保兼太子太保保和殿大學士兼管吏部戶部尚書事加六級張廷玉奉

敕修

太祖一

太祖開天行道肇紀立極大聖至神仁文義武俊德成功高皇帝諱元璋字國瑞姓朱氏先世家沛徙句容再徙泗州父世珍始徙濠州之鍾離生四子太祖其季也母陳氏方娠夢神授藥一丸置掌中有光吞之寤口餘香氣及產紅光滿室自是夜數有光起鄰里望見驚以爲火輒奔救至則無有比長姿貌雄傑奇骨貫頂志意廓然人莫能測至正四年旱蝗大饑疫太祖時年十七父母兄相繼歿貧不克葬里人劉繼祖與之地乃克葬卽鳳陽陵也太祖孤無所依乃入皇覺寺爲僧逾月遊食合肥道病二紫衣人與俱

明史　卷一　本紀　一

明史三百三十二卷目錄四卷　（清）張廷玉等修　清光緒三年（1877）崇文書局刻本

匡高21.6厘米，廣15.2厘米。半葉十二行，每行二十五字，小字雙行同，白口，四周雙邊。重慶市涪陵區圖書館藏。八十册。

備言使詳略同異通貫曉析如指諸掌蓋隱然不敢當筆削之意焉
然其邪正是非之辨賢姦忠佞之分寓大義於微詞絀素王之心
法麟經以後惟有此書朕披讀尋繹弗釋於懷治天下者其視此
為龜鑑也夫
康熙四十六年正月十七日

御批資治通鑑綱目五十九卷通鑑綱目前編十八卷外紀一卷舉要三卷通鑑綱目續編二十七卷　（宋）朱熹　（明）商輅撰　（清）宋犖校刊　清光緒二十八年（1902）上海經香閣石印本

匡高21.3厘米，廣14.2厘米。半葉二十五行，每行六十五字，小字雙行同，黑口，四周單邊。重慶市涪陵區圖書館藏。十六册。

萬身龍鱗
故曰龍馬
此天地之
精肯負圖
出于孟河
因則其文
以畫卦神
明之德如

綱鑑正史約卷一

明崑山顧錫疇原編　桂林陳弘謀增訂

三皇五帝紀

太昊伏羲氏 太昊之母居于華胥之渚履巨人跡意動虹且遶之始娠生帝于成紀以木德王故風姓有聖德象日月之明故曰太昊都陳在位一百一十五年○華胥地名在西安府藍田縣成紀今鞏昌府秦州俱隸陝西陳今開封府陳州隸河南

始畫八卦

時有龍馬負圖出于河帝仰觀象於天俯觀法於地中觀萬物之情始畫八卦卦有三爻因而重之爲卦六十有四以通神明之德而卜筮從此生焉 朱熹曰伏羲畫八卦乃萬世文字之祖

綱鑑正史約　卷一　太昊　一

綱鑑正史約三十六卷　（明）顧錫疇原編　（清）陳弘謀增訂　清光緒三十年（1904）渝州會文書局刻本

匡高17.9厘米，廣13.3厘米。半葉十一行，每行二十字，小字雙行同，白口，左右雙邊。重慶市涪陵區圖書館藏。二十四册。

蜀故卷一

丹稜彭遵泗磬泉氏纂輯

方域

春秋元命苞云觜星流爲益州益之言隘也謂物類並決其氣急切決列也

春秋文耀鉤云荆山西南至岷山北嶇鳥鼠梁州屬開星洛書甄曜度云汶山之地爲井絡帝以會昌神以建福上爲天井星

漢天文志觜觽參益州

蜀故二十七卷目錄一卷　（清）彭遵泗纂輯　清光緒二十四年（1898）玉元堂刻本

匡高18.7厘米，廣12.8厘米。半葉九行，每行二十二字，黑口，四周雙邊。

重慶市涪陵區圖書館藏。六册。

黔語卷上　　錢塘吴振棫臞翁纂

改土歸流

黔古荒服地元以前羈縻州耳至元明乃隸版圖永樂後始設督撫布按諸官視他省我朝順治康熙間平馬乃平水西增置郡縣疆土於是日闢然頑苗梗化土司逞虐鈔暴遠近文武莫敢誰何雍正初提督馬會伯總兵石禮哈嘗以苗事入告憲廟難之既而總督鄂文端詳審事勢謂非改土歸流則黔滇楚粤之禍無已時也始以長寨苗不法以兵治之長寨平苗頗懾於是化誨招撫收其版籍薄其租賦歡然求内附者不下數千寨其兇悍者則草薙禽獮之當時之議以爲欲靖苗疆自入

黔語卷上　　靈峰草堂叢書

黔語二卷目錄一卷　（清）吴振棫撰　清咸豐四年（1854）刻《靈峰草堂叢書》本

匡高20厘米，廣13.7厘米。半葉十二行，每行二十四字，小字雙行同，黑口，四周單邊。重慶市涪陵區圖書館藏。一册。

駱文忠公奏稿卷一　起咸豐四年甲寅四月訖十一月

目錄

賊勢全注湖南請調粵黔兵勇協剿摺

靖港擊賊互有勝負湘潭大捷克復縣城摺

靖港敗賊下竄崇通賊匪南犯官軍三捷摺

南北兩省道梗運解艱阻片

陳鎮由粵領解洋礮到省片

華容龍陽失守常澧喫緊派兵援剿摺

常德府城失守見籌進剿情形摺

中東兩路官軍剿賊獲勝片

駱文忠公奏稿卷一　目錄　一

駱文忠公奏稿十卷目錄一卷　（清）駱秉章撰　清光緒十七年（1891）刻本

匡高20厘米，廣12.9厘米。半葉十行，每行二十五字，小字雙行同，黑口，左右雙邊。重慶市涪陵區圖書館藏。十册。

帶兵抵省接印任事摺 咸豐二年八月二十六日

奏爲恭報微臣帶兵進援抵省接印任事日期恭謝

天恩仰祈

聖鑒事竊臣昨由常德起程時將先調到之兵親身統帶馳赴長沙援剿各緣由具奏在案臣於拜摺後卽日按營分隊順次開船督同將領各官申明紀律約束兵丁務期秋毫不犯幷選派勤幹弁兵絡繹偵探如遇賊匪竄擾立卽迎頭截擊於所過城鄉市鎭曉喻居民不必張惶遷徙於八月二十四日酉刻馳抵長沙省城北門因賊踞南城民房攻撲南城甚急臣卽率隨身弁兵數人由北門登梯入城當晤署江西撫臣羅繞典前撫臣駱秉章湖南提

張大司馬奏稿四卷　（清）張亮基撰　清光緒十七年（1891）刻本

匡高19.8厘米，廣13厘米。半葉十行，每行二十五字，小字雙行同，黑口，左右雙邊。重慶市涪陵區圖書館藏。四册。

左文襄公奏稿卷一 起咸豐十一年辛酉十二月訖同治元年壬戌三月

目錄

遵旨督辦浙江軍務據探省城失守敬陳辦理情形摺

請催調各路營勇來浙并速發捐輸部照片

請速令總兵劉培元募勇來衢設立水師卽署衢州鎮總兵片

官軍由徽入浙三獲大捷衢屬開化肅清摺

覆奏駐軍開化馬金街正可兼顧衢城摺

官軍入浙應設糧臺轉運接濟片

請將隨營出力各文員先行甄敍片

奏稿卷一目録 一

左文襄公奏稿六十四卷首一卷總目一卷 （清）左宗棠撰 （清）楊書霖等编 清光緒十六年（1890）刻本

匡高19.9厘米，廣12.9厘米。半葉十行，每行二十五字，小字雙行同，黑口，左右雙邊。重慶市涪陵區圖書館藏。六十六册。

廣信府鍾守世楨稟瑞金賊竄新城請分軍馳赴貴溪堵勦以固河口由咸豐庚申

以賊勢論則南路輕於北路以地形論則景鎮距貴溪縣城三百餘里貴溪又距南路賊蹤三百九十里共七百里而遙而距婺源祁門德興均不過二百里內外本京堂大軍已於初四初六初七等日陸續由樂平拔赴景鎮東北上下李村距浮梁十餘里其不能折而南趨者勢也況休甯未拔池州賊氛蔓延祁門建德之交首逆楊輔清踞旌德賴裕新踞徽州僞忠王聞亦竄至青陽均有伺釁而動之勢江西之東北皖南之東南僅本京堂一軍其不能折而南趨者亦理也

左文襄公批札七卷目錄一卷　（清）左宗棠纂　清光緒十八年（1892）刻本

匡高19.9厘米，廣12.9厘米。半葉十行，每行二十五字，小字雙行同，黑口，左右雙邊。重慶市涪陵區圖書館藏。七册。

札崔副將大光等招募楚勇咸豐庚申
照得本京堂欽奉
諭旨襄辦兩江軍務准兵部尚書銜兩江總督部堂曾咨開速募
湖南精勇訓練成軍帶赴皖南剿辦逆賊查有副將崔大光久歷
戎行最爲勇敢遊擊李世顏人素勇往久經戰陣遊擊羅近秋久
歷戎行明幹勇往都司黃有功技藝素優人尚樸實都司戴國泰
樸實老成人尚勇敢都司黃少春樸實勇敢疊著戰功都司張志
超樸實勇往屢經戰陣千總朱明亮廉幹樸勇膽識素優從九張
聲恒樸誠勇敢深知戰事堪資委任合行札委爲此札仰該某遴
選屢經戰陣百長大旂什長等挑選精鋭勇丁五百名長夫二百

咨札　二

左文襄公咨札一卷告示一卷　（清）左宗棠纂　清光緒十八年（1892）刻本

匡高19.9厘米，廣12.9厘米。半葉十行，每行二十五字，小字雙行同，黑口，左右雙邊。重慶市涪陵區圖書館藏。一册。

補授浙江巡撫謝　恩摺 同治元年正月二十九日

奏爲恭謝

天恩事同治元年正月十七日浙江開化張村行營承准議政王

軍機大臣字寄咸豐十一年十二月二十五日奉

上諭左宗棠已授浙江巡撫刻下計已抵浙著即會合閩師分道

進攻曾國藩飭令鮑超進攻甯國以便進規浙省爲左宗棠後路

聲援是爲至要欽此跪誦之下感悚難名伏念臣湘水庸材韜鈐

未習屬以羣盜縱橫勉襄戎事寸功未立遽忝卿班茲復蒙

恩旨畀以危疆重寄自忖才識庸闇末由圖報涓埃

寵命驟頒感慚曷既見在兩浙糜沸時事艱危謹當殫誠盡瘁奮

左文襄公謝恩摺二卷目錄一卷　（清）左宗棠纂　清光緒十八年（1892）刻本

匡高19.9厘米，廣12.9厘米。半葉十行，每行二十五字，小字雙行同，黑口，左右雙邊。重慶市涪陵區圖書館藏。二册。

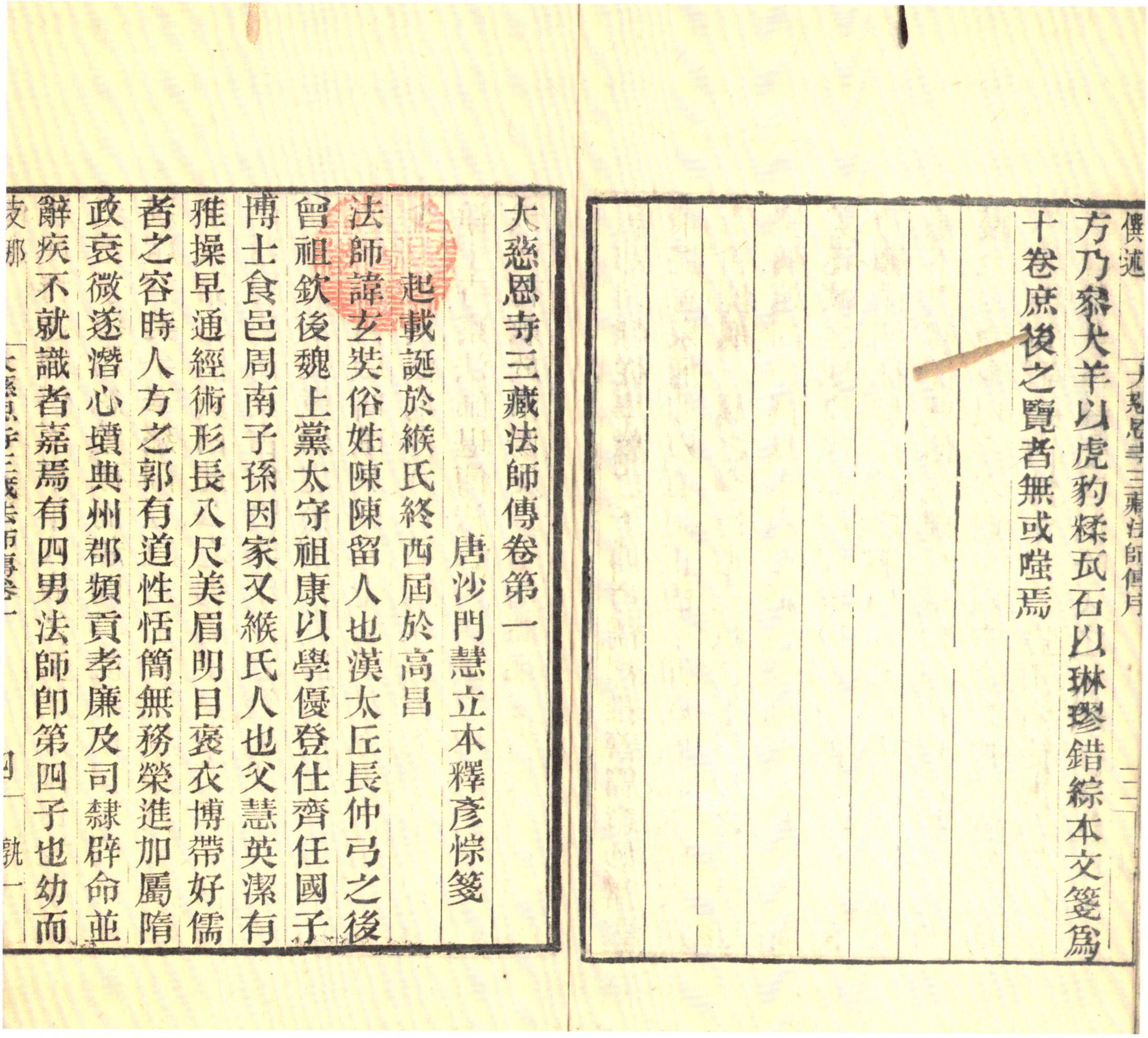
傳述

方乃豕犬羊以虎豹糅瓦石以琳璆錯綜本文箋為
十卷庶後之覽者無或嗤焉

大慈恩寺三藏法師傳序　二

大慈恩寺三藏法師傳卷第一
唐沙門慧立本釋彥悰箋
起載誕於緱氏終西屆於高昌
法師諱玄奘俗姓陳陳留人也漢太丘長仲弓之後
曾祖欽後魏上黨太守祖康以學優登仕齊任國子
博士食邑周南子孫因家又緱氏人也父慧英潔有
雅操早通經術形長八尺美眉明目褒衣博帶好儒
者之容時人方之郭有道性恬簡無務榮進加屬隋
政衰微遂潛心墳典州郡頻貢孝廉及司隸辟命並
辭疾不就識者嘉焉有四男法師即第四子也幼而

大慈恩寺三藏法師傳卷一　一

大慈恩寺三藏法師傳十卷　（唐）釋慧立本釋　（唐）釋彥悰箋　清宣統元年（1909）常州天寧寺刻本

匡高17.3厘米，廣13厘米。半葉十行，每行二十字，小字雙行同，白口，左右雙邊。重慶市涪陵區圖書館藏。三冊。

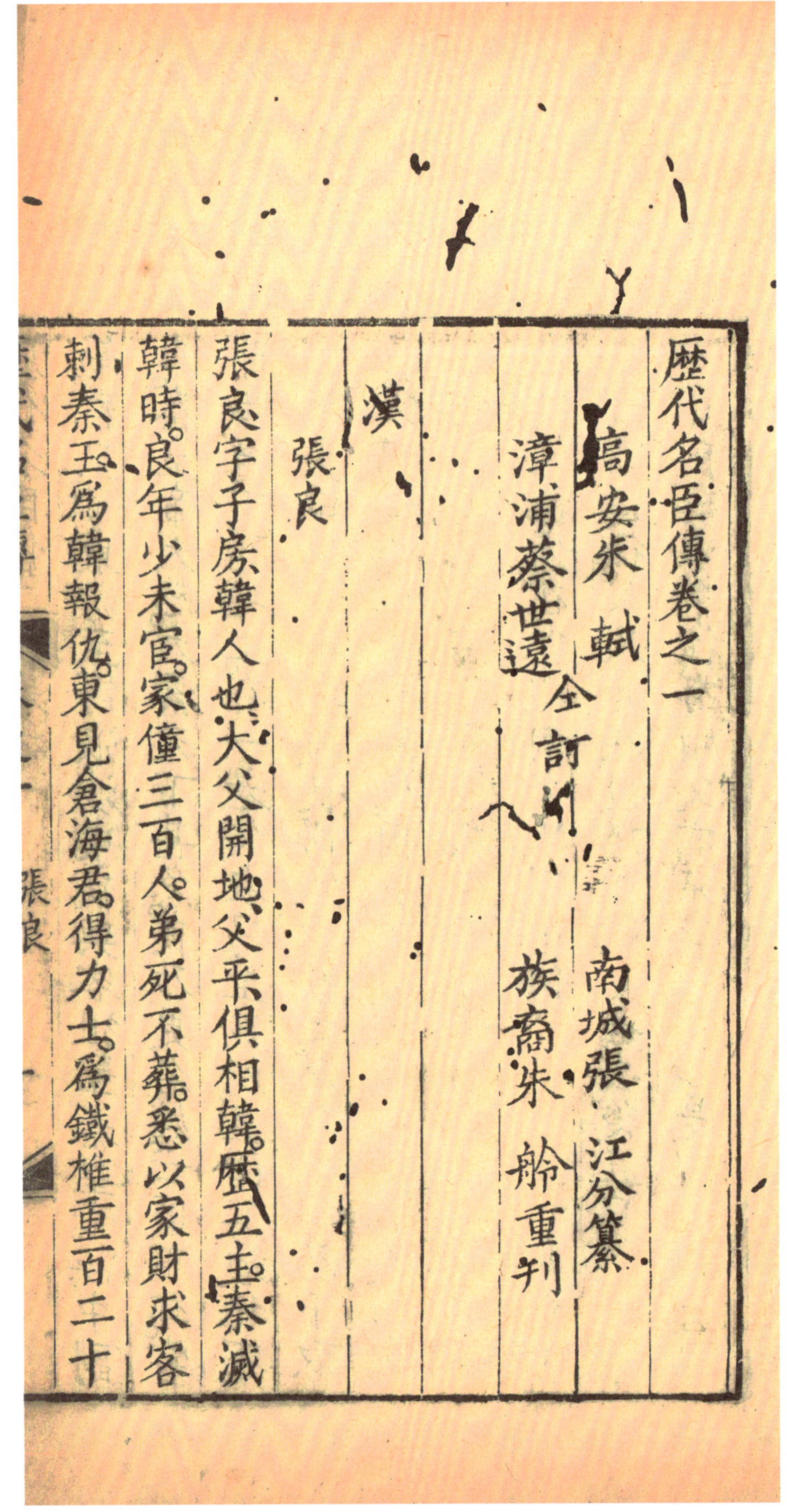

重刻朱文端公三傳五十一卷 （清）朱軾　蔡世遠合訂　（清）張江分纂

（清）朱舲重刊　清同治三年（1864）刻本

匡高19厘米，廣13.2厘米。半葉九行，每行二十二字，白口，左右雙邊。重慶市涪陵區圖書館藏。二十四册。

牟安支二竺闞孫謝傳　　居士傳一

佛法之東自漢明帝始永平三年帝夢見神人身長丈六尺項有日光飛在殿前明日博問羣臣何神人也傅毅進曰臣按周書異記云昭王二十四年四月八日平旦時大風起宮殿民居震動其夜有五色光氣貫太微徧於四方作青赤色王問太史蘇由曰是何祥也對曰西方有大聖人降生後一千年聲教被此土王使鐫石記之瘞於南郊天祠前以年計之今一千一十年矣陛下所夢將是乎帝以爲然遣郎中蔡愔博士蔡景王遵等十有八人西訪其道至大月

居士傳一　一

居士傳五十六卷　（清）彭紹昇撰　清乾隆四十一年（1776）長洲彭氏刻本

匡高17厘米，廣11厘米。半葉十行，每行二十字，白口，左右雙邊。重慶市涪陵區圖書館藏。四册。

蜀學編卷之一　　　　　　　成都方守道初輯

甯河高賡恩覆輯

卭州伍肇齡同訂

漢

張叔文先生

先生名寬字叔文成都人蜀承秦後質文刻野太守文

翁遣先生詣博士東受七經還以教授於是蜀學比於

齊魯巴漢亦化之先生從武帝郊甘泉泰畤過橋見一

女子䠊浴川中乳長七寸曰知我者帝後七車適得先

蜀學編　卷之一　一

蜀學編二卷　（清）方守道初輯　（清）高賡恩覆輯　（清）伍肇齡同訂　（清）楊世文校點　清光緒二十七年（1901）錦江書局刻本

匡高18.2厘米，廣12.8厘米。半葉九行，每行二十一字，小字雙行同，白口，左右雙邊。重慶市涪陵區圖書館藏。二册。

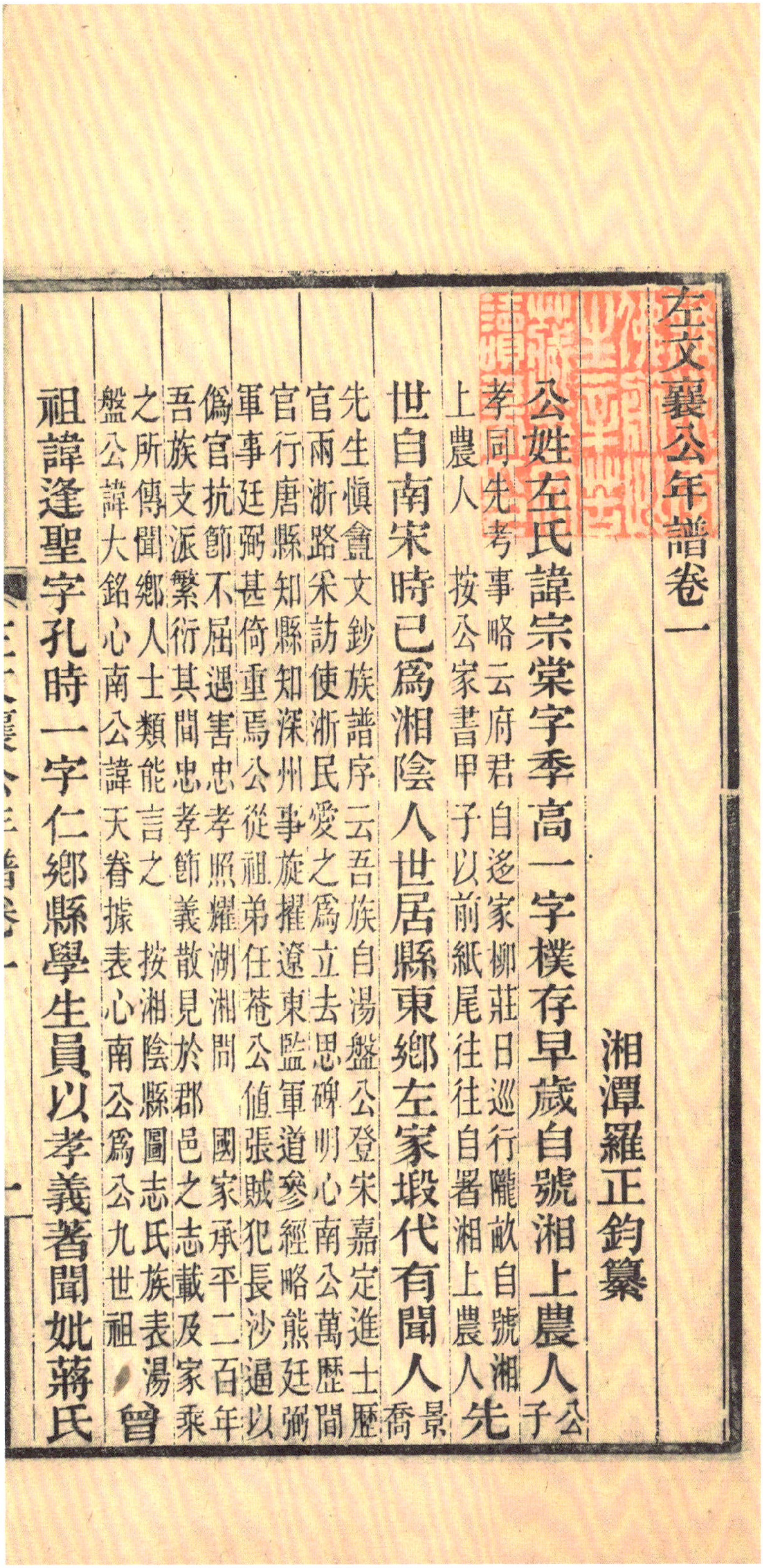

左文襄公年譜卷一

湘潭羅正鈞纂

公姓左氏諱宗棠字季高一字樸存早歲自號湘上農人公子孝同先考事略云府君自迻家柳莊日巡行隴畝自號湘上農人　按公家書甲子以前紙尾往往自署湘上農人先世自南宋時已爲湘陰人世居縣東鄉左家塅代有聞人景喬先生愼齋文鈔族譜序云吾族自湯盤公登宋嘉定進士歷官兩浙路釆訪使浙民愛之爲立去思碑明心南公萬歷間官行唐縣知縣知深州事旋擢遼東監軍道參經略熊廷弼軍事廷弼甚倚重焉公從祖弟任菴公値張賊犯長沙遇以僞官抗節不屈遇害忠孝照耀湖湘間　國家承平二百年吾族支派繁衍其間忠孝節義散見於郡邑之志載及家乘之所傳聞鄉人士類能言之　按湘陰縣圖志氏族表湯盤公諱大銘心南公諱天眷據表心南公爲公九世祖曾祖諱逢聖字孔時一字仁鄉縣學生員以孝義著聞妣蔣氏

左文襄公年譜十卷　（清）羅正鈞纂　清光緒二十三年（1897）湘陰左氏刻本

匡高19.9厘米，廣12.9厘米。半葉十行，每行二十五字，小字雙行同，黑口，左右雙邊。重慶市涪陵區圖書館藏。十册。

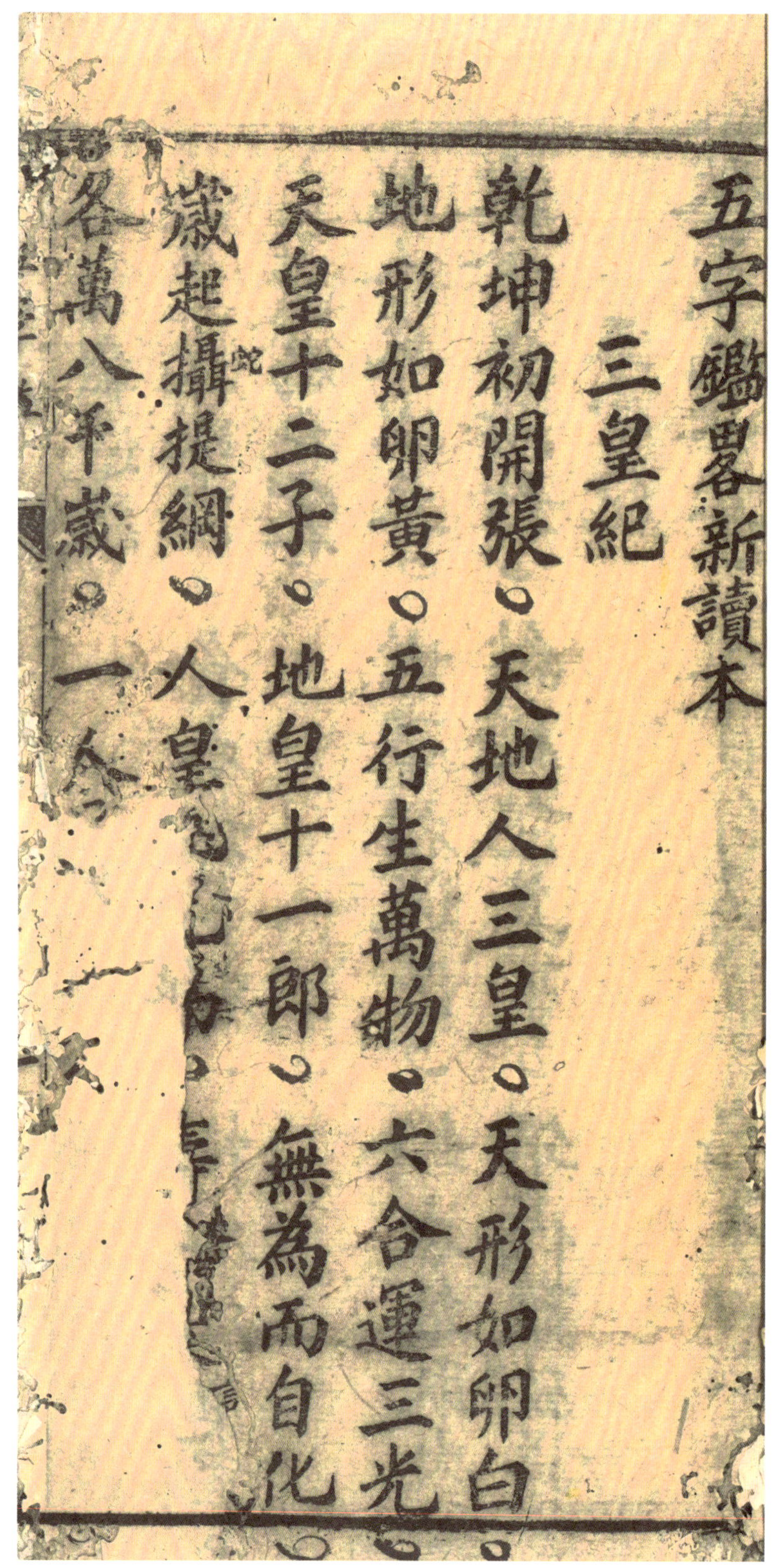

五字鑑畧新讀本二卷 （明）李廷機撰　清光緒三十四年（1908）文峰閣刻本

匡高22厘米，廣12.7厘米。半葉七行，每行十七字，白口，四周單邊。重慶市涪陵區圖書館藏。一册。

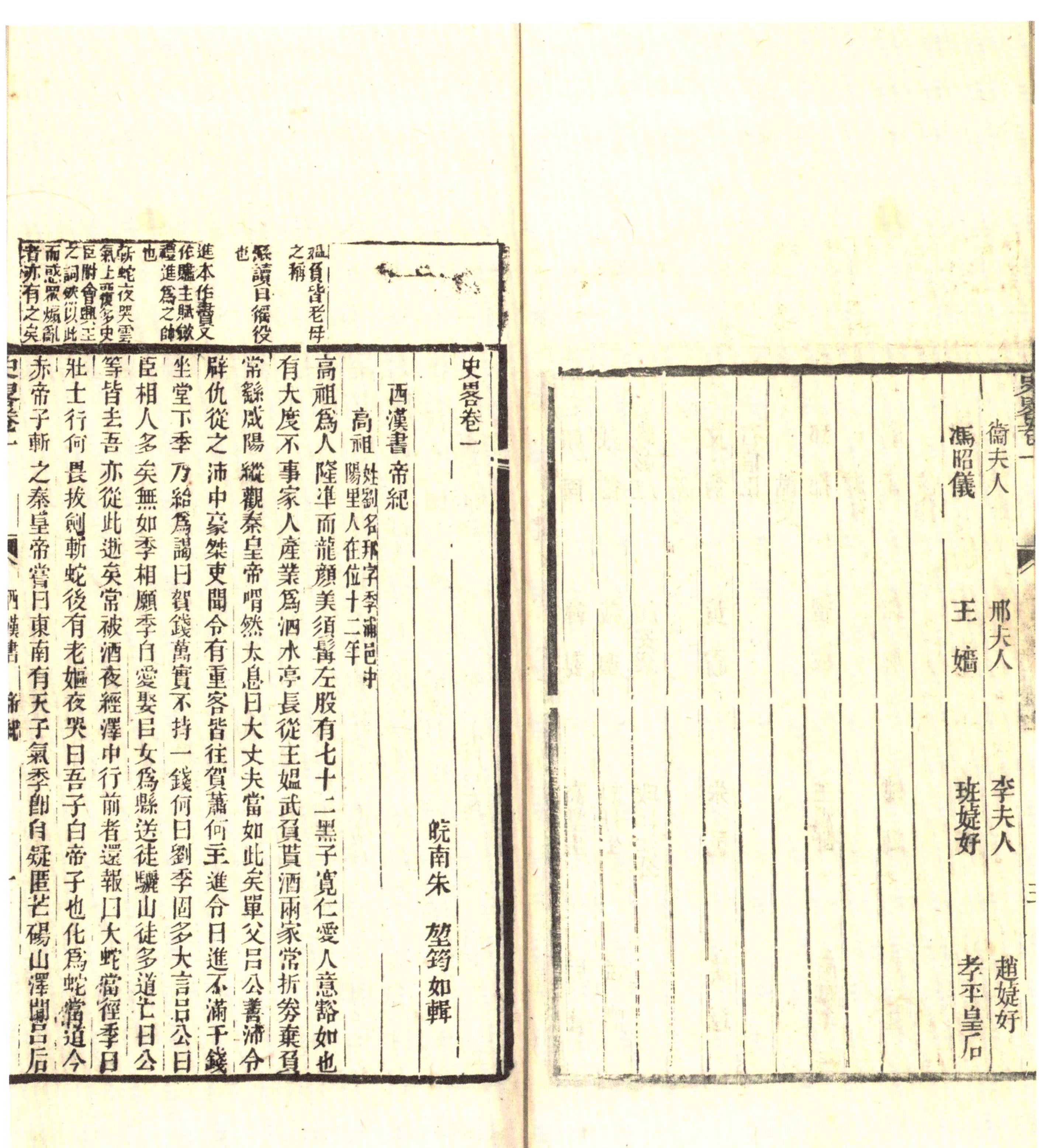

史畧八十七卷　（清）朱堃輯　清光緒二十六年（1900）萬本書局刻本

匡高15.2厘米，廣10.5厘米。上下兩欄，下欄半葉十三行，每行二十八字，小字雙行同，白口，左右雙邊。重慶市涪陵區圖書館藏。存五十三卷（卷一至二十七、卷四十至五十三、卷七十二至八十三）。存九册。

大唐西域記卷第一

三藏法師玄奘奉詔譯

大總持寺沙門辯機撰

三十四國

阿耆尼國　屈支國

跋祿迦國　笯（奴故反）赤建國

赭時國　怖（敷廢反）捍國

窣（蘇沒反）堵利瑟那國　颯秣建國

弭秣賀國　劫布呾那國

屈霜（去聲）你迦國　喝捍國

大唐西域記十二卷　（唐）釋玄奘譯　（唐）釋辯機撰　清宣統元年（1909）常州天寧寺刻本

匡高17.3厘米，廣13厘米。半葉十行，每行二十字，小字雙行同，白口，左右雙邊。重慶市涪陵區圖書館藏。四册。

四川通志卷之一

星野

易曰在天成象在地成形周禮保章氏以星土辨

九州蓋文曜麗乎天而因是可辨其方位則秉陽

而垂日星秉陰而竅乎山川固可參互考定矣蜀

爲井鬼分野史記天官書謂益州爲參分又河圖

括地象云岷山之地上有井絡言岷山之精上爲

井星也今

聖天子欽若時憲握經緯之樞紐協箕畢於羣情其求

四川通志　卷之一　星野　一

〔雍正〕四川通志四十七卷首一卷　（清）黄廷桂等修　（清）張晉生等纂　清雍正十一年至乾隆元年（1733—1736）刻本（有抄補）

匡高21厘米，廣15.3厘米。半葉九行，每行二十一字，小字雙行同，白口，四周雙邊。重慶市涪陵區圖書館藏。四十九册。

水道提綱卷一

原任禮部侍郎臣齊召南編錄

海

海爲百川之匯自鴨綠江口西襟　盛京南　京師直隸東南又南襟山東之北而東古所謂渤海也東爲大海經其東南又南襟江南浙江之東又南襟福建東折而西經其南又西襟廣東之南凡兩京五布政司地際海禹貢冀兗青徐揚五州漢志遼東遼西漁陽廣陽渤海平原千乘齊郡北海東萊琅邪東海臨淮廣陵會稽南海合浦十七郡國也共得巨川口九曰鴨綠曰大遼曰天津曰大清河曰河淮曰大江曰浙江曰閩江曰粵江

水道提綱二十八卷附天度刊誤一卷　（清）齊召南編録　清光緒二十四年（1898）新化三味書室刻本

匡高18.6厘米，廣13.8厘米。半葉十一行，每行二十四字，小字雙行同，黑口，左右雙邊。重慶市涪陵區圖書館藏。六册。

富順縣志卷之一

署知縣金壇段玉裁纂輯

建置

唐虞爲梁州域歷夏商至周爲庸蜀巴濮之地秦介巴蜀二郡之間漢高帝分巴置廣漢郡建元六年武帝分廣漢置犍爲郡領縣十二江陽縣屬焉縣治在今直隸瀘州州治

華陽國志蜀志曰武帝分廣漢置犍爲郡巴志又曰高帝分巴置廣漢郡武帝又兩割置犍爲郡故世曰分巴

縣志　卷一　建置　一

〔乾隆〕富順縣志五卷首一卷　（清）段玉裁　李芝纂修　清光緒八年（1882）刻本

匡高20.2厘米，廣13.7厘米。半葉九行，每行二十二字，白口，左右雙邊。

重慶市涪陵區圖書館藏。五册。

四川通志

卷首之一

聖訓一

康熙十二年十二月丁巳

上諭西安將軍瓦爾喀曰四川與滇接壤今吳三桂已反爾可率副都統一員悉領騎士選撥將領星馳赴蜀凡自滇入川險隘之地俱行堅守大兵不日進勦雲南俟我師臨境賊勢漸分倘有可乘之機爾即與提督相機進討至西安等處朕當刻期遣發禁旅前來駐防

四川通志　卷首之一　一

〔嘉慶〕四川通志二百二十六卷首一卷　（清）常明等修　（清）楊芳燦　譚光祜等纂　清嘉慶二十一年（1816）刻本

匡高22厘米，廣15.4厘米。半葉九行，每行二十一字，白口，四周雙邊。重慶市涪陵區圖書館藏。存二十三卷（卷首、卷一至二十二）。存十四册。

忠州直隸州志卷一

四川忠州直隸州知州吳友篪修

地輿志

星野

以星土辨九州之地岷嶓既藝仰以觀於天文於稽其類在璿璣玉衡而右白虎明明在上三星在戶志星野第一

史記天官書二十八舍主十二州益州爲參分漢書巴蜀分井鬼又云觜觽參主益州唐書劍南道分

忠州直隸州志卷一 星野

〔道光〕忠州直隸州志八卷首一卷　（清）吳友篪修　（清）熊履青纂

清道光六年（1826）刻本

匡高20厘米，廣13.5厘米。半葉九行，每行二十一字，小字雙行同，白口，四周雙邊。重慶市涪陵區圖書館藏。八册。

重修成都縣志卷首　七

祭文　誄　墓誌

雜著　譜

重修成都縣志卷十六

紀事志第十二

定都　行幸　封建　竊據　勘亂

雜類志第十三

祥異

紀餘

重修成都縣志卷一

天文志第一

星野　度數　占驗

大清一統志成都府井鬼分野鶉首之次

周禮保章氏註觜參主益州

星經觜參魏之分野益州又玉衡第二星主益州

春秋元命苞觜參流爲益州益之言隘也謂物類並

決其氣切決裂也

河圖括地象岷山之下爲井絡

洛書甄曜度汶山之地爲井絡帝以會昌神以建福

重修成都縣志卷一　天文志　星野　一

〔同治〕重修成都縣志十六卷首一卷　（清）羅廷權修　（清）衷興鑑纂　清同治十二年（1873）刻本

匡高22.3厘米，廣15.3厘米。半葉十行，每行二十二字，小字雙行同，白口，四周雙邊。重慶市涪陵區圖書館藏。十六册。

重修涪州志卷一

輿地志　星野　沿革　山川　疆域　戶口　里甲　鄉市
物產　田賦　鹽法　茶課　水利　風俗

星野

漢書巴蜀分井鬼參華陽國志巴其星東井輿鬼涪陵
巴之南鄙考河圖括地象天文占候次舍諸書分野皆
應井鬼之次又天市右垣第四星屬巴五星金星兼主
巴其進退遲速所以候兵皆觀象者所必察也

步天歌

井八星橫列河中靜一星名鉞井邊定兩河各三南北
正天樽三星井上頭樽上橫列五諸侯侯上北河西

重修涪州志　卷一　輿地志　星野　一

〔同治〕重修涪州志十六卷首一卷附涪州典禮備要八卷涪州義勇彙編一卷　（清）呂紹衣等修　（清）王應元　傅炳墀等纂　清同治八年（1869）刻本

匡高19.3厘米，廣13.7厘米。半葉十行，每行二十一字，小字雙行同，白口，四周雙邊。重慶市涪陵區圖書館藏。十册。

〔光緒〕重修彭縣志十三卷附首一卷末一卷 （清）張龍甲總纂 （清）龔世瑩 吕調陽協纂 清光緒四年（1878）刻本

匡高22.2厘米，廣14厘米。半葉九行，每行二十四字，小字雙行同，白口，四周雙邊。重慶市涪陵區圖書館藏。八册。

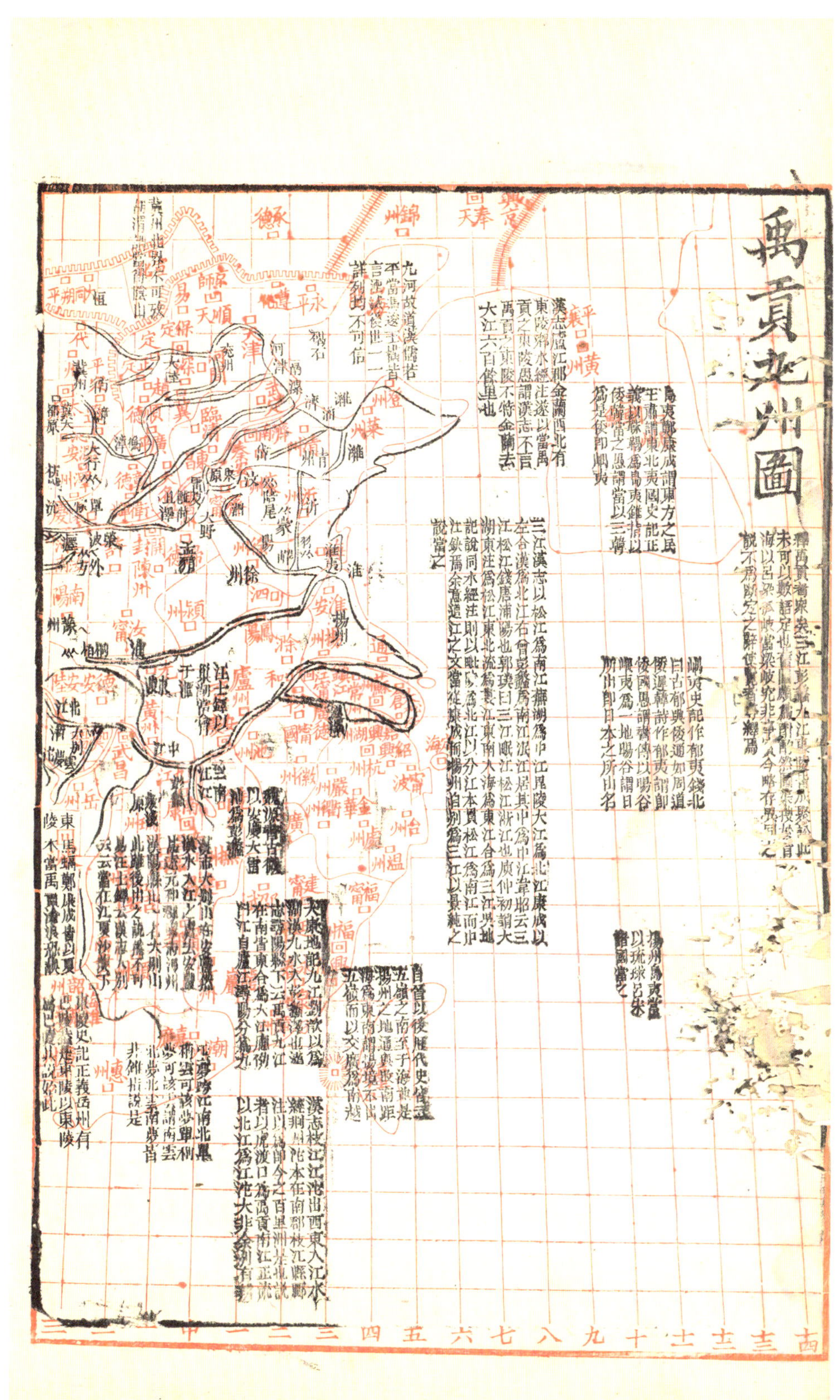

歷代輿地沿革險要圖　（清）楊守敬 饒敦秩撰　清光緒五年（1879）東湖饒氏刻三色套印本

匡高29.8厘米，廣20.7厘米。雙色套匡。入選第三批《重慶市珍貴古籍名録》。重慶市涪陵區圖書館藏。一册。

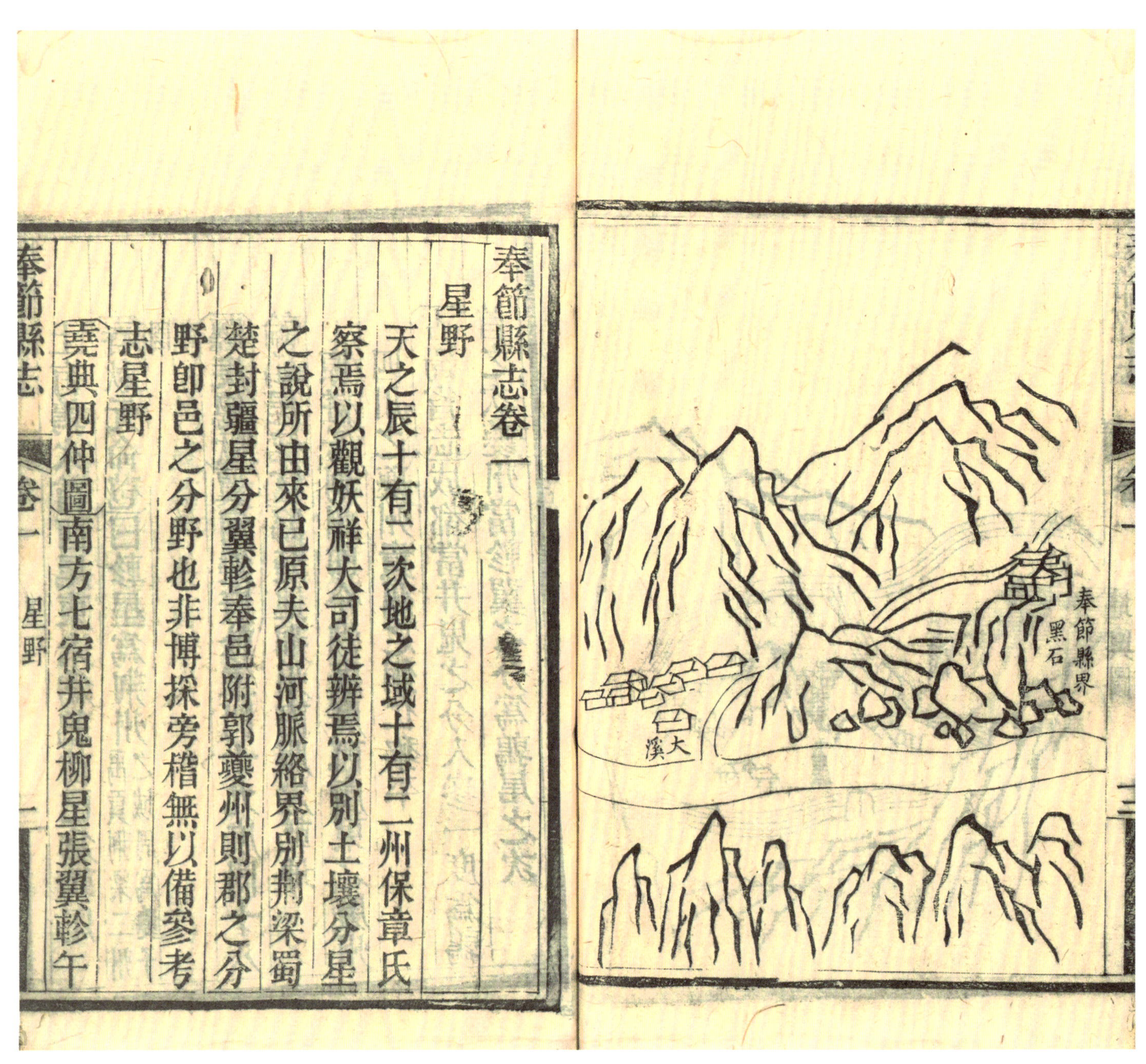

〔光緒〕奉節縣志三十六卷首一卷　（清）曾秀翹修　（清）楊德坤纂　清光緒十九年（1893）刻本

匡高18厘米，廣12.6厘米。半葉九行，每行十九字，小字雙行同，上白口，下黑口，四周雙邊。重慶市涪陵區圖書館藏。八册。

通典卷一

唐　京兆　杜佑君卿　纂

佑少嘗讀書而性且蒙固不達術數之藝不好章句之學所纂通典實采羣言徵諸人事將施有政夫理道之先在乎行教化教化之本在乎足衣食易稱聚人曰財洪範八政一曰食二曰貨管子曰倉廩實知禮節衣食足知榮辱夫子曰既富而教斯之謂矣夫行教化在乎設職官設職官在乎審官才審官才在乎精選舉制禮以端其俗立樂以和其心此先哲王致治之大方也故職官設然後興禮樂焉教化隳然後用刑罰焉列州郡俾分領焉置邊防遏戎狄焉是以食貨為之首十二卷選舉次之六卷職官又次之二十二卷禮又次之百卷樂又次之七卷刑又次之大刑用甲兵十五卷其次五刑八卷州郡又次之十四卷邊防末之十六卷或覽之者庶知篇第之旨也本初纂錄止於天寶之末其有要須議論者亦便及以後之事

食貨

食貨一

通典　卷一　食貨

通典二百卷附欽定通典考證一卷　（唐）杜佑纂　清光緒二十七年（1901）上海圖書集成局遵武英殿聚珍版校印鉛印本

匡高16.8厘米，廣11.8厘米。半葉十六行，每行四十三字，小字雙行同，白口，四周單邊。重慶市涪陵區圖書館藏。存一百八十七卷（卷一至五十二、卷六十六至二百）。存十五册。

欽定續通典卷一

食貨

臣等謹按杜佑作食貨典以穀爲人之所仰地爲穀之所生人爲君之所治三者相資於政尤切故其述田制水利屯田所以經地鄉黨版籍戶口所以料人而賦稅錢幣市榷諸條則皆所以治穀也第歷朝制度互有詳略通典文字簡質不拘尺幅其所敘述自隋以前率舉其大要而於唐制加詳又其意嘗欲推而行之卓然近於可用故其序次之間凡詔令章疏有詞旨開明敷陳婉切者具見採錄而一時通達治體曉暢時事學士大夫居恆論著之文亦間掇其要可謂勤已今悉準其例以所引開元令天下之田五尺爲步二百有四十步爲畝百畝爲頃凡給田之制有差按舊唐書食貨志武德七年已有此令載在六典者爲斷其自肅宗代宗而後至於明季輒以次纂輯又杜典分注三代以上文出經傳者往往詮釋意旨三代以下文有繁複未可遽刪則大書旁注意存互見亦勢然也茲於注文詮釋無多而旁推詳說分注於下蓋宋元以來事繁於前而文顯於昔無取疏解云

第一田制上

第二田制中

第三田制下

第四水利田

第五屯田上

第六屯田下

欽定續通典　卷一食貨　一

欽定續通典一百五十卷附錄一卷　（清）嵇璜等撰　清光緒二十七年（1901）上海圖書集成局鉛印本

匡高16.8厘米，廣11.7厘米。半葉十六行，每行四十三字，白口，四周單邊。重慶市涪陵區圖書館藏。十六冊。

欽定續文獻通考卷一

田賦考

臣等謹按宋馬端臨文獻通考田賦考載唐虞以來至宋寧宗歷代田賦之制而附以水利田屯田官田凡七卷明王圻作續考於馬氏原目外復增入黃河三卷太湖三江一卷河渠三卷夫河瀆江湖本以作地險通漕輸爲大雖實有資於灌溉而美利之在天下非特田賦已也王氏以其有關於田賦遂別增名目凡經流之境通塞之故一切闌入按之體例殊爲未安今謹依馬氏舊式自宋寧宗以後逮於有明詳稽史籍輯爲續文獻通考田賦考六卷王氏所增各卷有與田賦相涉者則摘載水利目內其餘槩行刪去以歸簡當云

歷代田賦之制

宋寧宗嘉定二年三月禁兩淮官吏私買民田

七月命兩淮轉運司給諸州民麥種十月命兩淮轉運司給諸路民稻種　先是孝宗乾道七年十月司馬伋請勸民種麥爲來春計於是詔江東西湖南北淮東西路帥漕官爲借種幷諭大姓借貸依振濟格推賞仍上已種頃畝議賞罰淳熙六年十一月臣僚奏比令諸路帥漕督守令勸諭種麥歲上所增頃畝然土有宜否湖南一路惟衡永等數郡宜麥餘皆文具望止諭民以時播種免其歲上增種之數庶得勸課之實七年復詔兩浙江淮湖南京西路帥漕臣督守令勸民種麥務要增廣自是每歲如之八年十一月輔臣奏田世雄言民有麥田雖墾無種若貸與貧民猶可種春麥臣僚亦言江浙旱田雖已耕亦無麥種於是詔諸路帥漕常平司以常平麥貸之至是復有是詔

欽定續文獻通考　卷一　田賦考　一

欽定續文獻通考二百五十卷總目一卷　（清）嵇璜等撰　清光緒二十七年（1901）上海圖書集成局遵武英殿聚珍版校印鉛印本

匡高16.7厘米，廣11.6厘米。半葉十六行，每行四十三字，小字雙行同，白口，四周單邊。重慶市涪陵區圖書館藏。三十六册。

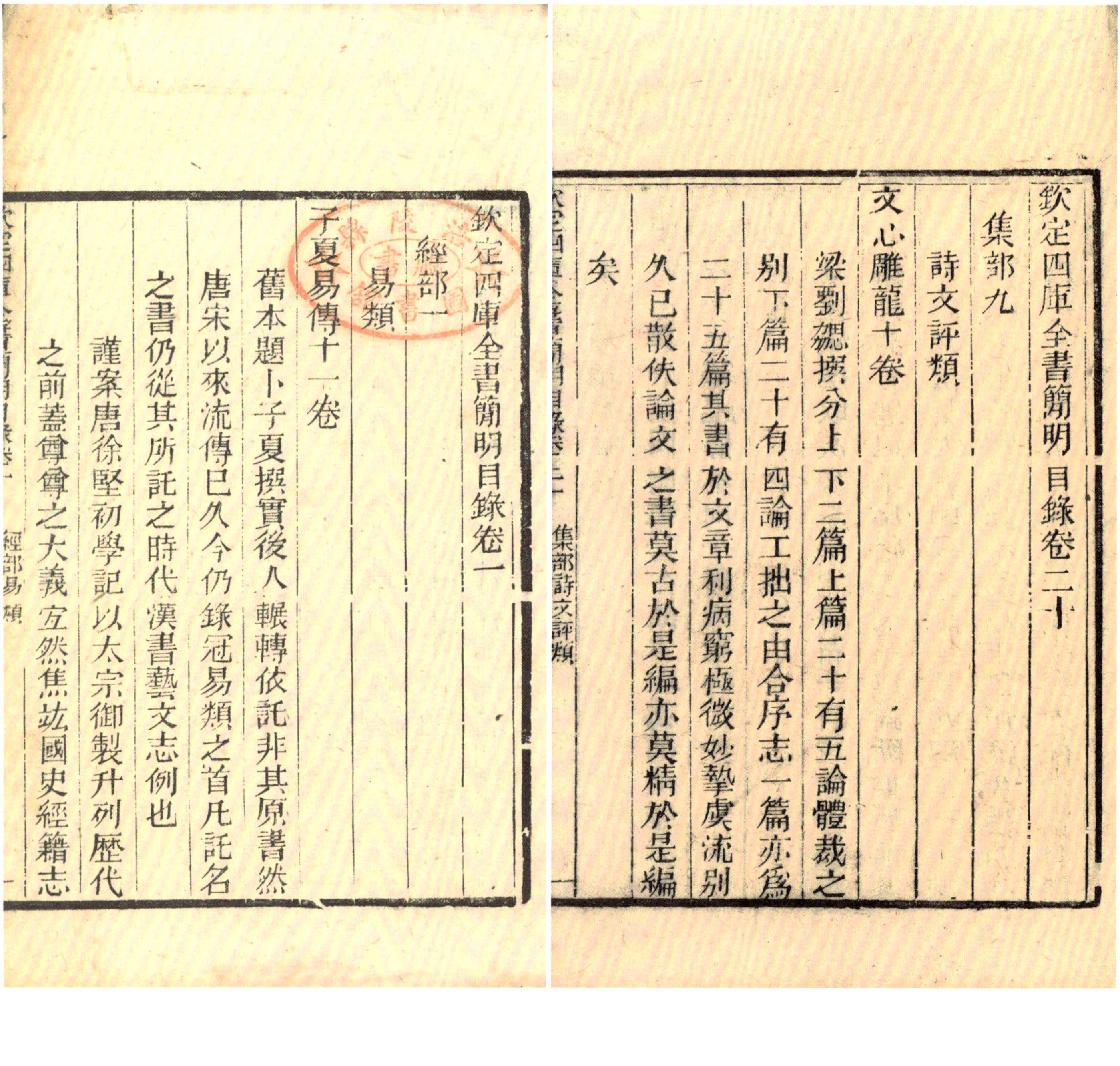

欽定四庫全書簡明目錄二十卷總目一卷 （清）紀昀等撰 清光緒元年（1875）成都志古堂刻本

匡高14.3厘米，廣11厘米。半葉九行，每行二十一字，小字雙行同，白口，四周雙邊。重慶市涪陵區圖書館藏。十四册。

史通削繁四卷目錄一卷　（清）紀昀撰　清光緒元年（1875）凱江李氏家塾刻本

匡高19.3厘米，廣13.1厘米。半葉十行，每行二十一字，小字雙行同，白口，四周雙邊。重慶市涪陵區圖書館藏。四册。

前漢書卷一上

漢　蘭　臺　令　史班　固撰

唐正議大夫行祕書少監琅邪縣開國子顏師古注

高帝紀第一上

師古曰紀理也統理衆事而繫之於年月者也

高祖荀悅曰諱邦字季邦之字曰國張晏曰禮謚法無高以爲功最高而爲漢帝之太祖故特起名焉師古曰邦之字曰國者臣下所避以相代也沛豐邑中陽里人也應劭曰沛縣也豐其鄉也孟康曰後沛爲郡而豐爲縣師古曰沛者本秦泗水郡之屬縣豐者沛之聚邑耳方言高祖所生故舉其本稱以說之也此下言縣鄉邑告喻之故知邑繫於縣也○劉攽曰予謂沛豐郡縣名史官用漢事記錄耳姓劉氏師古曰本出劉累而范氏在秦者又爲劉因以爲姓母媼文穎曰幽州及漢中皆謂老嫗爲媼

前漢書一百二十卷　（漢）班固撰　（唐）顏師古注　清同治十年（1871）成都書局刻本

匡高22.4厘米，廣15.1厘米。半葉十行，每行二十一字，小字雙行同，白口，左右雙邊。重慶市涪陵區古籍普查“私人藏書”。存一百十四卷（卷一至二十九、卷三十六至一百二十）。存三十册。

華陽國志卷第一

巴志

昔在唐堯洪水滔天鯀功無成聖禹嗣興導江疏河百川蠲脩封殖天下因古九囿以置九州仰稟參伐俯壤華陽黑水江漢爲梁州厥土青黎厥田惟下上厥賦惟下中厥貢璆鐵銀鏤砮磬熊羆狐狸織皮於是四隩既宅九州攸同六府孔脩庶土交正厎眘財賦成貢中國蓋時雍之化東被西漸矣歷夏殷周（當作歷虞夏殷脫虞字衍周字）九州牧伯率職周文爲伯西有九國及武王克商并徐合青省梁合雍而職方氏猶掌其地

華陽國志十二卷　（晋）常璩撰　**華陽國志三州郡縣目録一卷**　（清）廖寅撰　清嘉慶九年（1804）金陵劉文奎刻本

匡高17.9厘米，廣11厘米。半葉十行，每行二十字，小字雙行同，黑口，左右雙邊。重慶市涪陵區古籍普查“私人藏書”。存九卷（卷一至九）。存三册。

永川縣志卷之一

輿地志

邑治沿革 表附 疆域 附形勢 分野 附氣候 山川 附塘堰

塋墓 附義塚 古蹟 物產 風俗 附方言

先王疆理天下建治於邦國都鄙匠人營國邑封人

掌封域土辨星野則分之保章氏凡夫峙流之脈絡

堤堰之縈紆邱壟之崇封土物之繁殖靡不瞭然在

目經兵燹滄桑遺蹟可攷雖習俗不無變遷然草偃

於風操之有自非可諉之世運已永川舊隸渝瀘自

唐大歷十一年始創立縣治年湮代異興替靡常輿

永川縣志 卷一 輿地 邑治 一

〔光緒〕永川縣志十卷首一卷　（清）許曾蔭　吴若枚等修　（清）馬慎修等纂　清光緒二十年（1894）賓興公局刻本

匡高22厘米，廣14.9厘米。半葉九行，每行二十二字，小字雙行同，白口，四周雙邊。重慶市涪陵區古籍普查“私人藏書”。十册。

陳氏宗譜叙

嘗聞禮言五服書載九族是知水源木本要貴識其自來耳苟家譜不修卽宗支莫奠將敬宗睦族之謂何也予思我陳氏自受姓以來歷夏商周以迄唐宋元明其譜系杳焉無聞者得毋被焚於秦火遂使前代之名派永失其傳而不可錄耶吾生也晚心竊憶之先朝豈乏名流何以鐫圖有限歷代尤多賢士胡爲載籍無稽僅至明時據白羽公蒞任關南道憲啟泰祖曾爲鎮殿將軍迨至懷宗末年荒旱而後繼以大兵我氏偕族入蜀插業渝北仁里陳家溝居焉歷傳七世文龍公家道漸微實命不猶售其產業各住一方是故今之世居碾盤山者皆昔年陳家溝之分派也生齒愈繁結居益遠此日不修

陳氏宗譜不分卷 清光緒二十九年（1903）刻本

匡高33.5厘米，廣22.3厘米。半葉十行，每行二十六字，小字雙行同，白口，四周雙邊。重慶市涪陵區古籍普查“私人藏書”。一册。

淵鑒齋

御纂朱子全書卷一

學一

小學

古者初年入小學，只是教之以事，如禮樂射御書數及孝弟忠信之事。自十六七入大學，然後教之以理，如致知格物及所以爲忠信孝弟者。

古人小學養得小兒子誠敬善端發見了，然而大學等事，小兒子不會推將去，所以又入大學教之。

淵鑒齋御纂朱子全書六十六卷目錄一卷　（宋）朱熹撰　（清）李光地等纂修　清同治八年（1869）成都書局刻本

匡高19.5厘米，廣14厘米。半葉九行，每行二十字，小字雙行同，黑口，四周單邊。重慶市涪陵區圖書館藏。三十册。

人譜類記上

體獨篇

○大學云小人閒居爲不善無所不至見君子而後厭然揜其不善而著其善人之視己如見其肺肝然則何益矣此謂誠於中形於外故君子必慎其獨也述體獨第一

程子曰學始於不欺闇室又曰无妄之謂誠不欺其次矣一誠立而萬善從之

楊龜山先生曰古人修身齊家治國平天下本於誠意而已詩書所稱莫非明此者但人自信不及故無其效

人譜類記上　一　教忠堂

人譜一卷人譜類記二卷　（明）劉宗周撰　清雍正四年（1726）白沙教忠堂家刻本

匡高18.6厘米，廣13.6厘米。半葉十一行，每行二十一字，小字雙行同，白口，四周單邊。重慶市涪陵區圖書館藏。二册。

漢學商兑卷中之上

桐城方東樹

黄氏日鈔說尚書人心惟危道心惟微四語云此本堯命舜之辭舜申之以命禹加危微精一于允執厥中之上所以使之審擇而執其中耳此訓之之辭也皆主于堯之執中一語而發豈爲心設哉近世喜言心學舍全章本旨而獨論人心道心甚者單摭道心二字而直謂卽心是道盖陷于禪學而不自知其去堯舜禹授受天下之本旨遠矣蔡九峯之作書傳雖亦以是明帝王之心而心者治國平天下之本其說固理之正其後進此書傳于朝乃因以三聖傳心爲說世之學

漢學商兑　卷中之上　一

漢學商兑三卷　（清）方東樹撰　清光緒十五年（1889）孫溪朱氏刻本

匡高17.5厘米，廣13.5厘米。半葉十行，每行二十三字，小字雙行同，白口，左右雙邊。重慶市涪陵區圖書館藏。四册。

欽定授時通考卷一

天時

總論上

書堯典敬授人時。

集傳人時謂耕穫之候。民事早晚之所關。

舜典咨十有二牧曰食哉惟時。

傳所重在於民食惟當敬授民時。疏立君所以牧民。民生在於粒食是君之所重。論語云所重民食謂年穀也種殖收斂及時乃穫故惟當敬授民時。

洪範八庶徵曰雨曰暘曰燠曰寒曰風曰時五者來備。各以其敘庶草蕃廡

欽定授時通考　卷一　天時　總論上　一

欽定授時通考七十八卷目錄一卷　（清）張廷玉等輯　清道光六年（1826）四川布政司刻本

匡高19.1厘米，廣14.6厘米。半葉十一行，每行二十一字，小字雙行同，白口，四周雙邊。重慶市涪陵區圖書館藏。二十四册。

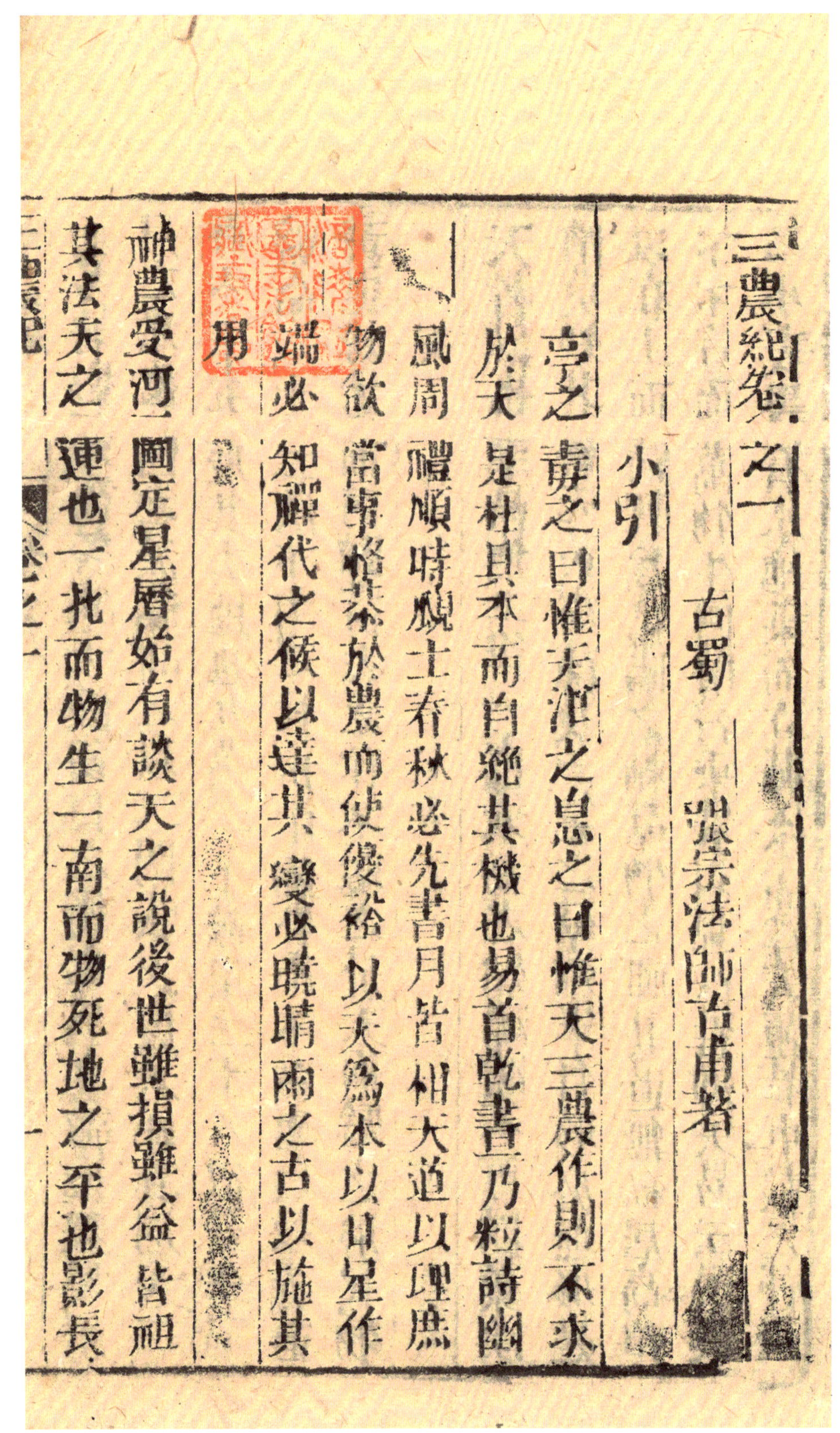

三農紀十卷　（清）張宗法著　清乾隆十五年（1750）刻本

匡高19.8厘米，廣13.5厘米。半葉十一行，每行二十二字，小字雙行同，白口，四周單邊。入選第一批《重慶市珍貴古籍名録》。重慶市涪陵區圖書館藏。九册。

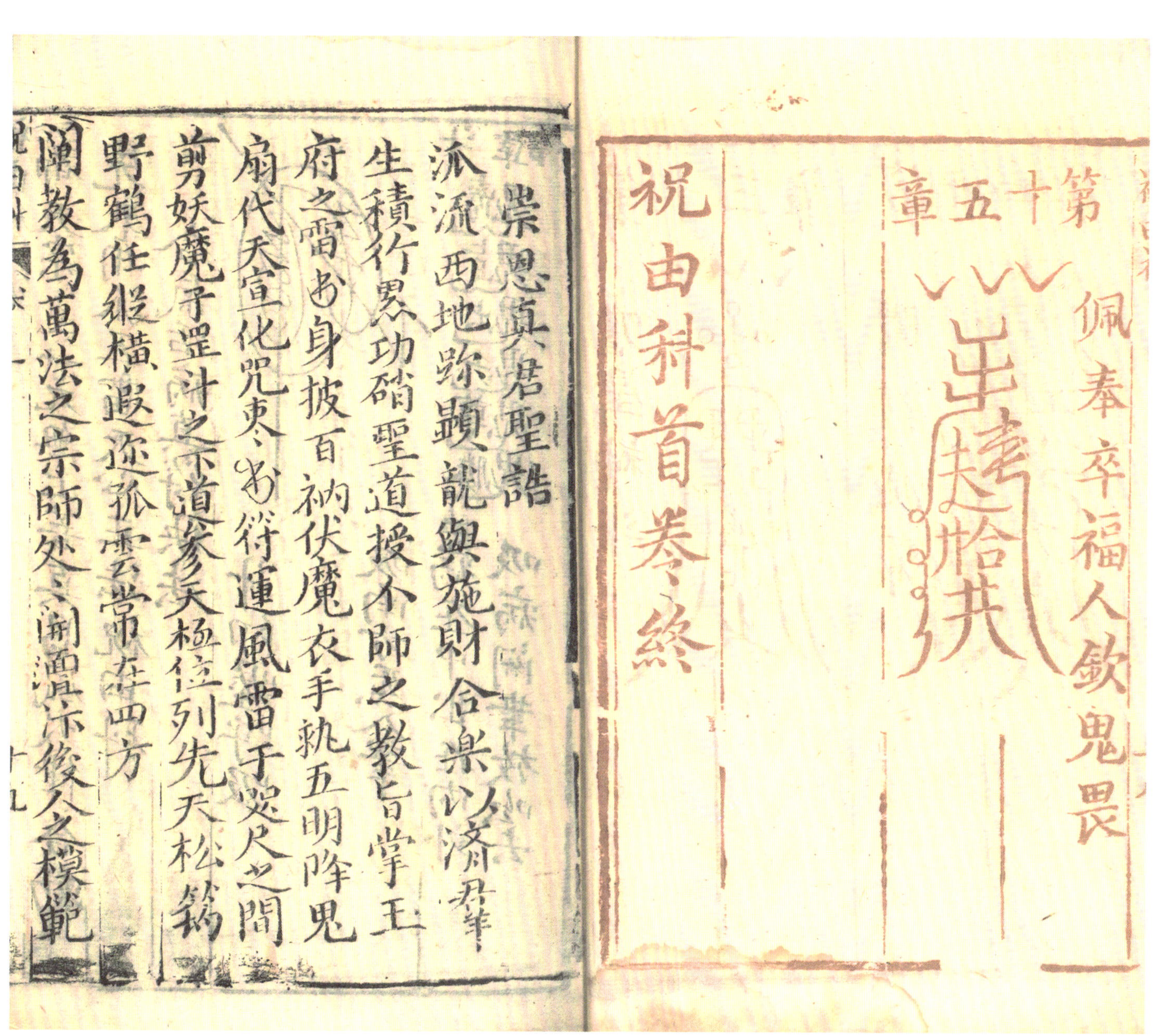

軒轅黄帝祝由科太醫十三科　題軒轅黄帝著　清刻朱墨套印本

匡高20.6厘米，廣13.4厘米。半葉八行，行字不一，白口，四周單邊。重慶市涪陵區圖書館藏。存二卷（卷一至二）。存一册。

傷寒論註卷之一

南陽 張機 仲景原文
慈谿 柯琴 韵伯編註
崑山 馬中驊驤北較訂

傷寒總論

病有發熱惡寒者發於陽也無熱惡寒者發於陰也

無熱指初得病時不是到底無熱發陰指陽證之陰非指直中於陰陰陽指寒熱勿鑿分營衛經絡按本論云太陽病或未發熱或已發熱已發熱即是發熱惡寒未發熱卽是無熱惡寒斯時頭項强痛已見第陽氣閉鬱尚未宣發其惡寒體痛嘔逆脈緊純是陰寒爲病故稱發於陰此太陽病發於陰也又陽明篇云病得之一日不發熱而惡寒斯時寒邪凝斂身熱惡熱全然未露但不頭項强痛是知陽明之病發於陰也推此則少陽往來寒熱但惡寒而脈弦細者亦病發於陰而三陰之反發熱者便是發於陽矣

發於陽者七日愈發於陰者六日愈以陽數七陰數六故也

寒熱者水火之本體水火者陰陽之徵兆七日合火之成數六日合水之成數至此則陰陽自和故愈蓋陰陽互爲其根陽中無陰謂之孤陽陰中無陽便是死陰

傷寒論註 卷一 傷寒總論

傷寒來蘇全集八卷序一卷目錄一卷 （漢）張機撰 （清）柯琴編注

清宣統元年（1909）同文會刻本

匡高20.2厘米，廣14厘米。半葉十二行，每行三十二字，小字雙行同，白口，四周雙邊。重慶市涪陵區圖書館藏。四册。

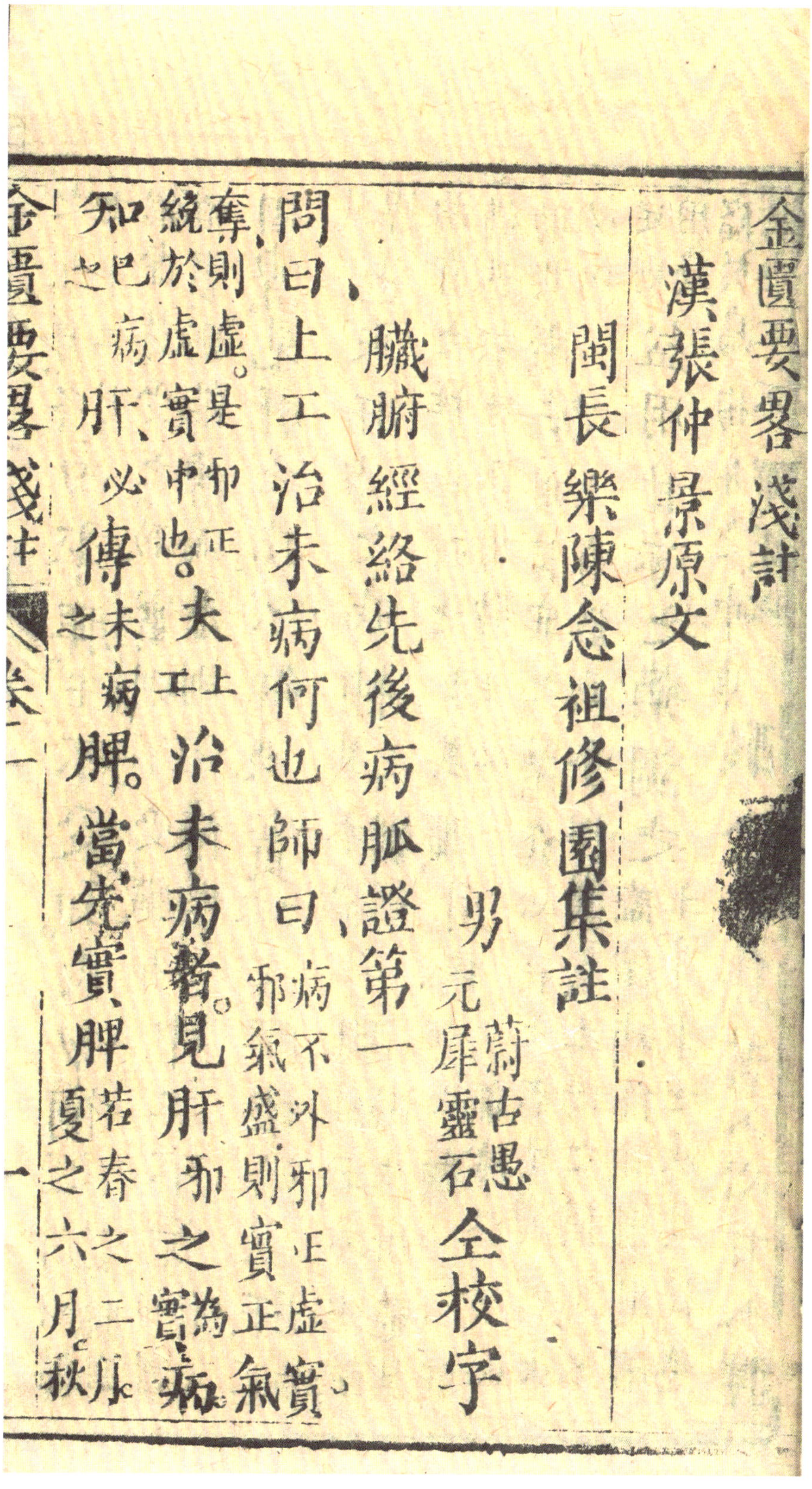

金匱要畧淺註

漢張仲景原文

閩長樂陳念祖修園集註

男 元犀靈石 蔚古愚 仝校字

臟腑經絡先後病脈證第一

問曰、上工治未病何也。師曰、病不外邪正虛實、邪氣盛則實、正氣奪則虛。是邪正統於虛實中也。夫上工治未病者。見肝邪之實為病、知已病肝、必傳之未病脾。當先實、脾若春之二月、夏之六月、秋

金匱要畧淺註　卷一　一

金匱要畧淺註十卷　（漢）張機撰　（清）陳念祖集注　清光緒元年（1875）宏道堂刻本

匡高16.2厘米，廣10.8厘米。半葉八行，每行十八字，小字雙行同，白口，四周雙邊。重慶市涪陵區圖書館藏。四册。

張仲景傷寒論原文淺註卷一
閩長樂陳念祖修園集註
辨太陽病脈證篇
○太陽主人身最外一層有經之爲病有氣之爲病主乎外則脈應之而浮何以謂經內經云太陽之脈連風府
上頭項挾脊抵腰至足循身之背故其爲病頭項強痛何以謂氣內經云太陽之上寒氣主之其病有因風而始惡寒者有
不因風而自惡寒者雖有微甚而總不離乎惡寒蓋人周身八萬四千毛竅太陽衛外之氣也若病太陽之氣則通體惡寒若病
太陽之經則背惡寒
○此言太陽之爲病總提大綱
○太陽脈浮頭項強痛之病若得病而即見發熱風爲陽邪其性迅速也自見汗出風干肌腠而外不固也惡
寒之微見風始惡而爲惡風風性散漫於浮脈之中而覺其怠緩者此病名爲中風其命名爲中奈何蓋以風

傷寒論淺註　卷一　太陽篇　一

從肌以出表
桂枝加厚樸杏仁湯
即桂枝湯加杏仁五十枚厚樸二兩炙去皮
右七味以水七升微火煮取三升去滓溫服一升覆取微似汗
在外之邪未解尚見太陽頭項強痛等病須知其爲外證未解不可下也下之爲治之逆欲
解外者宜桂枝湯主之
此一節言誤下後還用桂枝湯救外證之逆次男元犀按桂枝湯本爲解肌誤下後邪
未陷者仍用此方若已陷者當審何逆從其變而治之然則外症未解救誤如此而內症未除者設之當何如師故舉一隅以示人
焉
未汗而遽下之既以桂枝湯爲救誤之法先汗而復下之亦藉桂枝湯爲補救之資太陽病先以麻黃湯發汗既汗而猶

傷寒論淺註　卷二　太陽篇　二

張仲景傷寒論原文淺註六卷目錄一卷　（漢）張機撰　（清）陳念祖集注

清光緒三十一年（1905）蜀東信義書局刻本

匡高19厘米，廣13.5厘米。半葉十行，每行二十六字，小字雙行同，白口，左右雙邊。有“安乾氏珍藏”印。重慶市涪陵區圖書館藏。三册。

金匱要畧淺註

漢張仲景原文

閩長樂陳念祖修園集註

男元蔚古愚元犀靈石仝校字

臟腑經絡先後病脈證第一

問曰上工治未病何也師曰病不外邪正虛實邪氣盛則實正氣奪則虛是邪正統於虛實中也

夫上工治未病者見肝邪為之實病知已病肝必傳之未病脾當先實脾若春之三月夏之六月秋之九月冬之十二月四季脾土不受邪即勿補之所以然者臟病惟虛者受之而實則不受臟邪惟實則能傳而虛則不傳也中工不曉邪實則相傳見肝之病不解先實之未病脾惟治其肝不防其傳也夫肝虛之病補其本臟之體則用酸經云木生酸酸生肝遂其曲直之性

金匱要畧淺註十卷附讀法一卷　（漢）張機撰　（清）陳念祖集注　清光緒三十一年（1905）蜀東信義書局刻本

匡高18.2厘米，廣13.6厘米。半葉十行，每行二十六字，小字雙行同，白口，左右雙邊。有"安乾氏珍藏"印。重慶市涪陵區圖書館藏。三册。

千金翼方卷第一

朝奉郎守太常少卿充秘閣校理判登聞檢院上護軍賜緋魚袋臣林億等校正

藥錄纂要

採藥時節第一

論曰夫藥採取不知時節不以陰乾暴乾雖有藥名終無藥實故不依時採取與朽木不殊虛費人功卒無裨益其法雖具大經學者尋覽造次難得是以甄別即日可知耳

萎蕤立春後採陰乾 菊花正月採根三月採葉五月採莖九月採花十一月採實皆陰乾 白英春採葉夏採莖秋採花冬採根

絡石正月採 飛廉正月採根七八月採花陰 藁本正月二月採暴三十日成 通草正月採陰 女菀正月二月採陰

烏頭烏喙正月二月採春採爲烏頭冬採爲附子八月上旬採根陰乾 蒴藋春夏採葉秋冬採莖根 柏葉四時各依方面採陰

枸杞春夏採葉秋採莖實冬採根陰 茗春採 桃梟正月採 天門冬二月三月七月八月採暴 麥門冬二月三月八月十月採陰

朮二月三月八月九月採暴 黃精二月採陰 乾地黃二月八月採陰 薯蕷二月八月採暴 甘草二月八月採暴乾十日成

人參二月四月八月上旬採暴乾無令見風 牛膝二月八月十月採陰 細辛二月八月採陰 獨活二月八月採暴 升麻二月八月採日乾

柴胡二月八月採暴 龍膽二月八月十一月十二月採陰 巴戟天二月八月採陰 白蒿二月採 防風二月十月採暴 黃連二月八月採

沙參二月八月採暴 王不留行二月八月採 黃耆二月十月採陰 杜若二月八月採暴 茜根二月三月採暴 當歸二月八月採陰 秦艽二月八月採暴

千金翼方 卷一 一

千金翼方三十卷 （唐）孫思邈撰 （宋）林億等校 清光緒三十四年（1908）上海久敬齋書莊鉛印本

匡高15.9厘米，廣11.8厘米。半葉十四行，每行四十二字，小字雙行同，白口，四周雙邊。重慶市涪陵區圖書館藏。四册。

銀海精微卷之一

唐　孫真人思邈氏　原輯

清　周亮節生之氏　較正

五輪八廓總論

人有兩眼猶如天地之有兩曜視萬物察纖毫何所不至日月有一時之晦者風雲雷雨之所致也眼之失明者四氣七情之所害也大抵目爲五臟之精華一身之要係故五臟分五輪八卦名八廓五輪肝屬目曰風輪在眼爲烏睛心屬火曰血輪在眼爲二眥脾屬土曰肉輪在眼爲上下胞瞼肺屬金曰氣輪在眼爲白仁腎屬水曰水輪在眼爲瞳人至若八廓無位有名大腸之腑爲天廓脾胃之腑爲地廓命門之腑爲火廓腎之腑爲水廓肝之腑爲風廓小腸之腑爲雷廓膽之腑爲山廓膀胱之腑爲澤廓斯爲眼目之根本而又精血爲之輸絡或蘊積風熱

銀海精微四卷　（唐）孫思邈原輯　（清）周亮節校正　清刻本

匡高18.8厘米，廣12.9厘米。半葉十三行，每行二十四字，小字雙行同，白口，四周單邊。重慶市涪陵區圖書館藏。二册。

蘇沈良方卷一

宋　蘇軾　沈括　著

鍊丹砂法　王倪丹砂無所不主尤補生益精血愈痰疾壯筋骨久服不死王倪者丞相澄十二代孫文明九年爲滄州無棣令有桑門善相人知其死期無不驗見倪曰公死明年正月乙卯倪以爲妄㓙之復令驗邑人其言死者數輩皆信倪乃出桑門禮謝之曰爲死計忽有人不言姓名謂倪曰知公憂死我有藥可以不死公能從所授乎倪再拜稱幸乃出鍊丹砂法授之倪餌之逾明年正月乃復召桑門視之桑門駭曰公必遇神藥

蘇沈良方　卷一　一

蘇沈良方八卷　（宋）蘇軾　沈括著　清宣統二年（1910）刻本

匡高18.8厘米，廣13.3厘米。半葉九行，每行二十四字，白口，四周雙邊。重慶市涪陵區圖書館藏。二册。

活人書卷第一

大明應天浴沂人徐鎔鎔之父重校正

此一卷論經絡治傷寒先須識經絡不識經絡觸途冥行不知邪氣之所在往往病在太陽反攻少陰證是厥陰乃和少陽寒邪未除眞氣受斃又況傷寒看外證爲多未診先問最爲有准孫眞人云問而知之别病淺深名爲巧醫病家云發熱惡寒頭項痛腰脊強則知病在太陽經也身熱目疼鼻乾不得卧則知病在陽明經也胷脇痛耳聾口苦

南陽活人書二十卷　（宋）朱肱撰　清光緒二十三年（1897）儒林堂刻本

匡高18厘米，廣13.4厘米。半葉九行，每行二十字，小字雙行同，白口，四周雙邊。重慶市涪陵區圖書館藏。四册。

瘡瘍經驗全書卷之一

宋燕山竇漢卿輯著

天都洪瞻巖
桐川陳友恭 仝校

咽喉說一

呼者因陽出吸者隨陰入呼吸之間肺經主之喉嚨已下言六臟爲手足之陰咽門已下言六腑爲手足之陽蓋諸臟屬陰爲裏諸腑屬陽爲表以臟者藏也藏諸神流通也腑者府庫主出納水穀糟粕轉輸之謂也自喉嚨已下六臟喉應天氣乃肺之系也以肺屬金乾爲天乾金也故天氣之道其中空長可以通氣息但喉嚨與咽並行其實兩異而人多惑之蓋喉嚨爲息道咽中下水穀其喉下接肺之氣一云喉中三竅者非果喉中具三竅則水穀與氣各

瘡瘍經驗全書 卷之一

瘡瘍經驗全書十三卷目錄一卷 （元）竇默輯著 （清）洪瞻巖 陳友恭校 清康熙五十六年（1717）崇順堂刻本

匡高21.5厘米，廣14厘米。半葉十一行，每行二十六字，白口，左右雙邊。入選第一批《重慶市珍貴古籍名録》。重慶市涪陵區圖書館藏。存五卷（卷一至五）。存五册。

秘傳眼科龍木醫書總論卷之一

一審的詞發揮

詳夫自古名人無不與學而就功推窮事理盡因事以言文須在理通方當行用者或言詞無據即不足與討論臣從功歲業此道留心亦廼數世相傳豈敢妄違先哲每逢同道皆言眼淚有七十二般及問其數名迹難言一半今則謹按諸家眼論夙夜搜求敬推眼疾之名果有七十二種據其疾狀患者頗多論錄爲歌以貽後代又自古諸家之眼各有條章病散一一不同數目皆書不盡或有畫作圖形或有詞生

眼科龍木卷上　一

秘傳眼科龍木醫書總論十卷首一卷　（明）葆光道人撰　清大文堂刻本

匡高19.2厘米，廣13.7厘米。半葉十行，每行二十字，小字雙行同，白口，四周單邊。重慶市涪陵區圖書館藏。四册。

新刻繡像療牛馬經卷之一

六安喻本元亨著

相馬頭論

馬者驁得高峻如削成又欲得方而重宜少肉如剥兔頭壽骨欲得大如綿絮包圭石壽骨者髮所生處也嗣骨欲得廉而闊又欲長嗣骨者頰同下側也額欲方而平八肉欲大而明近牙者耳下也易骨欲直易骨者眼不直丁骨也元中欲深元中者耳不近牙也頰欲開欵欲方欵者頰前也

眼論

馬眼欲得高又欲得滿而澤大而光又欲得長大目大則心大心大則猛利不驚目睛欲得如懸鈴又欲得黃又欲光而有紫艷色箱欲小又欲得端正上欲方曲下欲直骨欲得成三按皮欲得厚

牛馬經　卷一　一

新刻繡像療牛馬經八卷　（明）喻仁　喻杰著　清刻本

匡高18.3厘米，廣12.5厘米。半葉十一行，每行二十五字，小字雙行同，白口，四周單邊。重慶市涪陵區圖書館藏。四册。

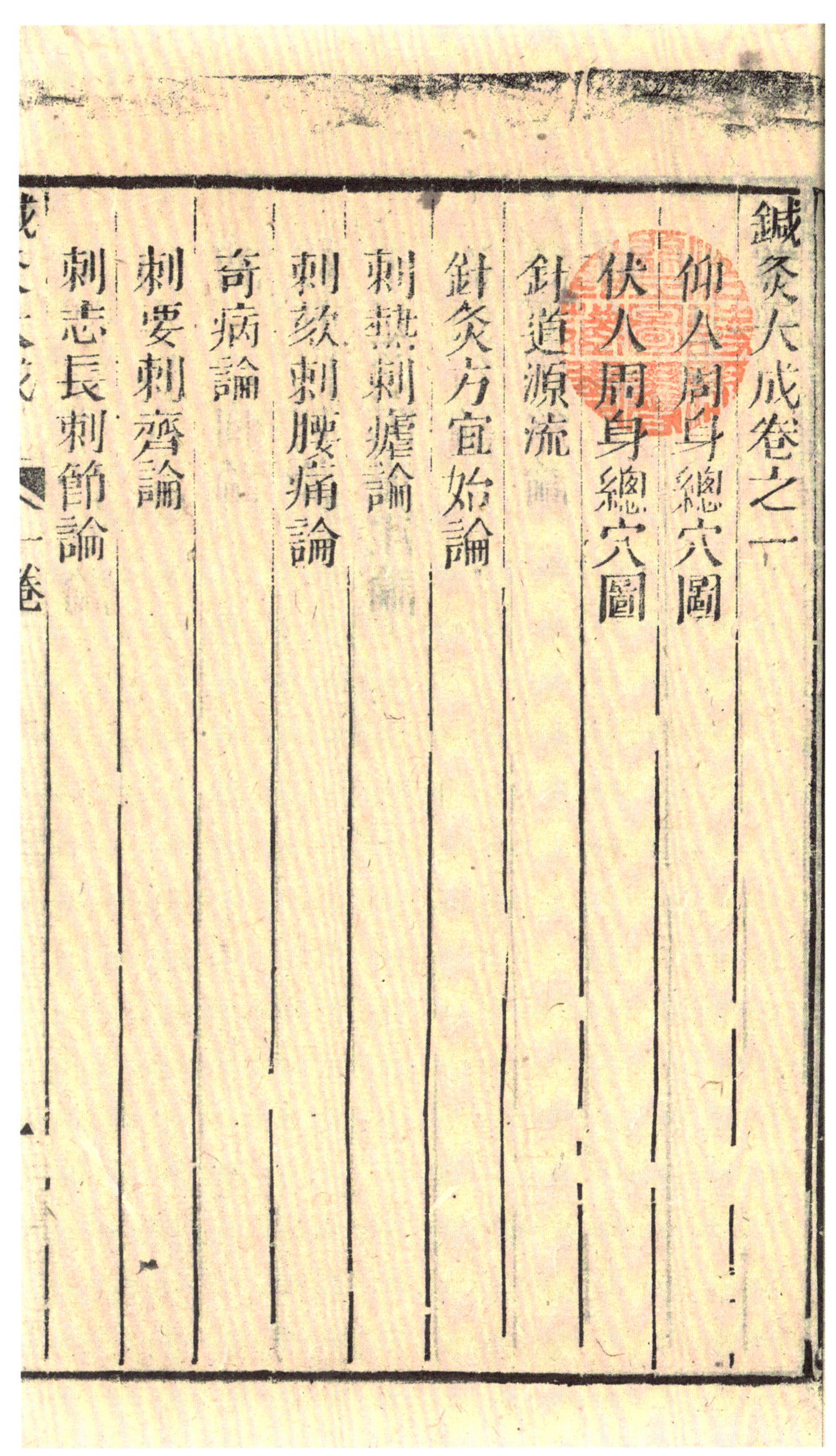

鍼灸大成十卷　（明）楊濟時撰　（清）章廷珪重修　（清）鄭維綱等校　（清）李本修督刊　清咸豐二年（1852）善成堂刻本

匡高19.2厘米，廣14厘米。半葉十行，每行二十二字，小字雙行同，白口，左右雙邊。重慶市涪陵區圖書館藏。十册。

活幼心法大全卷之一

明清江聶尚恒久可父著

清盱黎黃光會畏巖父校

論受病之源

痘疹之源有謂兒在胎時食母血穢而致者有謂父母慾火所致者慾火之說出於臆測固無明據然嘗見孕婦飲食清淡者生子出痘多稀少而平順恣食厚味者生子出痘多稠密而險危則其病源受毒於母胎血穢似有明驗蓋飲食淡則血氣清而胎毒輕飲食厚則血

活幼心法大全九卷　（明）聶尚恒著　（清）黄光會校　清乾隆四十六年（1781）刻本

匡高19.3厘米，廣13.8厘米。半葉九行，每行二十一字，小字雙行同，白口，四周雙邊。入選第一批《重慶市珍貴古籍名録》。重慶市涪陵區圖書館藏。二册。

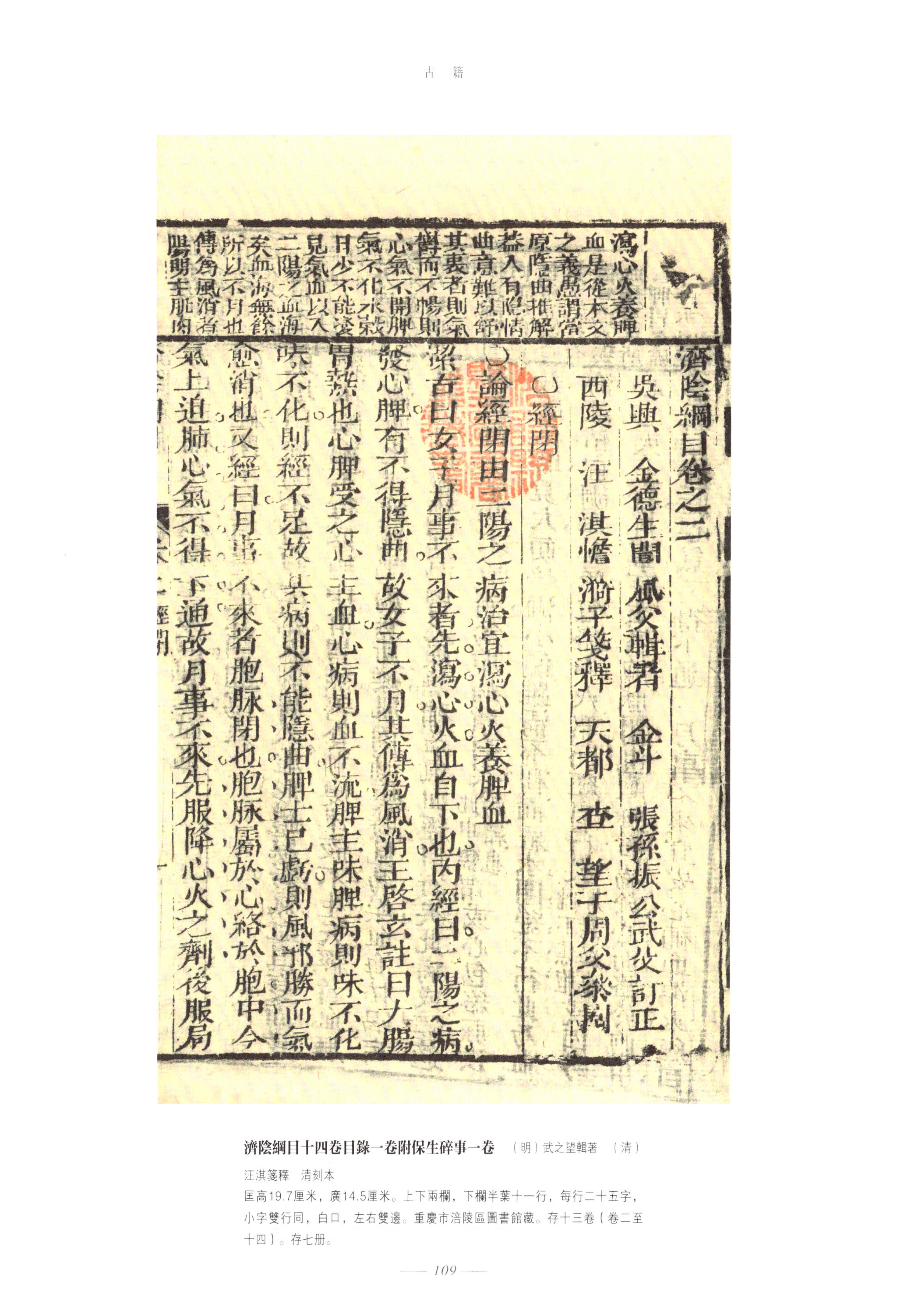

濟陰綱目十四卷目錄一卷附保生碎事一卷 （明）武之望輯著 （清）汪淇箋釋 清刻本

匡高19.7厘米，廣14.5厘米。上下兩欄，下欄半葉十一行，每行二十五字，小字雙行同，白口，左右雙邊。重慶市涪陵區圖書館藏。存十三卷（卷二至十四）。存七册。

景岳全書卷之一入集

傳忠錄上

會稽 張介賓 會卿著

會稽 魯 超 謙菴訂

明理一

萬事不能外乎理而醫之於理爲尤切散之則理爲萬象會之則理歸一心夫醫者一心也病者萬象也舉萬病之多則醫道誠難然而萬病之病不過各得一病耳譬之北極者醫之一心也萬星者病之萬象也欲以北極而對萬星則不勝其對以北極而對一星則自有一線之直彼此相照何得有差故醫之臨證必期以我之一心洞病者之一本以我之一對彼之一既得一真萬疑俱釋豈不甚易一也者理而已矣苟吾心之理明則

景岳全書六十四卷總目一卷 （明）張介賓著 （清）魯超訂 清光緒三十四年（1908）善成堂刻本

匡高21厘米，廣14.9厘米。半葉十三行，每行二十四字，白口，左右雙邊。

重慶市涪陵區圖書館藏。二十四册。

新刊增補萬病回春原本八卷　（明）龔廷賢編　（清）周亮登校　清康熙元年（1662）刻本

匡高19.8厘米，廣14.6厘米。半葉十四行，每行二十八字，小字雙行同，白口，四周單邊。入選第一批《重慶市珍貴古籍名録》。重慶市涪陵區圖書館藏。八册。

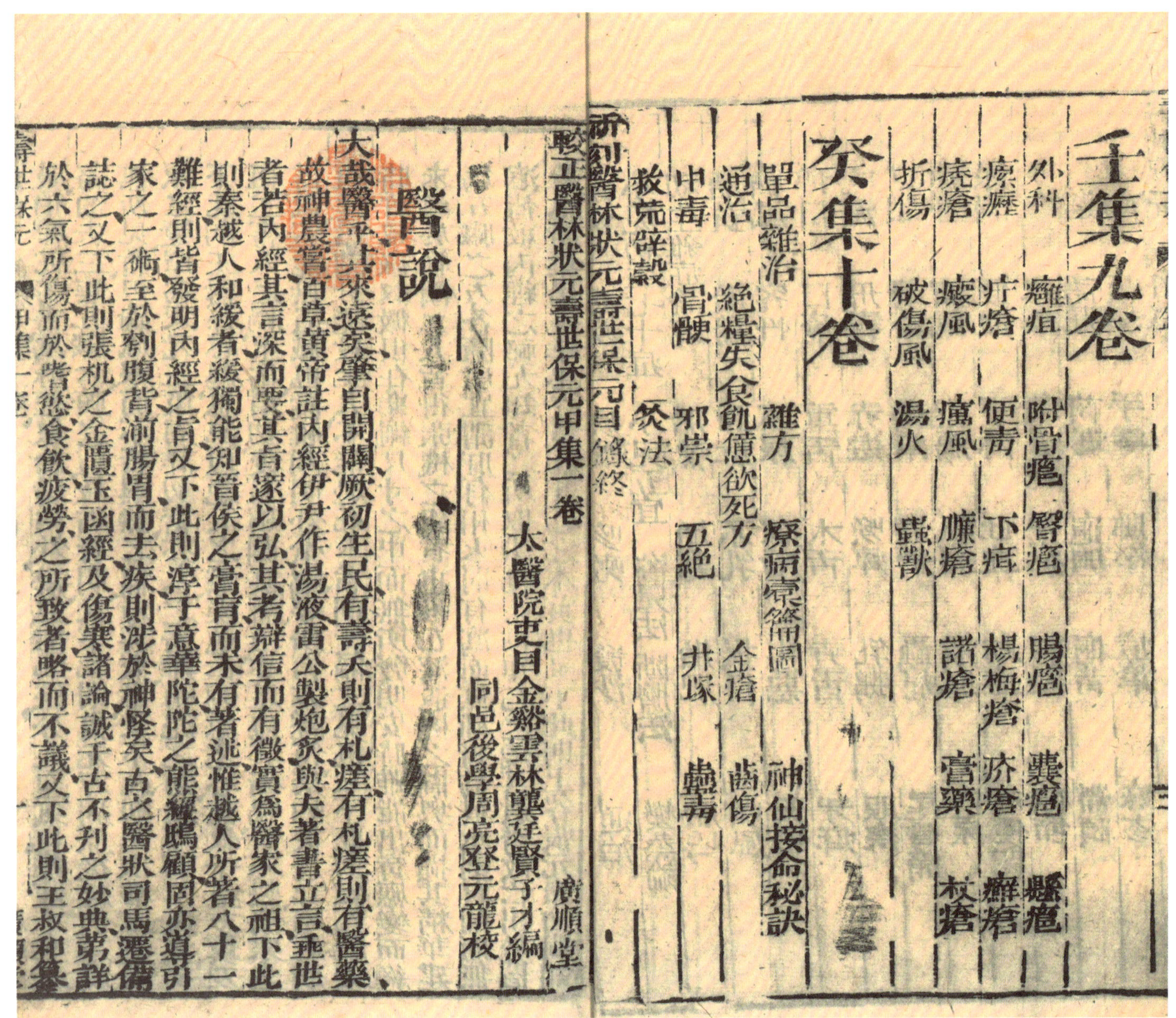

較正醫林狀元壽世保元十卷 （明）龔廷賢編 （清）周亮登校 清嘉慶二十二年（1817）書林廣順堂刻本

匡高20厘米，廣14.2厘米。半葉十三行，每行三十字，小字雙行同，白口，四周單邊。重慶市涪陵區圖書館藏。十册。

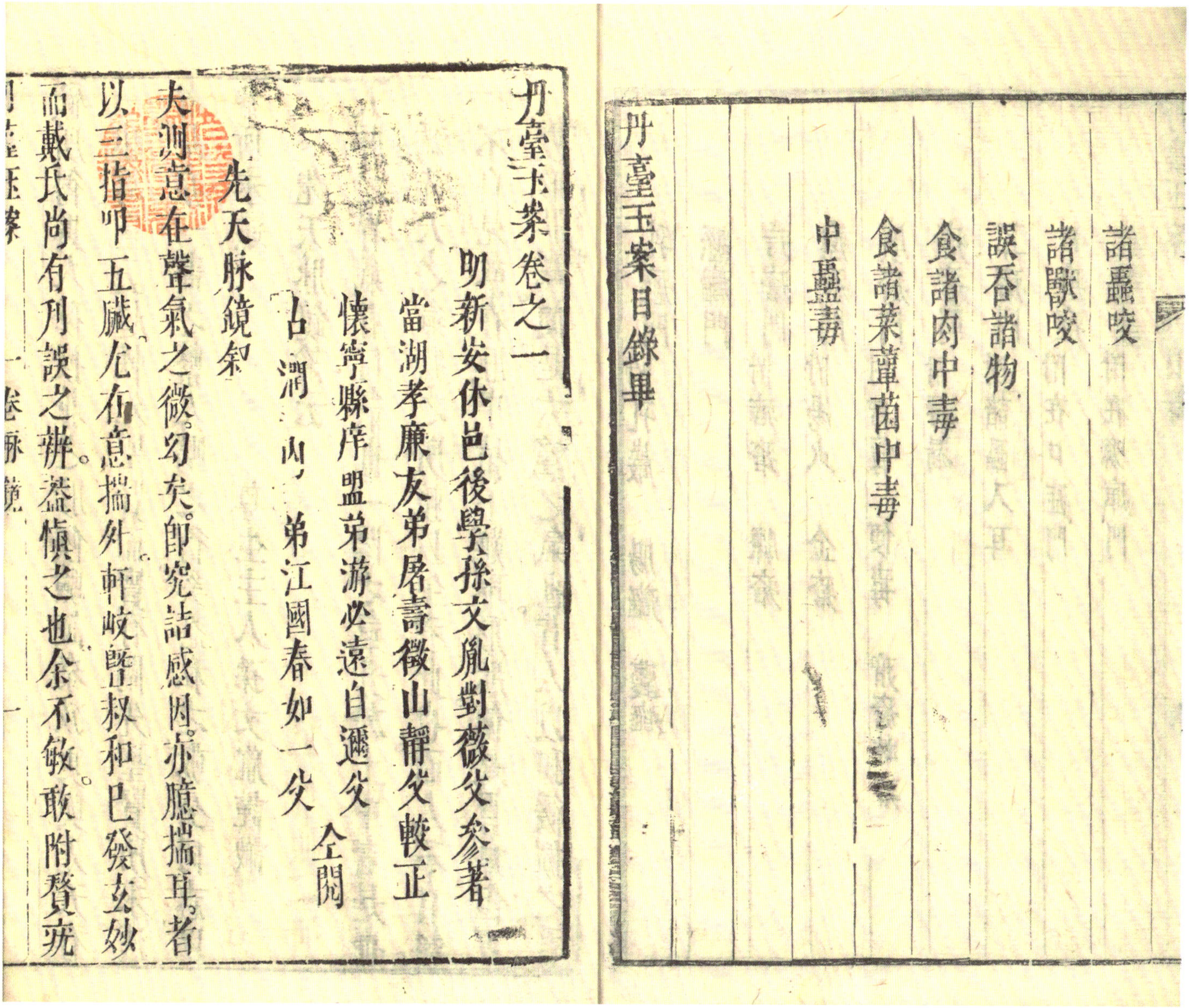

諸蟲咬
諸獸咬
誤吞諸物
食諸肉中毒
食諸菜蕈菌中毒
中蠱毒

丹臺玉案目錄畢

丹臺玉案卷之一
明新安休邑後學孫文胤對薇父參著
當湖孝廉友弟居壽徵山甫父較正
懷寧縣庠盟弟游必遠自邇父
古潤內弟江國春如一父　仝閱

先天脉鏡叙

夫測意在聲氣之微。幻矣。即究詰感因。亦臆揣耳。者以三指叩五臟。尤在意揣外。軒岐暨叔和已發玄妙。而戴氏尚有刊誤之辨。葢慎之也。余不敏。敢附贅疣

丹臺玉案　卷一　脉鏡　一

丹臺玉案六卷　（明）孫文胤著　清順治十七年（1660）學餘堂刻本

匡高21.5厘米，廣13.8厘米。半葉九行，每行二十字，白口，四周單邊。入選第一批《重慶市珍貴古籍名録》。重慶市涪陵區圖書館藏。四册。

審視瑤函序

成周建官三百六十而燮理奏功分
寄醫師尹副以逮上士下士職掌豈
為明聽之司若是乎耳目股肱之
未敢輕畀也故其時分猷者或肘
捥鐵鏡以建勛考成者或胸貯金篦
而宣化至玉鉉具務之權惟醫師與

審視瑤函　序　善成堂

傅氏眼科審視瑤函卷之一
秣陵傅仁宇允科纂輯　揩張文凱廷獻參閱
廣陵林長生聲震較補　男傅維藩國棟編集
甥張秀徵珩訂正　公猷　掄　仝次
大梁周靖公亮節較梓　體仁
五輪所屬論
夫目有五輪屬乎五臟五輪者皆五臟之精華所發名之
曰輪其像如車輪圓轉運動之意也上下眼胞屬乎脾土
應中央戊己辰戌丑未也脾主肉故曰肉輪脾上主乎運
動磨化水穀外應目之兩胞動靜相應開則萬用如陽動

審視瑤函　卷之一

傅氏眼科審視瑤函六卷首一卷醫案一卷　（明）傅仁宇纂輯　（清）林長生校補　（清）傅維藩編集　清善成堂刻本

匡高20厘米，廣14.6厘米。半葉十行，每行二十二字，小字雙行同，白口，左右雙邊。重慶市涪陵區圖書館藏。四册。

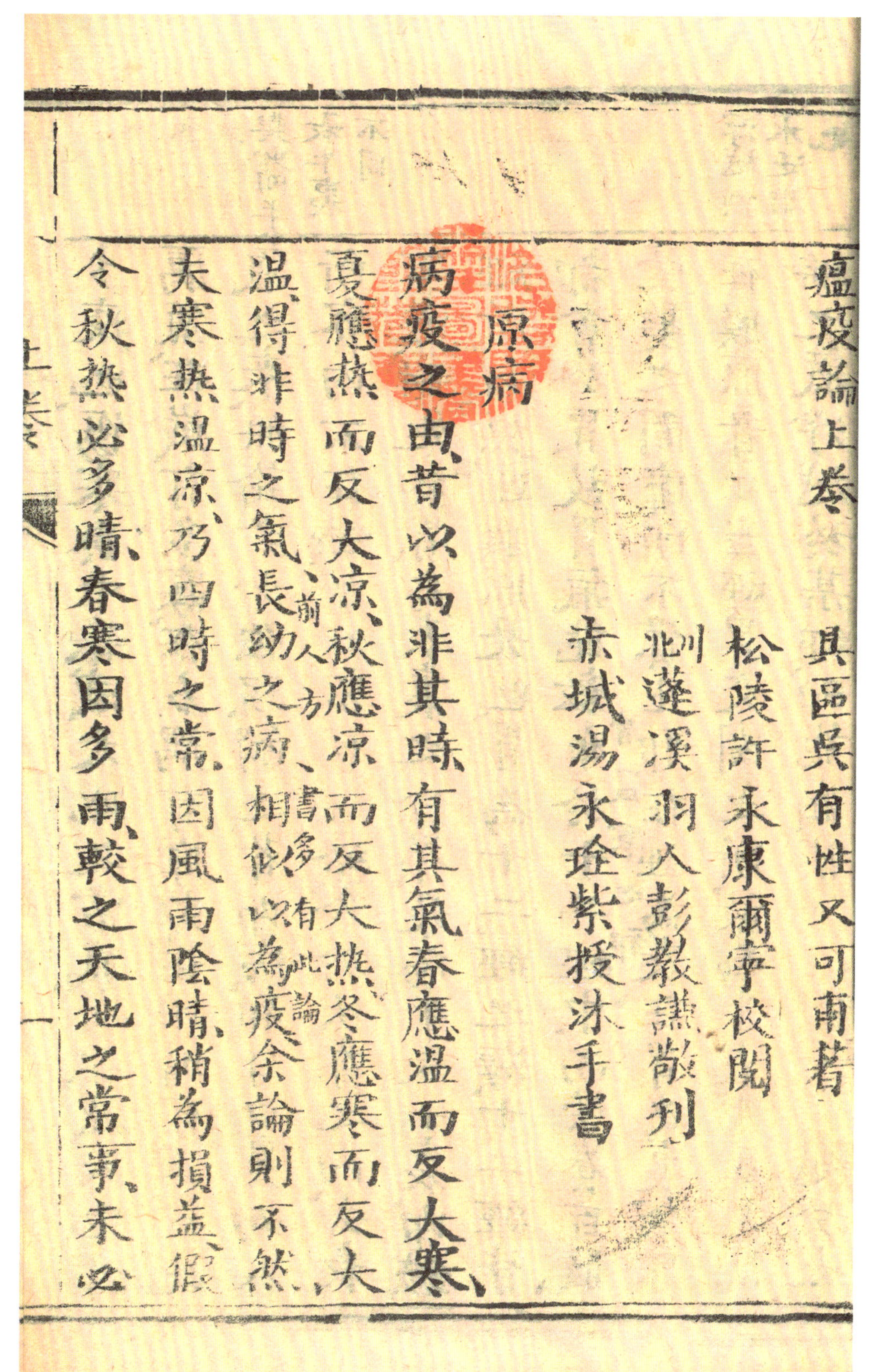

瘟疫論二卷 （清）吳有性著 （清）許永康校閲 清同治元年（1862）集古堂刻本

匡高21厘米，廣14.7厘米。上下兩欄，下欄半葉十行，每行二十字，白口，四周雙邊。重慶市涪陵區圖書館藏。二册。

痘科類編釋意卷之上

原痘論　　盍都翟良輯

痘之一症其名不一曰聖瘡曰百歲瘡又曰天瘡聖瘡言其變化莫測百歲瘡言其自少至老只作一番天瘡言爲天行疫癘也總之不可以定名惟曰痘瘡正世俗所謂莞豆瘡是也言其形之補似耳言其形之似豆則順形之不似豆則逆也既名之義甚確而而豆之名定矣特豆毒之所由來其論不一有謂男女媾精精無慾不行無火不動恣情肆慾淫火之毒潰於精血之間積血成胎胚形完備子母分張其毒蘊於五臟百骸四肢無不有者有謂胎在腹中食母穢液至生之時啼声一發口中所含血餅隨吸而下命門胞絡之中痘瘡之發乃下焦相火熾者有謂痘瘡者母血之毒也地氣重

痘科類編釋意三卷末一卷　（清）翟良輯　清光緒十年（1884）刻本

匡高15厘米，廣10.7厘米。半葉十一行，每行二十五字，小字雙行同，白口，四周單邊。重慶市涪陵區圖書館藏。四册。

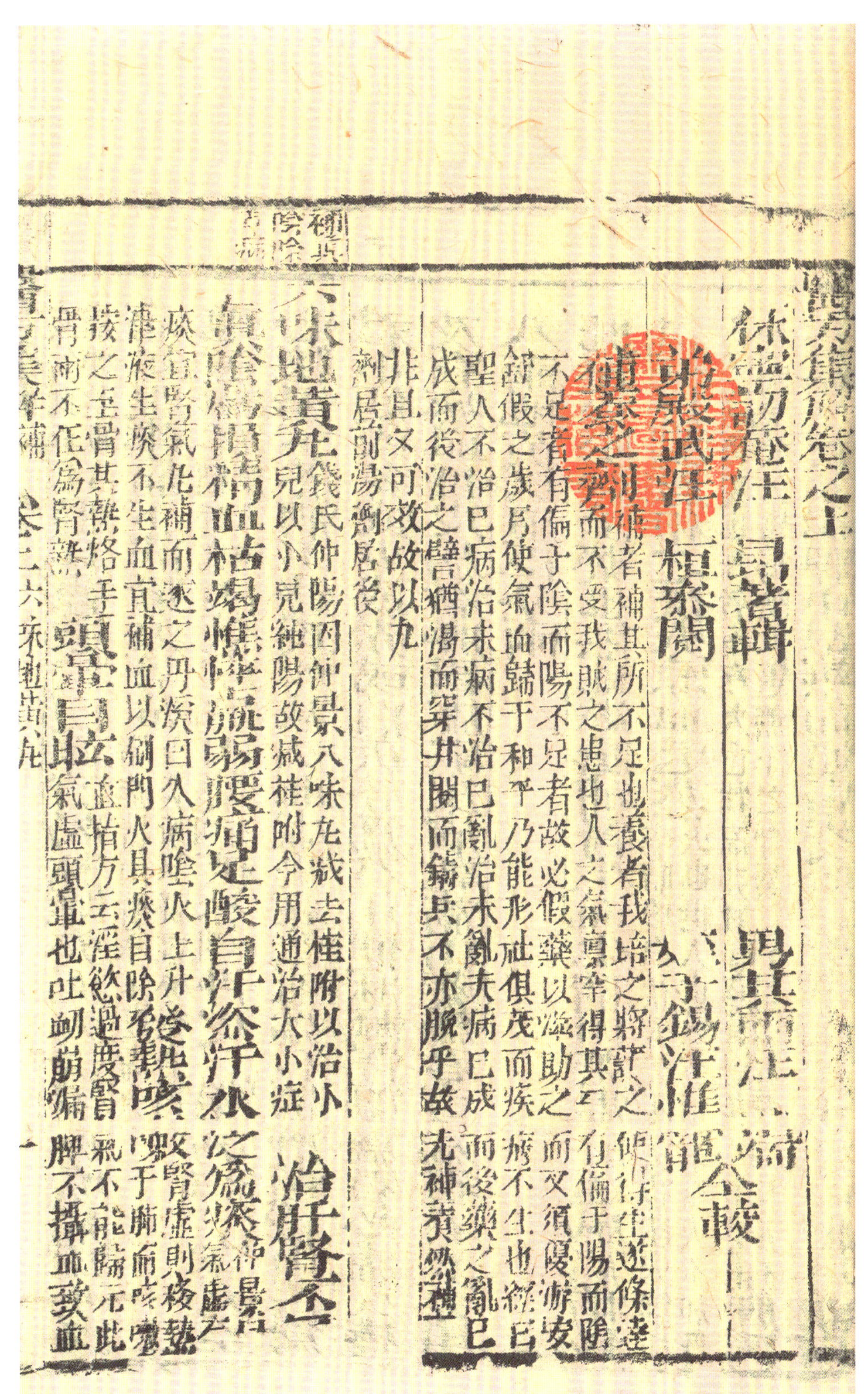

醫方集解三卷　（清）汪昂撰　清文星堂刻本

匡高19.5厘米，廣14.8厘米。上下兩欄，下欄半葉十一行，每行二十八字，小字雙行同，白口，四周單邊。重慶市涪陵區圖書館藏。三册。

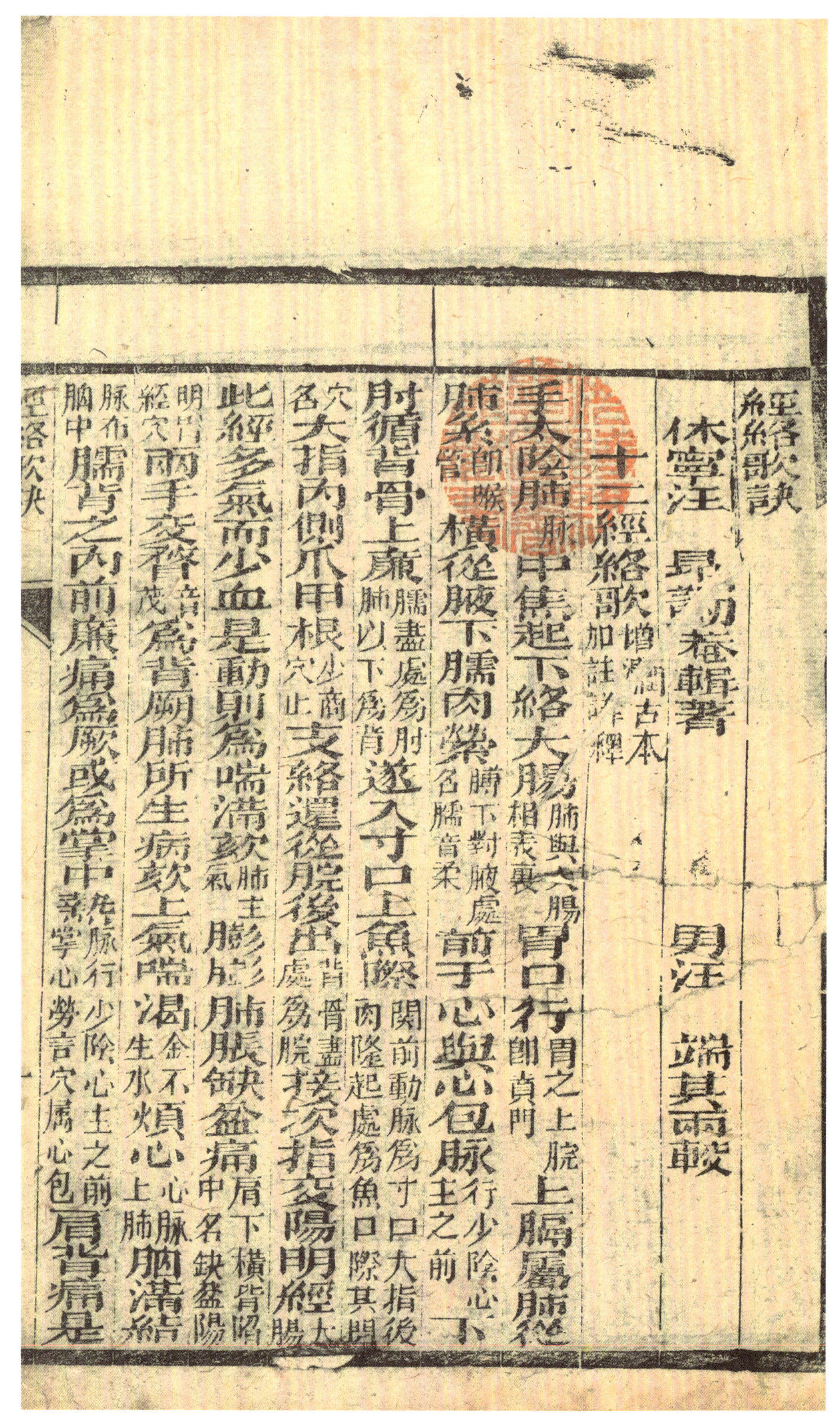
經絡歌訣

休寧汪　昂訒菴輯著　男汪　端其萬較

十二經絡歌增潤古本加註詳釋

手太陰肺脉中焦起下絡大腸肺與六腑相表裏胃口行胃之上脘即賁門上膈屬肺從

肺系肺管喉節橫從腋下臑肉臂膊下對腋處名臑音柔前手心與心包脉行少陰心主之前下

肘循臂骨上廉臑盡處為肘肘以下為臂遂入寸口上魚際關前動脉為寸口大指後肉隆起處為魚魚際其間

穴名大指內側爪甲根穴止少商支絡還從腕後出臂骨盡處為腕接次指交陽明經大腸

此經多氣而少血是動則為喘滿欬肺主氣膨膨肺脹缺盆痛肩下橫骨陷中名缺盆陽

明胃經穴兩手交瞀音茂為臂厥肺所生病欬上氣喘渴金不生水煩心心脉上肺胸滿結

脉布胸中臑臂之內前廉痛為厥或為掌中熱肺脉行少陰心主之前掌心勞宮穴屬心包肩背痛是

經絡歌訣

經絡歌訣一卷醫方湯歌括一卷　（清）汪昂輯著　（清）汪端校　清光緒二十六年（1900）刻本

匡高18.4厘米，廣13.6厘米。上下兩欄，下欄半葉十行，每行二十八字，小字雙行同，白口，四周單邊。重慶市涪陵區圖書館藏。一册。

黃帝內經素問卷之一

錢塘張志聰隱菴集註

同學莫承藝仲超參訂

門人朱景韓濟公校正

上古天真論篇第一

上古謂所生之來天真天乙始生之真元也首四篇論調精神氣血所生之來謂之精故首論精兩精相搏謂之神故次論神氣乃精水中之生陽故後論氣

昔在黃帝生而神靈弱而能言幼而徇齊長而敦敏

徇音循長上聲○按史記黃帝姓公孫名成而登天軒轅有熊國君少典之子繼神農氏而有

黃帝內經素問九卷　（清）張志聰集注　（清）莫承藝訂　（清）朱景韓校

正　清光緒三年（1877）瀛洲書屋刻本

匡高20.3厘米，廣13.8厘米。半葉九行，每行二十字，小字雙行同，白口，四周雙邊。重慶市涪陵區圖書館藏。十冊。

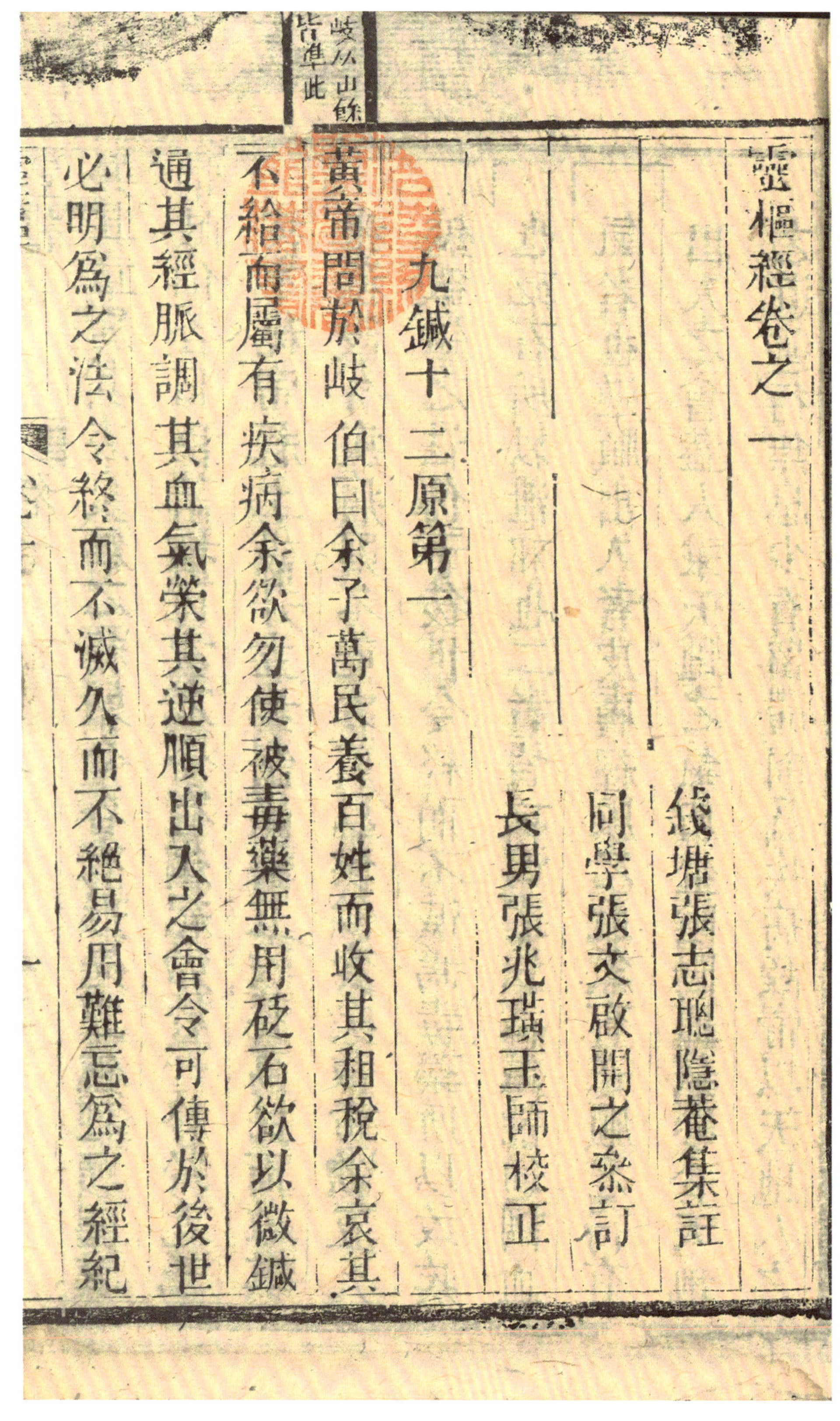

靈樞經十卷　（清）張志聰集注　清光緒二十九年（1903）京都琉璃廠刻本

匡高19.5厘米，廣13.8厘米。半葉九行，每行二十二字，小字雙行同，白口，四周雙邊。重慶市涪陵區圖書館藏。十册。

外科大成卷之一

太醫院御醫燕越祁坤廣生甫　輯著

男　嘉錫　嘉釗

嘉鉦　嘉鉉

嘉銘　正字

總論部

脉源

粵稽炎農御世而醫之名始立夫醫者濟世之總名也名雖一而實有內外科之異也科之分有內外葢因人之疾有內外故也因其疾以命醫神而明之則

外科大成四卷　（清）祁坤輯著　清善成堂刻本

匡高21.5厘米，廣15厘米。半葉十行，每行二十字，白口，四周單邊。重慶市涪陵區圖書館藏。六册。

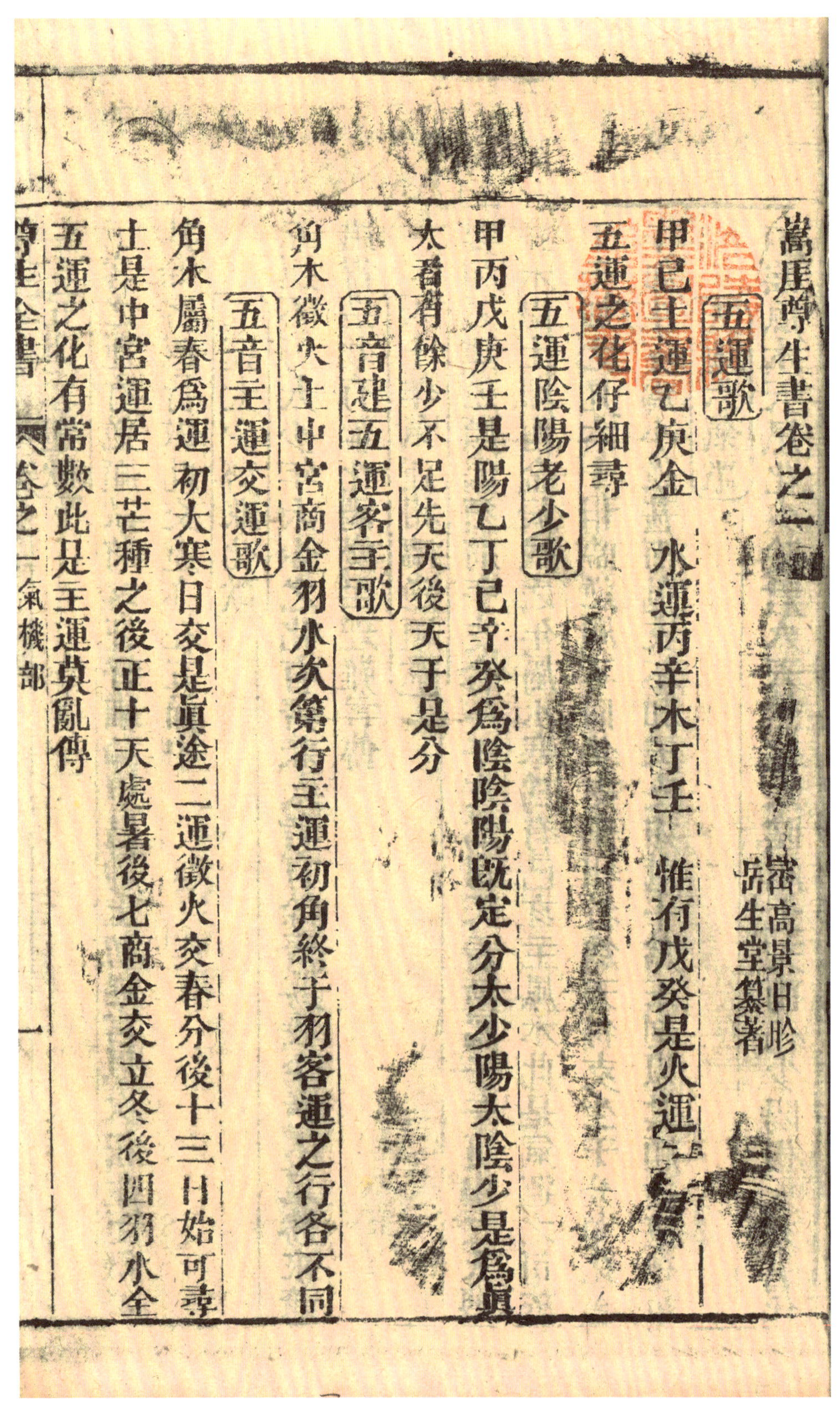

嵩厓尊生書十五卷總目一卷　（清）景日昣撰　清刻本

匡高21.2厘米，廣14.5厘米。上下兩欄，下欄半葉十三行，每行二十八字，小字雙行同，白口，四周單邊。重慶市涪陵區圖書館藏。六册。

新刊良朋彙集卷之一

古燕孫　偉望林甫校輯

長白吳化善德培甫梓刻

中風門

通關散

治中風不語不省人事牙關緊閉湯水不入者以此吹之

生南星　生半夏　猪牙皂各等分

右為細末用少許吹鼻內有嚏可治無嚏不可治

又通關散

治中風痰厥昏迷卒倒不省人事欲絕者

用巴豆去殼紙包搥油去豆不用用紙撚作條送入鼻內

或加牙皂末尤良或用前紙條燒烟薰入鼻內亦可

良朋彙集　卷一　一　善成堂

新刊良朋彙集五卷序一卷附補遺一卷　（清）孫偉輯　清善成堂刻本

匡高20.4厘米，廣14.2厘米。半葉十二行，每行二十四字，小字雙行同，白口，四周雙邊。重慶市涪陵區圖書館藏。六册。

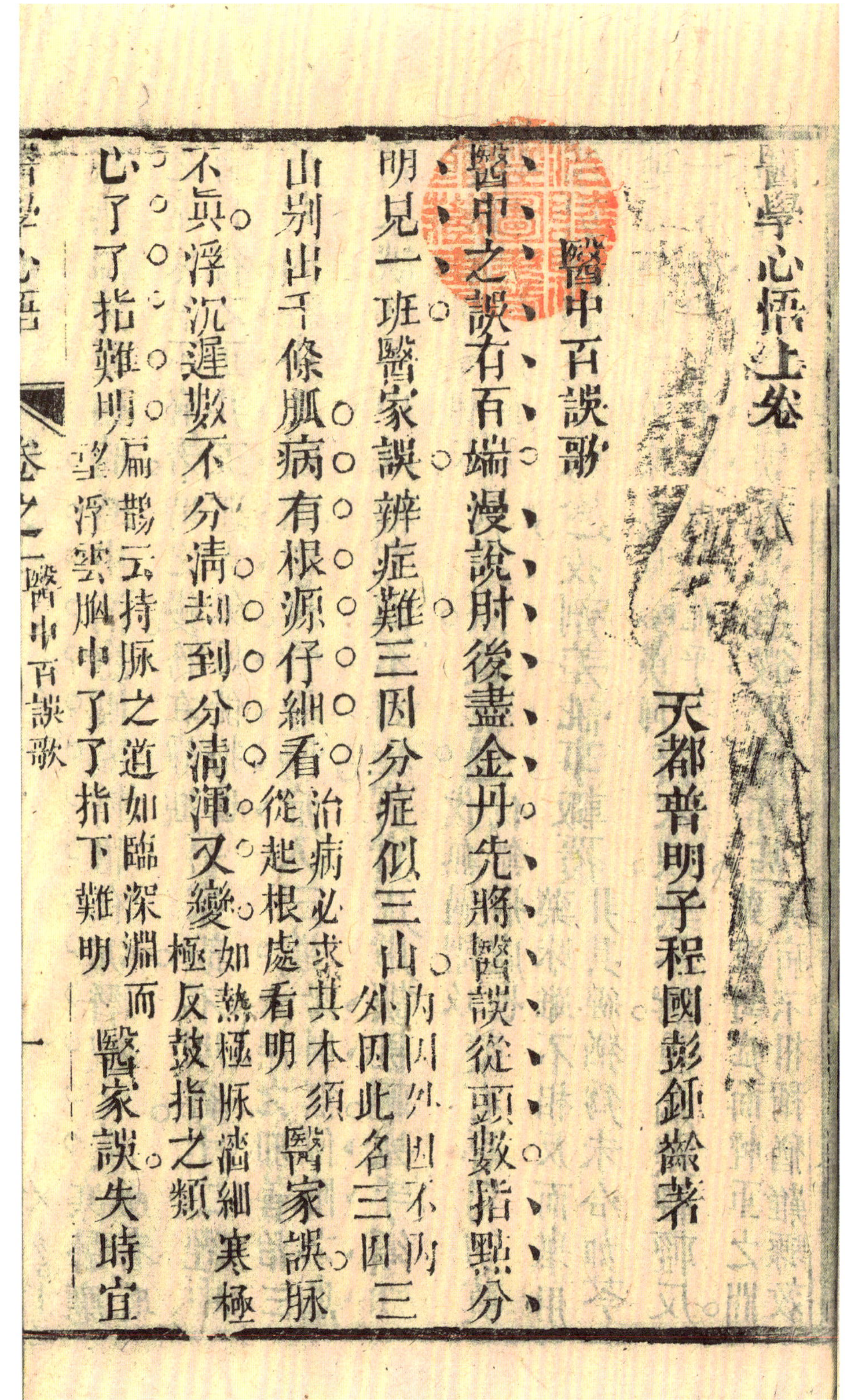

醫學心悟五卷附華佗外科十法一卷 （清）程國彭著　清光緒三十四年（1908）渝城善成書莊刻本

匡高20.2厘米，廣13.9厘米。半葉八行，每行二十四字，小字雙行同，白口，四周單邊。重慶市涪陵區圖書館藏。四册。

蘭臺軌範卷一

吳江徐靈胎洄溪著　男　爔鼎和校

通治方　雖云通治亦當細切病情不得籠統施用也

小建中湯金匱　虛勞裏急悸衄腹中痛夢失精四肢痠疼手足煩熱咽乾口燥此湯主之

桂枝三兩去皮　甘草三兩炙　大棗十二枚　芍藥六兩　生薑三兩　膠飴一升

右六味以水七升煮取三升去滓內膠飴更上微火消解溫服一升日三服　此方治陰寒陽衰之虛勞正與陰虛火旺之病相反庸醫誤用害人

蘭臺軌範　通治　卷一　一

蘭臺軌範八卷目錄一卷附道德經二卷　（清）徐大椿撰　（清）徐爔校　清乾隆二十九年（1764）洄溪草堂刻本

匡高18厘米，廣13.1厘米。半葉九行，每行二十二字，小字雙行同，白口，左右雙邊。重慶市涪陵區圖書館藏。十六册。

再重訂傷寒集註自序

嗟夫醫難言矣不通仲景之書不足以言醫然其書未易通也自漢迄今疏釋者數十家大都得失相參均之無當惟西昌喻嘉言奮起於千數百年之後條晰博辨其旨趣始明於世而綴學淺識猶往往背而議之求能通

再重訂傷寒集註卷之一

文勝堂梓行

進賢舒詔馳遠著

太陽經證治大意

喻嘉言曰足太陽之經膀胱也而表有營衛之不同病有風寒之各異風則傷衛寒則傷營風寒兼受營衛兩傷三者之病各分疆界仲景立桂枝湯治風傷衛麻黃湯治傷寒營大青龍湯治風寒兩傷營衛此天然不易之法也今將太陽分爲三篇以風傷衛爲上篇寒傷營爲中篇風寒兩傷營衛爲下篇俾讀者了然而無疑庶隨所施而無不當也

舒詔曰風爲陽邪衛爲陽道氣行之路寒爲陰邪營爲陰道血行之路風邪之所以但傷于衛而不傷于營者陽與陽相親也寒邪

再重訂傷寒集註十卷附五卷　（清）舒詔著　清乾隆三十五年（1770）

文勝堂刻本

匡高18.8厘米，廣13.1厘米。半葉十一行，每行二十四字，小字雙行同，白口，四周雙邊。入選第一批《重慶市珍貴古籍名録》。重慶市涪陵區圖書館藏。四册。

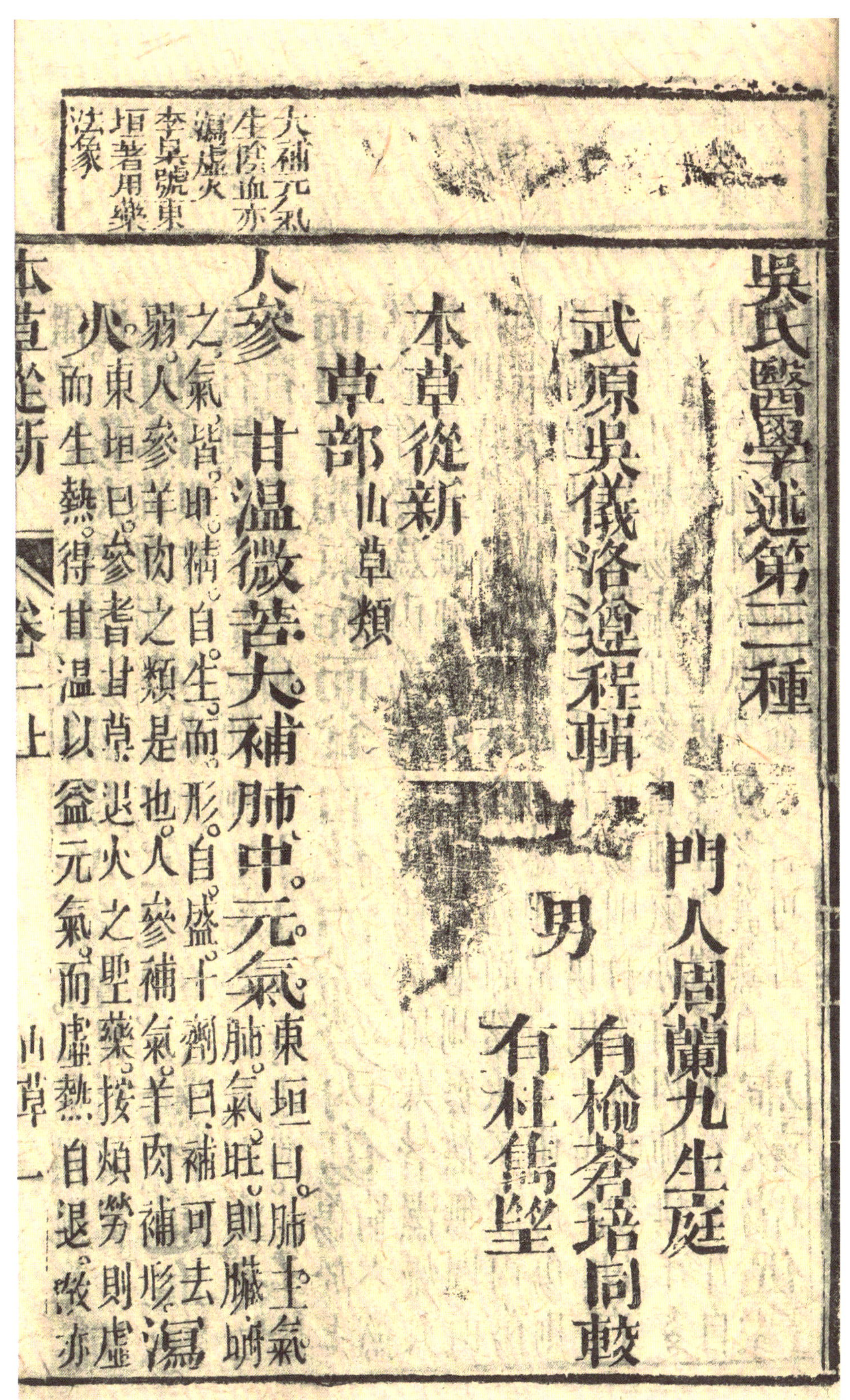

吳氏醫學述第三種本草從新十八卷首一卷　（清）吳儀洛撰　清善成堂刻本

匡高20.5厘米，廣14.2厘米。上下兩欄，下欄半葉九行，每行十九字，小字雙行同，白口，左右雙邊。重慶市涪陵區圖書館藏。六册。

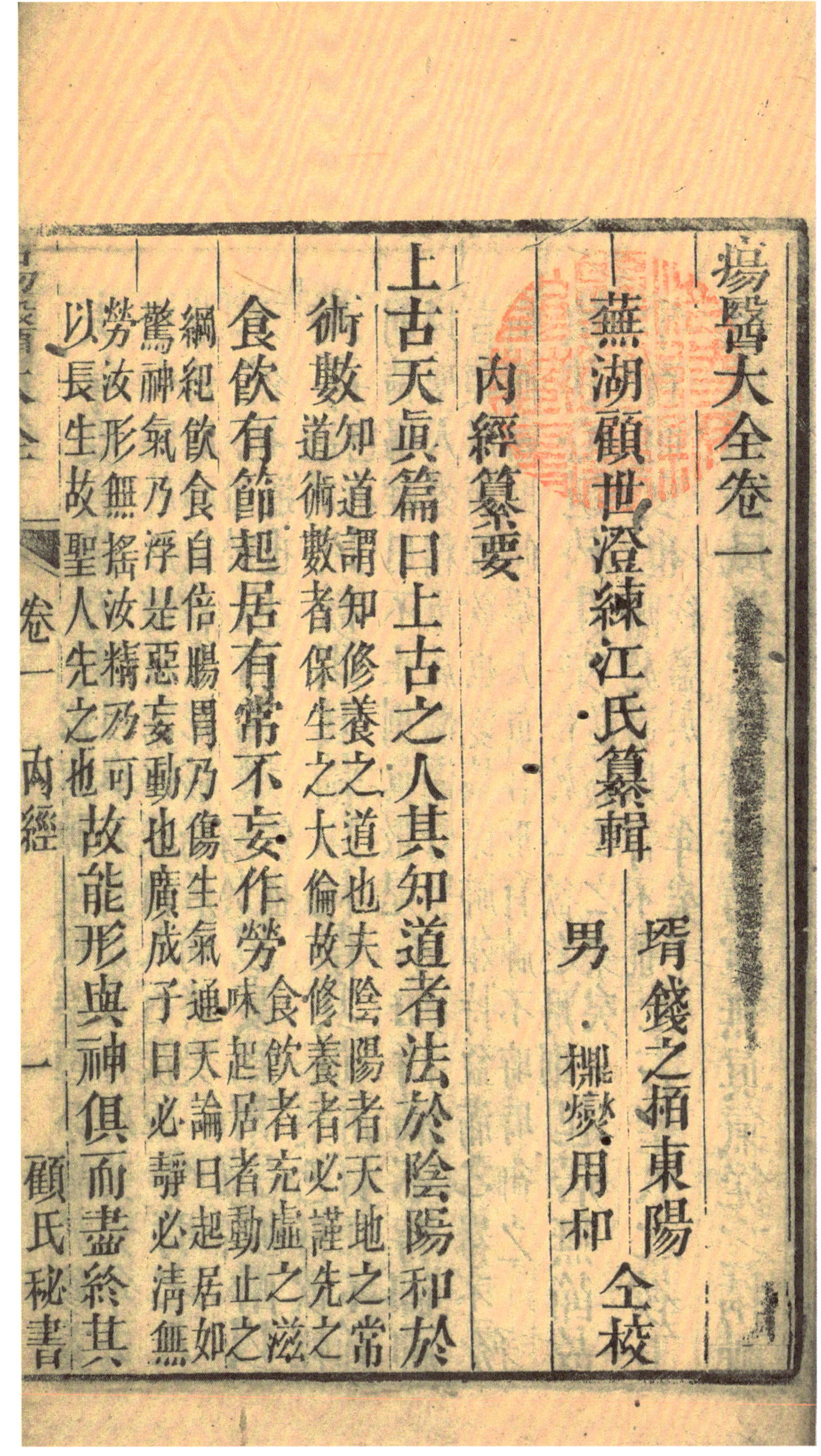
瘍醫大全卷一
蕪湖顧世澄練江氏纂輯　壻錢之楣東陽　男棡燮用和　仝校
內經纂要
上古天眞篇曰上古之人其知道者法於陰陽和於術數知道謂知修養之道也夫陰陽者天地之常道術數者保生之大倫故修養者必謹先之食飲有節起居有常不妄作勞食飲者充虛之滋味起居者動止之綱紀飲食自倍腸胃乃傷生氣通天論曰起居如驚神氣乃浮是惡妄動也廣成子曰必靜必清無勞汝形無搖汝精乃可以長生故聖人先之也故能形與神俱而盡終其
瘍醫大全　卷一　內經　一　顧氏秘書

瘍醫大全四十卷　（清）顧世澄纂輯　清光緒二十年（1894）善成堂刻本

匡高14.6厘米，廣10.3厘米。半葉九行，每行二十字，小字雙行同，白口，左右雙邊。重慶市涪陵區圖書館藏。存三十四卷（卷一至二、卷四至十二、卷十七、卷十九至四十）。存三十三册。

外科證治全書卷一

環峯許克昌儉聲

木末畢 法蒼霖 同輯

癰疽治法統論

問曰癰疽何爲而發也答曰人之一身氣血而已非氣不生非血不行氣血者陰陽之屬也陰陽調和百骸暢適苟六淫外傷七情內賊飲食不節起居不慎以致臟腑乖變經絡滯隔氣血凝結隨其陰陽之所屬而攻發於肌膚筋脈之間此癰疽之所以發也曰然則癰疽有別乎曰癰者壅也邪熱壅聚氣血不宣其爲症也爲陽屬六腑高腫色

外科證治全書 卷一 癰疽治法統論 六

外科證治全書五卷末一卷 （清）許克昌 畢法輯 清同治六年（1867）刻本

匡高18.7厘米，廣13厘米。半葉十行，每行二十二字，小字雙行同，白口，左右雙邊。重慶市涪陵區圖書館藏。五册。

金匱方歌括卷一

閩長樂陳念祖修園定

男 蔚古愚參訂

元犀靈石韻註

孫男 心典徽菴 心蘭芝亭 校字

痓濕暍病方

括蔞桂枝湯

治太陽病其症備身體强、几几、然脈反沉遲此爲痓病此湯主之

括蔞根 桂枝 生薑切

芍藥各三兩 甘草二兩炙 大棗十二枚擘

金匱方歌括六卷 （清）陳念祖定 （清）陳蔚訂 （清）陳元犀韵注 清光緒二十一年（1895）宏道堂刻本

匡高19.5厘米，廣13.6厘米。半葉十行，每行二十六字，小字雙行同，白口，四周雙邊。重慶市涪陵區圖書館藏。一册。

醫學實在易卷之一

閩長樂陳念祖修園著

男元犀靈石參訂

孫男心典徽庵　心蘭芝亭　仝校字

臟腑易知

十二官

素問靈蘭秘典論云心者君主之宮也神明出焉肺者相傅之官治節出焉肝者將軍之官謀慮出焉膽者中正之官決斷出焉膻中者臣使之官喜樂出焉脾胃者倉廩之

醫學實在易　卷之一　一

醫學實在易八卷附女科一卷　（清）陳念祖著　清光緒二十一年（1895）刻本

匡高16.5厘米，廣10.6厘米。半葉九行，每行二十二字，小字雙行同，白口，左右雙邊。重慶市涪陵區圖書館藏。四册。

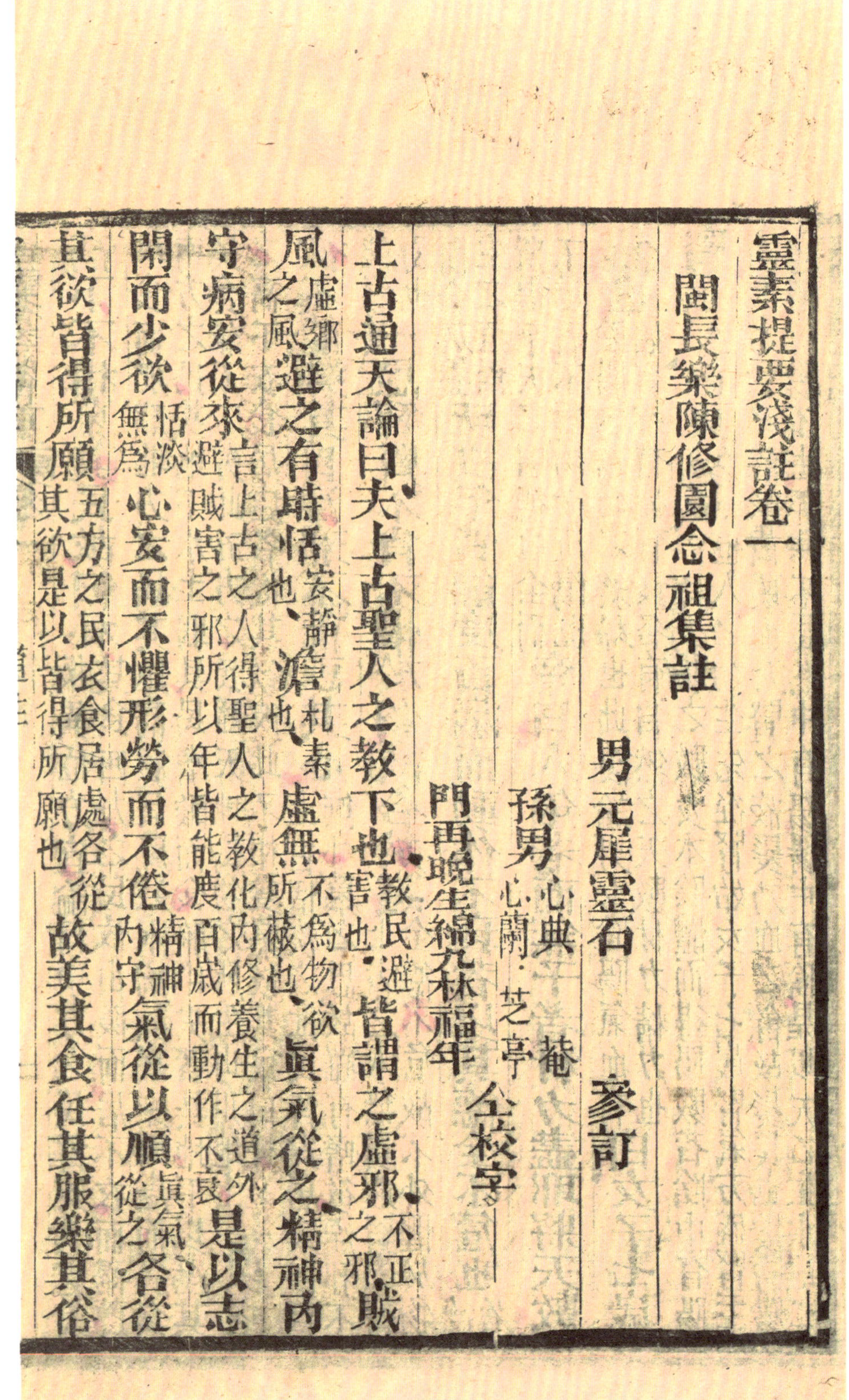

靈素提要淺註十二卷　（清）陳念祖集注　清光緒三十一年（1905）蜀東信義書局刻本

匡高18.4厘米，廣13.4厘米。半葉十行，每行二十六字，小字雙行同，白口，左右雙邊。有“安乾氏珍藏”印。重慶市涪陵區圖書館藏。存九卷（卷一至六、卷十至十二）。存三册。

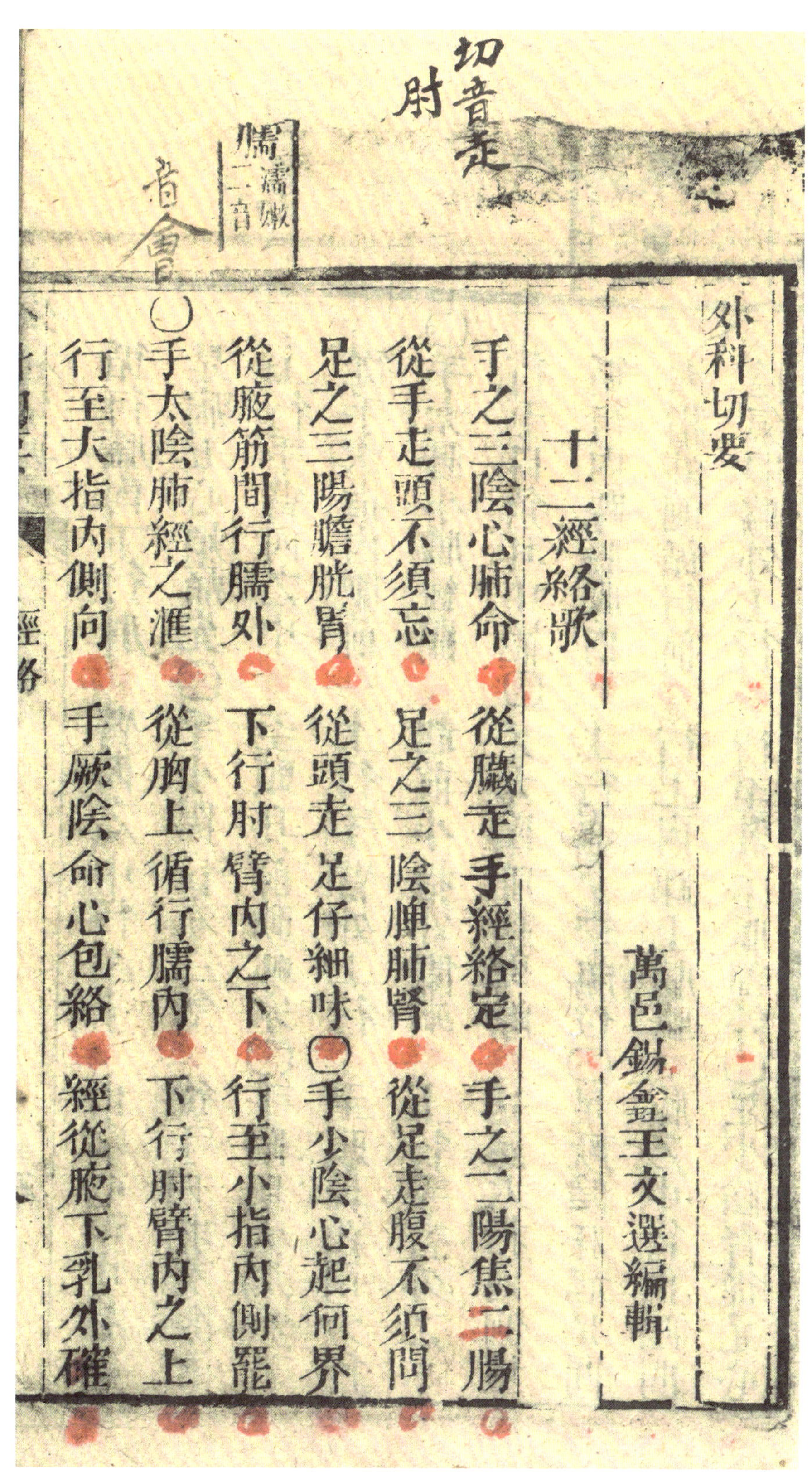

外科切要

萬邑錫鑫王文選編輯

十二經絡歌

手之三陰心肺命　從臟走手經絡定　手之三陽焦二腸
從手走頭不須忘　足之三陰脾肺腎　從足走腹不須問
足之三陽膽膀胱胃　從頭走足仔細味　○手少陰心起何界
從腋筋間行臑外　下行肘臂內之下　行至小指內側罷
○手太陰肺經之滙　從胸上循行臑內　下行肘臂內之上
行至大指內側向　手厥陰命心包絡　經從腋下乳外確

外科切要不分卷　（清）王文選編輯　清道光二十七年（1847）刻本

匡高17.8厘米，廣12.4厘米。半葉九行，每行二十五字，小字雙行同，白口，四周雙邊。重慶市涪陵區圖書館藏。一册。

壽世醫鑑上卷

鑑面知病訣

面有血色光潤者無病　面色白者氣虛也

面色黃滯者脾有積也　面色青者肝腎虛也

面色紅者內有熱也　面上時紅時白者血虛

久病面上潮熱外現者陽虛　面赤色如赭石者難治

面色白如枯骨者死將近也　面黃如枳殼色者壽將絕也

面紅色如衃血者難醫也　面皮青薄者壽不永也

面黑色如炲烟者必死　面黑目白者不久也

壽世醫鑑　上　七　遂生六種

壽世醫鑑三卷目錄一卷　（清）王文選編輯　清光緒十年（1884）刻本

匡高18.5厘米，廣11.6厘米。半葉九行，每行二十四字，白口，左右雙邊。版心下題“遂生六種”。重慶市涪陵區圖書館藏。三册。

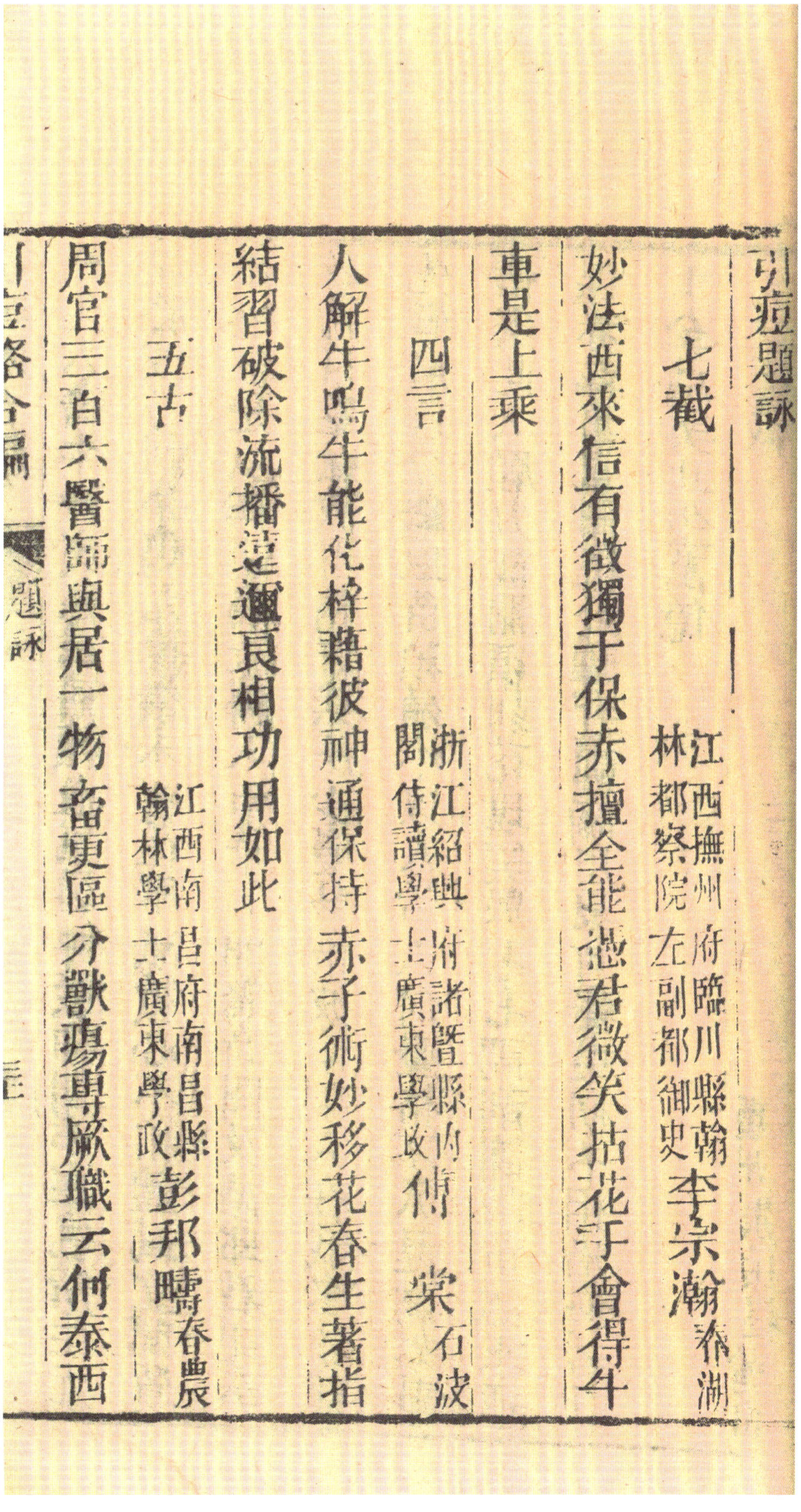

牛痘新法全書　（清）邱熺　張崇樹编著　清光緒二十一年（1895）宏道堂刻本

匡高18.2厘米，廣13.3厘米。半葉九行，每行二十四字，小字雙行同，白口，左右雙邊。重慶市涪陵區圖書館藏。一册。

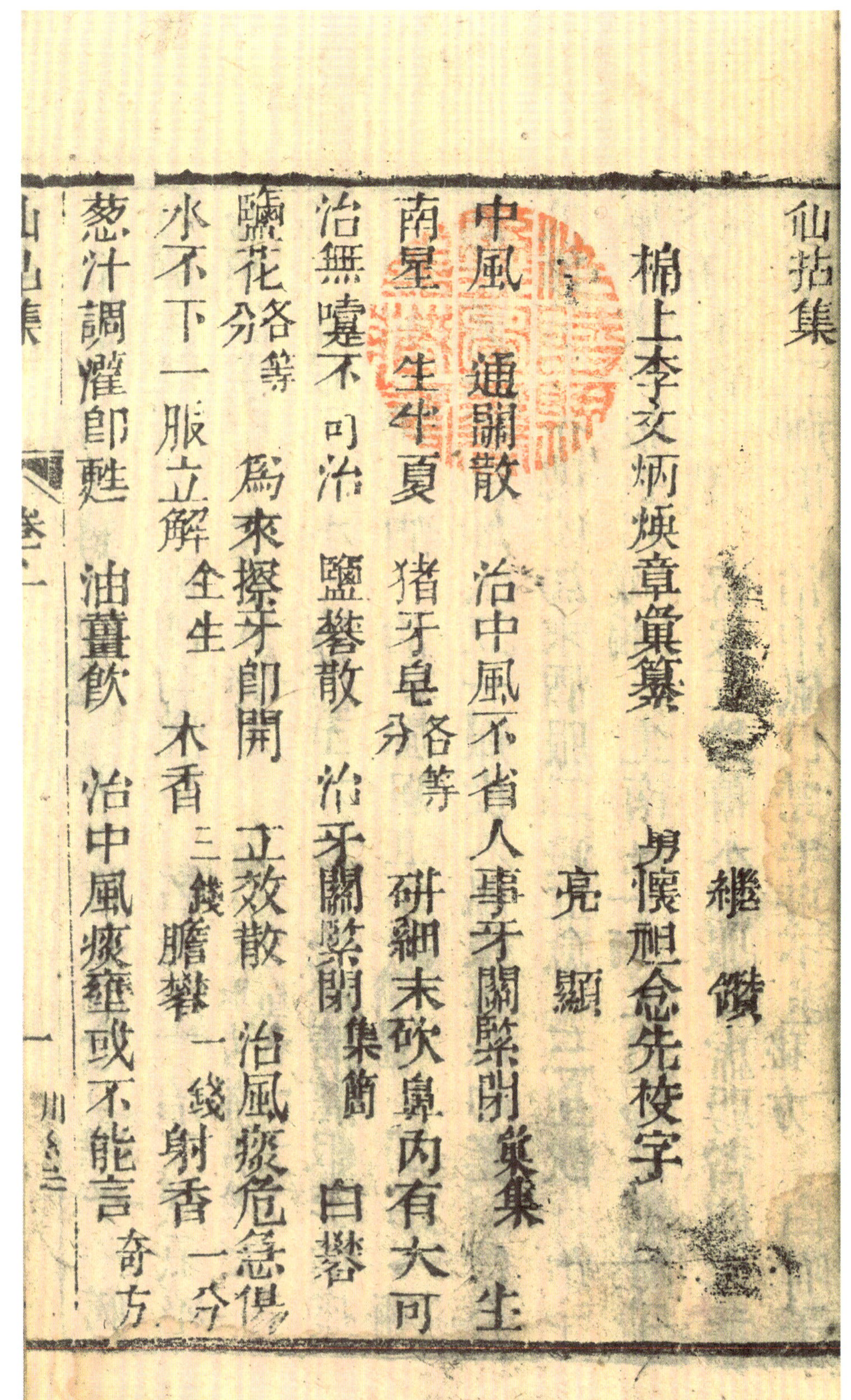

仙拈集四卷　（清）李文炳彙纂　清刻本

匡高14.5厘米，廣10.8厘米。半葉十行，每行二十二字，小字雙行同，白口，四周單邊。重慶市涪陵區圖書館藏。四册。

仲景存眞集上卷

古濮　蓬萊懷德氏編輯　門人秀堂　明中氏

春漢　音堂氏　仝較

濟川　太和氏　參閱

傷寒論讀徑　言十六首

讀書不明根蒂古人精義弗彰常中之變變中常參贊化育何仰

全論大法第一

識破叔和偏見乃得仲景直傳傷寒雜病六經兼郎是綱領大段

六經正義第二

地理兵法兩喻夾　亦有路出　師守而不戰短兵施雖有矛戟恃何

仲景存真集二卷　（清）吳蓬萊編輯　清宣統三年（1911）刻本

匡高15.8厘米，廣10.4厘米。半葉十行，每行二十四字，小字雙行同，白口，四周雙邊。重慶市涪陵區圖書館藏。二册。

第一善本

醫學教科書

藥要便蒙新編

京都刊行

藥要便蒙序

醫之為道有本草醫經經方三大家醫經昉於內難而脈經甲乙經即其支流經方昉於傷寒金匱而病原千金外臺實其嫡派本草一家以神農本經為鼻祖繼自隨增日盛迄唐慎微而乃有經史證類本草用集大成有明李時珍因之著為綱目凡在神經怪牒野史稗官靡不燦列記載博矣然而貪多炫奇端緒歧出學者無所宗尚也自醫聖醫賢之不作矯誣之輩動輒自號為醫嗟乎嗟乎今之自號為醫者叩

藥要便蒙新編二卷　（清）談鴻鋆編輯　清光緒八年（1882）京都刻本

匡高17.4厘米，廣11.2厘米。半葉九行，每行二十字，白口，四周雙邊。重慶市涪陵區圖書館藏。二册。

血脈管說

血脈管者。運行赤血之管也。其徑常圓本體三層。內層薄滑。中層畧厚。色黃質軟。自能舒張。外層紋理交結。總管及入肺管近心處均有三門。形如半扇門閉之狀。微窩向上。門邊正中。有脆骨一粒。品字相對。小如芝麻。以三圈相並、當中必有漏處、故生三柱以補之門後管體有小凹。貯血少許。使門不粘於管。以助開閉之機。心血過此。可出而不可入。其總管由心左下房生出。直插上房而上。約二寸許。即廻屈而下。彎作一栱。下至膈膜。分佈小枝入左右兩脇。透過膈膜。分布大枝。散行臟腑之

簡明中西匯參醫學圖說上下編　（清）王有忠撰　清光緒三十二年（1906）上海廣益書局石印本

匡高17厘米，廣12.1厘米。半葉十行，每行二十字，小字雙行同，白口，四周單邊。重慶市涪陵區圖書館藏。四册。

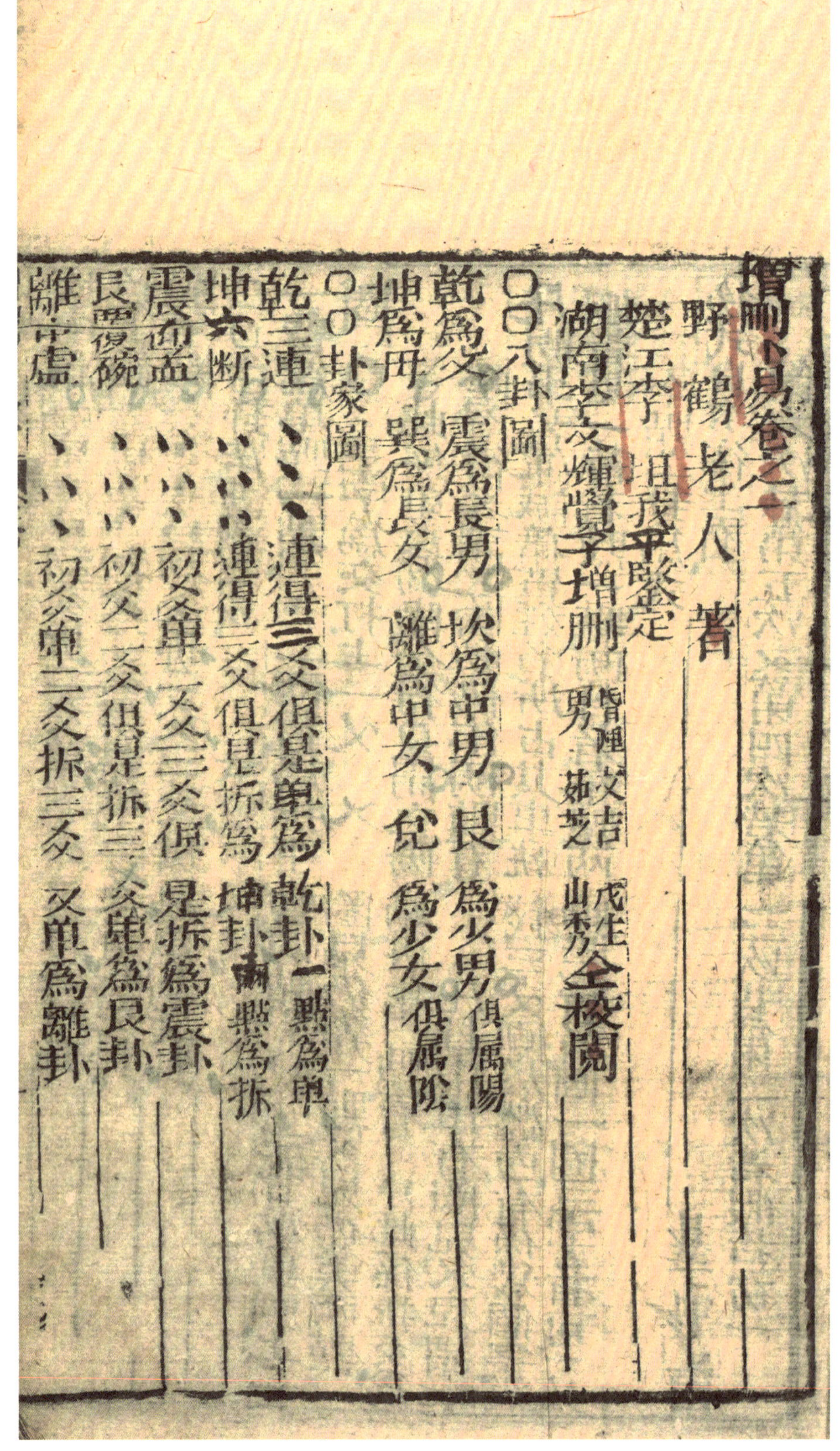

增删卜易六卷　（清）野鶴老人著　（清）李文輝增删　清道光二十年（1840）上海郁氏刻本

匡高17.2厘米，廣12.3厘米。半葉十三行，每行二十八字，小字雙行同，白口，四周單邊。重慶市涪陵區圖書館藏。存三卷（卷一至三）。存一册。

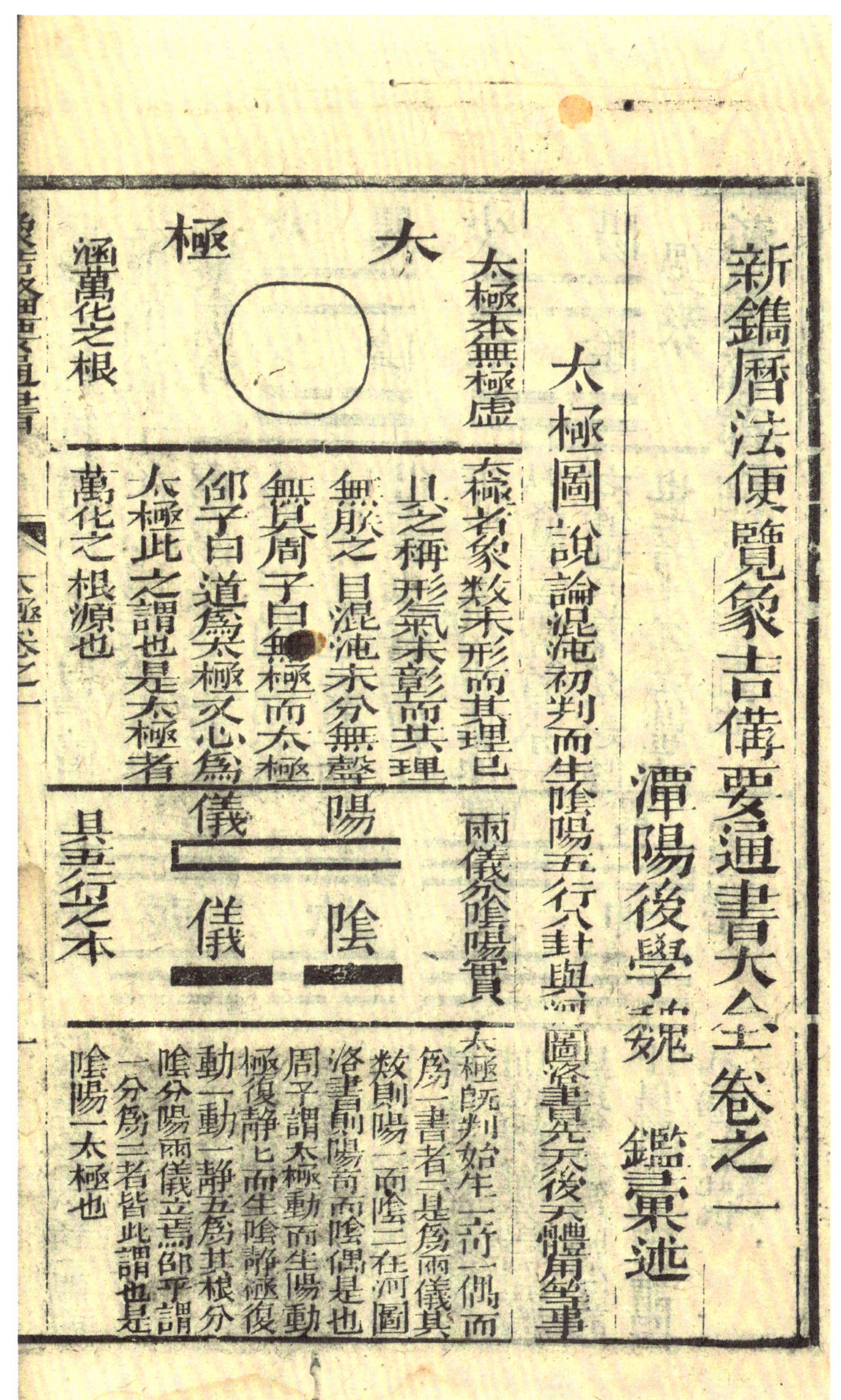

新鐫曆法便覽象吉備要通書大全二十九卷 （清）魏鑑彙述 清康熙六十年（1721）三多堂刻本

匡高19.5厘米，廣13.7厘米。半葉十七行，每行字數不等，白口，左右雙邊。重慶市涪陵區圖書館藏。存六卷（卷一至六）。存一冊。

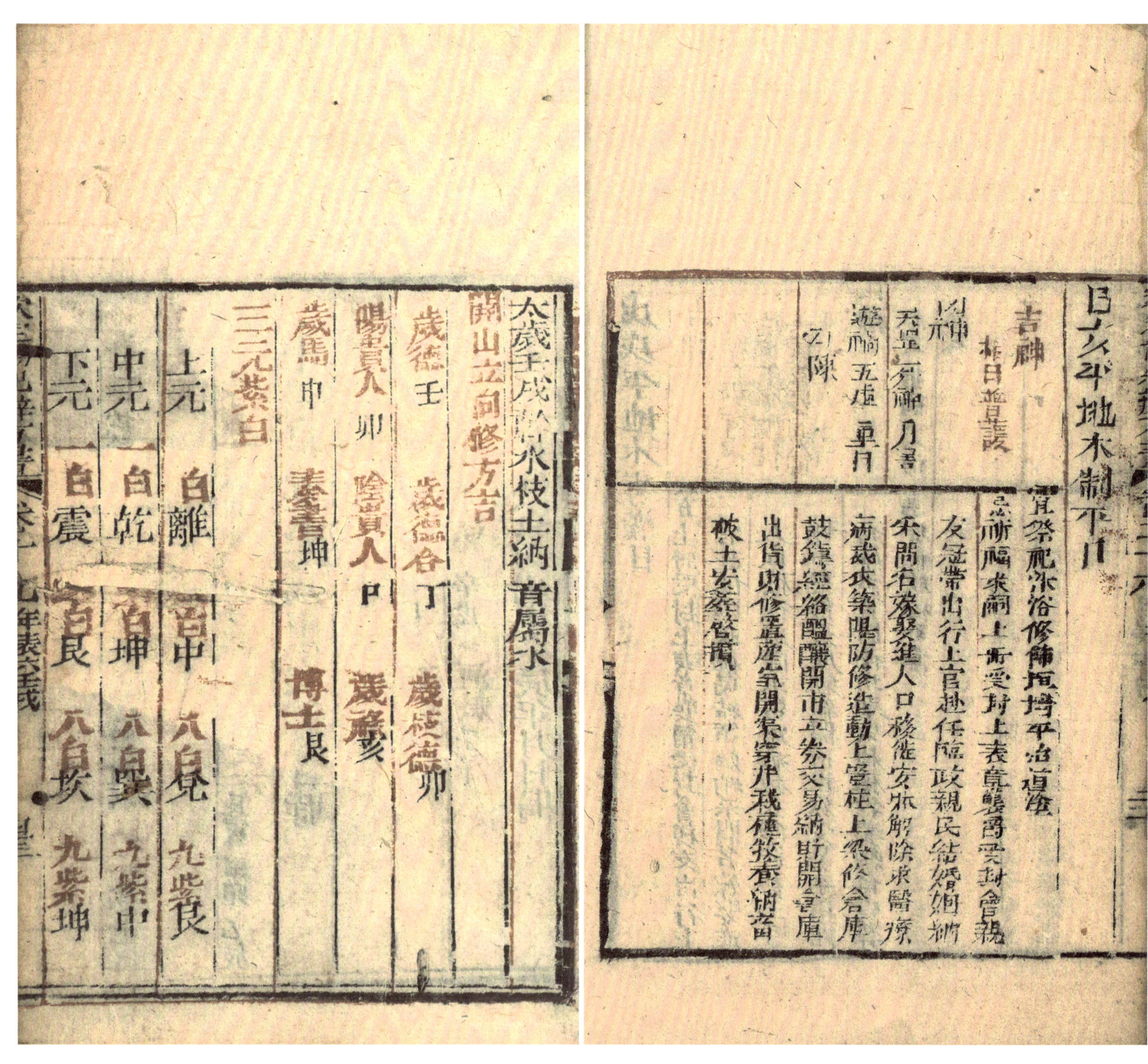

欽定協紀辨方書三十六卷　（清）胤禄　梅瑴成　何國棟編撰　清乾隆四年（1739）朱墨套印本

匡高12厘米，廣9.8厘米。半葉九行，每行二十字，小字雙行同，白口，四周單邊。重慶市涪陵區圖書館藏。存十三卷（卷十一至十三、卷十六至十九、卷二十三至二十八）。存五册。

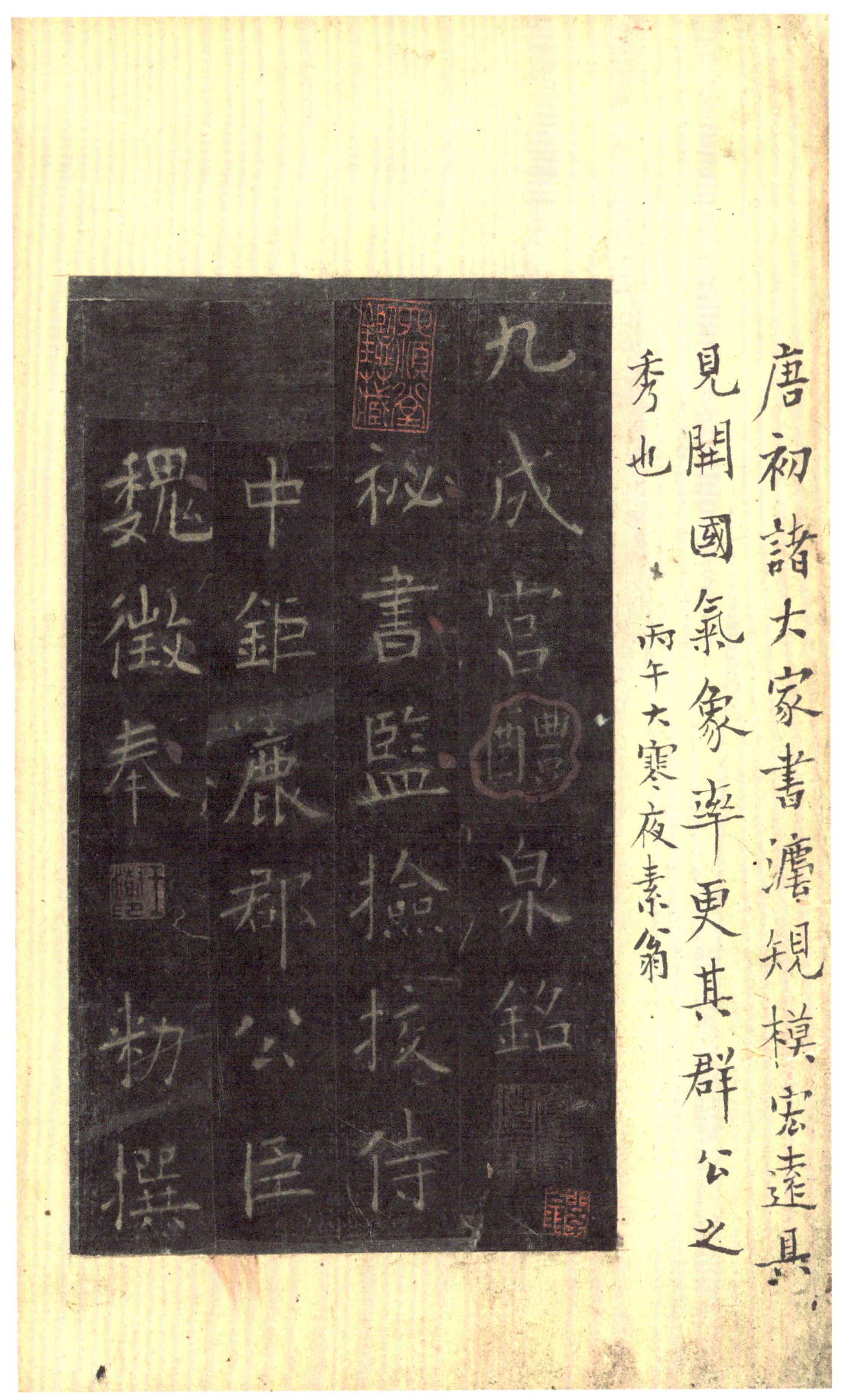

九成宮醴泉銘　（唐）魏徵撰　（唐）歐陽詢書　唐貞觀六年（632）刻石宋拓本

經摺裝。楷書。墨本高25.2厘米，廣14.4厘米。有“王澍印”“素翁”“三分人事七分天”“四順堂鑑藏”“三松過眼”“慶士”“鴛鴦湖長”“光風霽月”等印。重慶市涪陵區圖書館藏。一册。

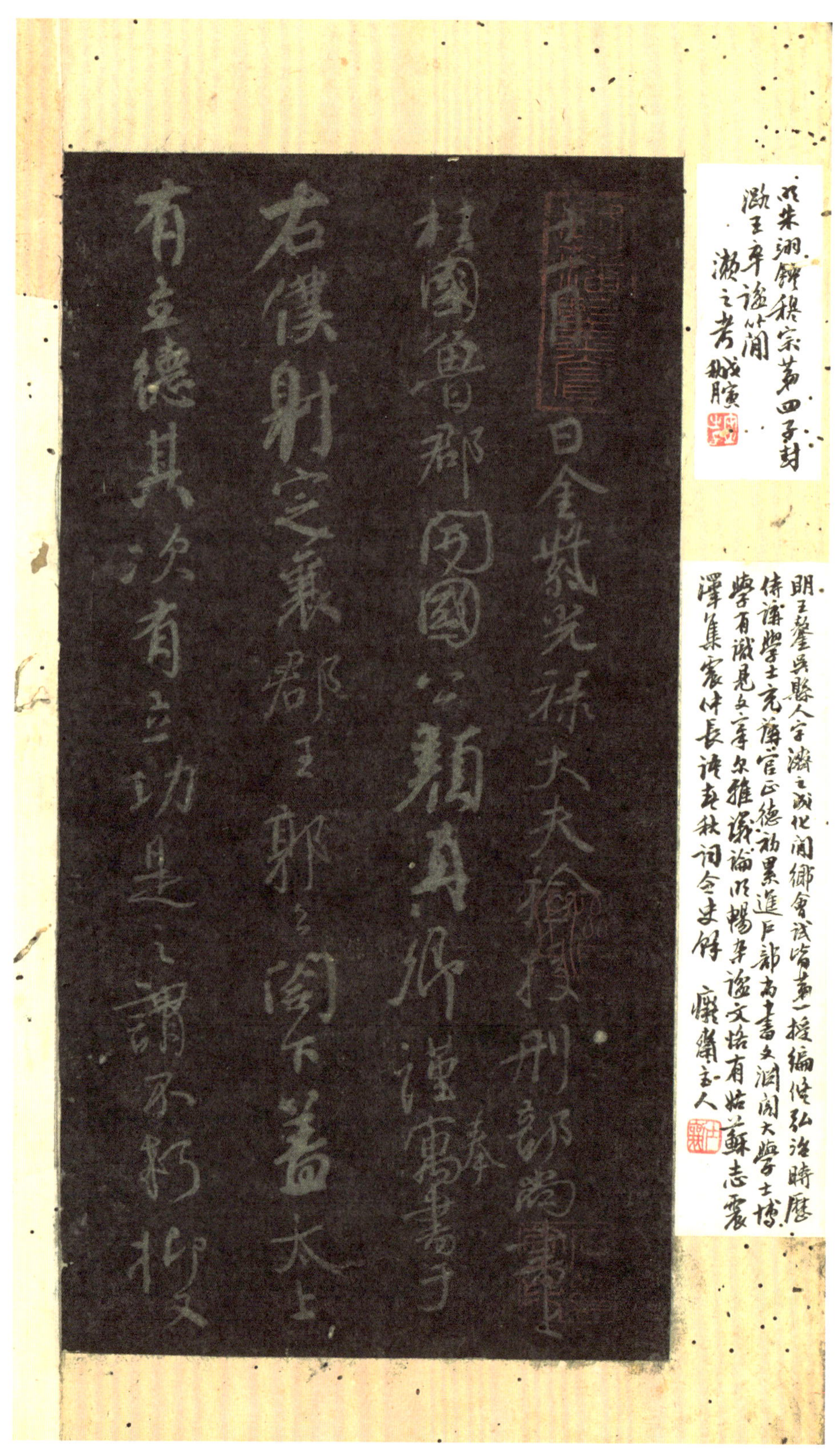

顔魯公書争座位稿　（唐）顔真卿廣德二年（764）撰并書　宋拓本

經摺裝。楷書。又名《論座帖》《争座位稿》《與郭僕射書》。墨本高30.8厘米，廣16.4厘米。有"潞藩鑒賞"等印。重慶市涪陵區圖書館藏。一册。

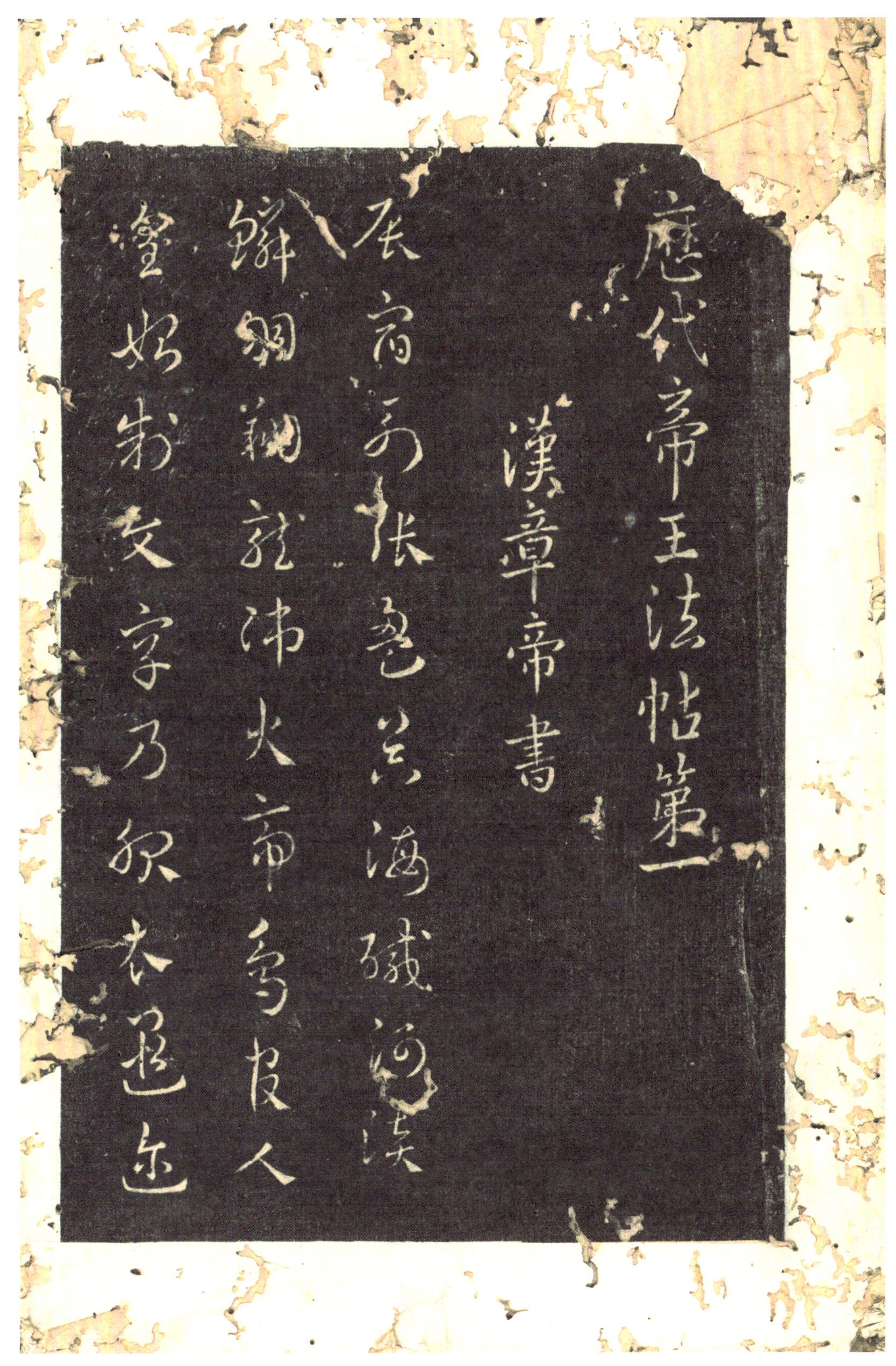

淳化閣帖　（宋）王著摹　宋淳化三年（992）刻石清拓本

墨本高24.8厘米，廣16.9厘米。重慶市涪陵區圖書館藏。十册。

鄧石如書法碑帖　（清）鄧石如書　清末硃拓本

墨本高24.4厘米，廣15.8厘米。重慶市涪陵區圖書館藏。存四十八面。存一册。

乾象典第一卷

天地總部彙考一

易經 繫辭上傳

天一地二天三地四天五地六天七地八天九地十 本義此言天地之數陽奇陰偶卽所謂河圖者也

天數五地數五五位相得而各有合天數二十有五地數三十凡天地之數五十有五此所以成變化而行鬼神也 本義天數五者一三五七九皆奇也地數五者二四六八十皆偶也相得謂一與二三與四五與六七與八九與十各以奇偶爲類而自相得有合謂一與六二與七三與八四與九五與十皆兩相合二十有五者五奇之積也三十者五偶之積也

禮記

曲禮

曆象彙編乾象典第一卷天地總部彙考一之一

欽定古今圖書集成一萬卷目錄三十二卷 （清）陳夢雷等編 清光緒三十年（1904）上海圖書集成印書局鉛印本

匡高15厘米，廣11.1厘米。半葉十二行，每行三十八字，白口，四周單邊。

重慶市涪陵區圖書館藏。存九千〇五十九卷。存一千五百五十五册。

佛說無量壽經義疏卷一 原疏離經別行 今將經疏合刻

曹魏天竺三藏康僧鎧譯經

隋京師淨影寺沙門慧遠撰疏

△聖教不同略要唯二。一聲聞藏。二菩薩藏。教聲聞法名聲聞藏。教菩薩法名菩薩藏。聲聞藏中所教有二。一聲聞聲聞。二緣覺聲聞。聲聞聲聞者是人先來求聲聞道。常樂觀察四眞諦法。成聲聞性。於最後身值佛爲說四眞諦法。而得悟道。本聲聞性。今復聞聲而得悟道。是故名爲聲聞聲聞。經言爲求聲聞者說四諦法。此之謂也。緣覺聲聞者是人

無量壽經義疏卷一　一

佛說無量壽經義疏六卷　（三國魏）釋康僧鎧譯經　（隋）釋慧遠撰疏　（清）楊文會編纂　清光緒二十年（1894）金陵刻經處刻《釋氏十三經注疏》本

匡高17.5厘米，廣13厘米。半葉十行，每行二十字，小字雙行同，白口，左右雙邊。重慶市涪陵區圖書館藏。二册。

維摩詰所說經卷上亦名不可思議解脫經

姚秦三藏法師鳩摩羅什奉　詔譯

佛國品第一

如是我聞。一時佛在毗耶離菴羅樹園。與大比丘衆八千人俱。菩薩三萬二千。衆所知識。大智本行皆悉成就。諸佛威神之所建立。爲護法城受持正法。能師子吼。名聞十方。衆人不請友而安之。紹隆三寶能使不絕。降伏魔怨制諸外道。悉已清淨。永離蓋纏。心常安住無礙解脫。念定總持。辯才不斷。布施持戒忍辱精進禪定智慧及方便力無不具足。逮無所得。不起

維摩詰所說經卷上　一

維摩詰所說經三卷　（後秦）釋鳩摩羅什譯　清同治九年（1870）金陵刻經處刻本

匡高17厘米，廣13厘米。半葉十行，每行二十字，小字雙行同，白口，左右雙邊。重慶市涪陵區圖書館藏。一册。

佛說梵網經菩薩心地品合註卷第一

姚秦三藏法師鳩摩羅什譯

明菩薩沙彌古吳智旭註

菩薩比丘溫陵道昉訂

㊙入文爲三。從品初至光爲何等相。有九行經爲放光發起分。從爾時釋迦擎接大衆。至下卷心心頂戴歡喜受持爲正示法門分。從爾時釋迦牟尼佛說上蓮華臺藏至卷終。有八行經十四行偈爲流通益世分。雖是六十二品中之一品序及流通。自在全經。而就玆一品。三分宛然。

梵網合註卷一　一

佛說梵網經菩薩心地品合註七卷附玄義一卷　（後秦）釋鳩摩羅什譯　（明）釋智旭注　（清）楊文會編纂　清同治十三年（1874）金陵刻經處刻《釋氏十三經注疏》本

匡高16.8厘米，廣13厘米。半葉十行，每行二十字，白口，左右雙邊。重慶市涪陵區圖書館藏。四册。

佛說梵網經卷上
姚秦三藏法師鳩摩羅什譯
菩薩心地品之上
爾時釋迦牟尼佛在第四禪地中摩醯首羅天王宮。與無量大梵天王不可說不可說菩薩眾。說蓮華臺藏世界盧舍那佛所說心地法門品。是時釋迦身放慧光。所照從此天王宮。乃至蓮華臺藏世界。其中一切世界。一切眾生各各相視。歡喜快樂。而未能知此光。光何因何緣。皆生疑念。無量天人。亦生疑念。爾時眾中玄通華光王菩薩從大莊嚴華光明三昧起。以

佛說梵網經二卷　（後秦）釋鳩摩羅什譯　清光緒十年（1884）金陵刻經處刻本

匡高17厘米，廣13厘米。半葉十行，每行二十字，小字雙行同，白口，左右雙邊。重慶市涪陵區圖書館藏。一册。

佛說阿彌陀經要解

姚秦三藏法師鳩摩羅什譯

西有沙門智旭解

原夫諸佛憫念羣迷。隨機施化。雖歸元無二。而方便多門。然於一切方便中。求其至直捷〔即心是佛〕至圓頓〔即佛是心〕者。莫若念佛求生淨土。又於一切念佛法門中。求其至簡易〔不簡機務〕至穩當〔不假方便〕者。莫若信願專持名號。是故淨土三經並行。古人獨以彌陀經爲日課。豈非持名一法。普被三根。攝事理無遺。統宗教無外。尤不可思

佛說阿彌陀經要解不分卷　（後秦）釋鳩摩羅什譯　（明）釋智旭解　（清）楊文會編纂　清光緒十一年（1885）金陵刻經處刻《釋氏四書》本

匡高17厘米，廣13.2厘米。半葉九行，每行二十字，小字雙行同，白口，左右雙邊。有“涪陵佛學社藏”印。重慶市涪陵區圖書館藏。一册。

維摩詰所說經註卷第一

姚秦三藏法師鳩摩羅什譯

長安沙門僧肇註

什曰。維摩詰。秦言淨名。即五百童子之一也。從妙喜
國來遊此境。所應既周。將還本土。欲顯其淳德以澤
羣生。顯跡悟時。要必有由。故命同志詣佛而獨不行。
獨不行。則知其有疾也。何以知之。同志五百共遵大
道。至於進德修善。動靜必俱。今淨國之會。業之大者
而不同舉。明其有疾。有疾故有問疾之會。問疾之會
由淨國之集。淨國之集由淨名方便。然則此經始終
所由。良有在也。若自說而觀。則衆聖齊功。自本而尋
則功由淨名。源其所由。故曰維摩詰所說也。肇曰。經
者常也。古今雖殊。覺道不改。羣邪不能沮。衆聖不能

維摩詰所說經註八卷　（後秦）釋鳩摩羅什譯　（晋）釋僧肇注　（清）楊文會編纂　清光緒十三年（1887）金陵刻經處刻《釋氏十三經注疏》本

匡高17.2厘米，廣13厘米。半葉八行，每行二十字，小字雙行同，白口，左右雙邊。重慶市涪陵區圖書館藏。二册。

無量壽經優婆提舍願生偈註卷上

婆藪槃頭菩薩造

魏西河石壁谷玄中寺沙門曇鸞註解

謹案龍樹菩薩十住毗婆沙云。菩薩求阿毗跋致。有二種道。一者難行道。二者易行道。難行道者。謂於五濁之世。於無佛時。求阿毗跋致爲難。此難乃有多途。麤言五三。以示義意。一者外道相（修醬反）善。亂菩薩法。二者聲聞自利。障大慈悲。三者無顧惡人。破他勝德。四者顛倒善果。能壞梵行。五者唯是自力。無他力持。如斯等事。觸目皆是。譬如陸路。步行則苦。易行道者。

生論註卷上　一

無量壽經優婆提舍願生偈註二卷附略論淨土義贊阿彌陀佛偈　（北魏）釋菩提流支譯　（北魏）釋曇鸞注　清光緒十九年（1893）金陵刻經處刻本

匡高17.6厘米，廣13厘米。半葉十行，每行二十字，小字雙行同，白口，左右雙邊。重慶市涪陵區圖書館藏。一册。

菩薩戒本經箋要

慈氏菩薩說　北涼天竺三藏曇無讖第二譯

北天目蕅益沙門智旭箋

○大文爲三。初歸敬述意。二正列戒相。三結示宗趣。初及第三。皆結集家所安。二正列戒相。出瑜伽師地論菩薩地戒品中。讖師於地持論已先譯竟。今更譯出別行。故稱第二譯也。

○初中四。初歸憑。二誡聽。三喻讚。四勸持。

○初歸憑

歸命盧舍那。十方金剛佛。亦禮前論主。當覺慈氏尊。

菩薩戒本經箋要不分卷　（北涼）釋曇無讖譯　（明）釋智旭箋　（清）楊文會編纂　清光緒六年（1880）金陵刻經處刻《釋氏四書》本

匡高17厘米，廣13厘米。半葉十行，每行二十字，小字雙行同，白口，左右雙邊。有“涪陵佛學社藏”印。重慶市涪陵區圖書館藏。一册。

觀楞伽阿跋多羅寶經記卷第一

宋天竺三藏沙門求那跋陀羅譯

明建鄴海印沙門　釋德清筆記

記曰舊註楞伽山名此云不可往又云城名以山頂有夜叉王城故山居南海濱阿跋多羅此云無上寶貴重義以通喻此經是不可往無上寶經非也受公謂自覺聖智之境非邪智可造故云不可往隨色摩尼之珠非世寶可比故云無上謂不可往處有此無上寶也此亦未盡然華嚴論云世尊於南海摩羅耶山之頂楞伽城中說法其山高五百由旬下瞰大海無路可上其城乃衆寶所成光映日月無門可入得神通者堪能升往表心地法門無修無證方能升也此說固爾愚居五臺時曾

觀楞伽記卷一　一

觀楞伽阿跋多羅寶經記十八卷首一卷補遺一卷　（南朝宋）求那跋陀羅譯　（明）釋德清撰　（清）楊文會編纂　清光緒三十一年（1905）金陵刻經處刻《釋氏十三經注疏》本

匡高17.2厘米，廣13厘米。半葉八行，每行二十字，小字雙行同，白口，左右雙邊。重慶市涪陵區圖書館藏。六册。

釋迦譜卷第一

蕭齊　釋僧祐　譔

釋迦始祖劫初刹利相承姓緣譜第一（出長阿含經）

劫初天地欲成大水彌滿風吹結構以成世界此世欲成光音天福行命盡來生爲人皆悉化生歡喜爲食身光自在神足飛行無有男女尊卑衆共生故名曰衆生有自然地味猶如醍醐色如生酥味甜如蜜其後衆生以手試嘗遂生味著漸成摶食光明轉滅無復神通食地味多者顏色麤悴其食少者顏色光澤因有勝負便相是非地味消歇咸皆懊惱咄哉爲

王（律云瞻鞞十四王樓炭數同）七者拘羅婆（律同云七名拘羅婆樓炭云七者拘獵也）拘羅婆王有三十一轉輪聖王（律云拘羅婆三十一王樓炭數同）八名般闍羅（律同云八名般闍羅樓炭云八者般闍）般闍羅王有三十二轉輪聖王（律云般闍羅三十二王樓炭云有三十）九名彌私羅（律云九名彌悉梨樓炭云九者彌尸梨）彌私羅王有八萬四千轉輪聖王（律云彌悉梨次第八萬四千王樓炭數同）十名懿摩（律云十名懿師摩樓炭云十者一摩彌）懿摩王有百轉輪聖王（律云懿師摩次第百王樓炭云有百一王）最後有王名大善生（律云從懿師摩後有王名大善生樓炭云然後有王名大善生）從懿摩王有子名烏婆羅（律云大善生王有子名懿師摩樓炭云人呼爲伊摩）烏婆羅有子名涙婆羅（律云懿師摩王有子名憂羅陀樓炭云伊摩王有子字烏獵也）涙婆羅有

釋迦譜十卷　（南朝齊）釋僧祐撰　清光緒三十四年（1908）武昌刻本

匡高17厘米，廣12.7厘米。半葉十行，每行二十字，小字雙行同，黑口，左右雙邊。有“涪陵佛學社臧”印。重慶市涪陵區圖書館藏。四册。

大乘起信論纂註卷上

馬鳴菩薩造　梁西印土眞諦三藏譯

明槜李沙門眞界纂註

先明論註題目。次釋作者譯人名德也。言大乘者。大謂所乘之法。乘謂能乘之人。法具一心三大。人通因人果人。蓋以諸佛菩薩。始則乘此大法信解自心而修大行。終則乘此大法登涅槃岸到菩提鄉。故知所乘即是能運。能乘即是所運。如是則大能運載一切至於究竟。無有餘乘。唯一佛乘。故云大乘。故下文云。一切諸佛本所乘故。一切菩薩皆

起信論纂註卷上　一

大乘起信論纂註二卷　（南朝梁）釋真諦譯　（明）釋真界纂注　（清）楊文會編纂　清光緒十一年（1885）金陵刻經處刻《釋氏四書》本

匡高17厘米，廣13厘米。半葉十行，每行二十字，白口，左右雙邊。有“涪陵佛學社藏”印。重慶市涪陵區圖書館藏。一册。

修習止觀坐禪法要卷上 一曰童蒙止觀 亦名小止觀

隋天台山脩禪寺沙門智顗述

諸惡莫作 眾善奉行 自淨其意 是諸佛教

若夫泥洹之法入乃多途論其急要不出止觀二法所以然者止乃伏結之初門觀是斷惑之正要止則愛養心識之善資觀則策發神解之妙術止是禪定之勝因觀是智慧之由藉若人成就定慧二法斯乃自利利人法皆具足故法華經云佛自住大乘如其所得法定慧力莊嚴以此度眾生當知此之二法如車之雙輪鳥之兩翼若偏修習卽墮邪倒故經云若

修習止觀坐禪法要二卷六妙法門一卷　（隋）釋智顗述　清光緒十八年（1892）金陵刻經處刻本

匡高17.6厘米，廣13厘米。半葉十行，每行二十字，小字雙行同，白口，左右雙邊。重慶市涪陵區圖書館藏。一册。

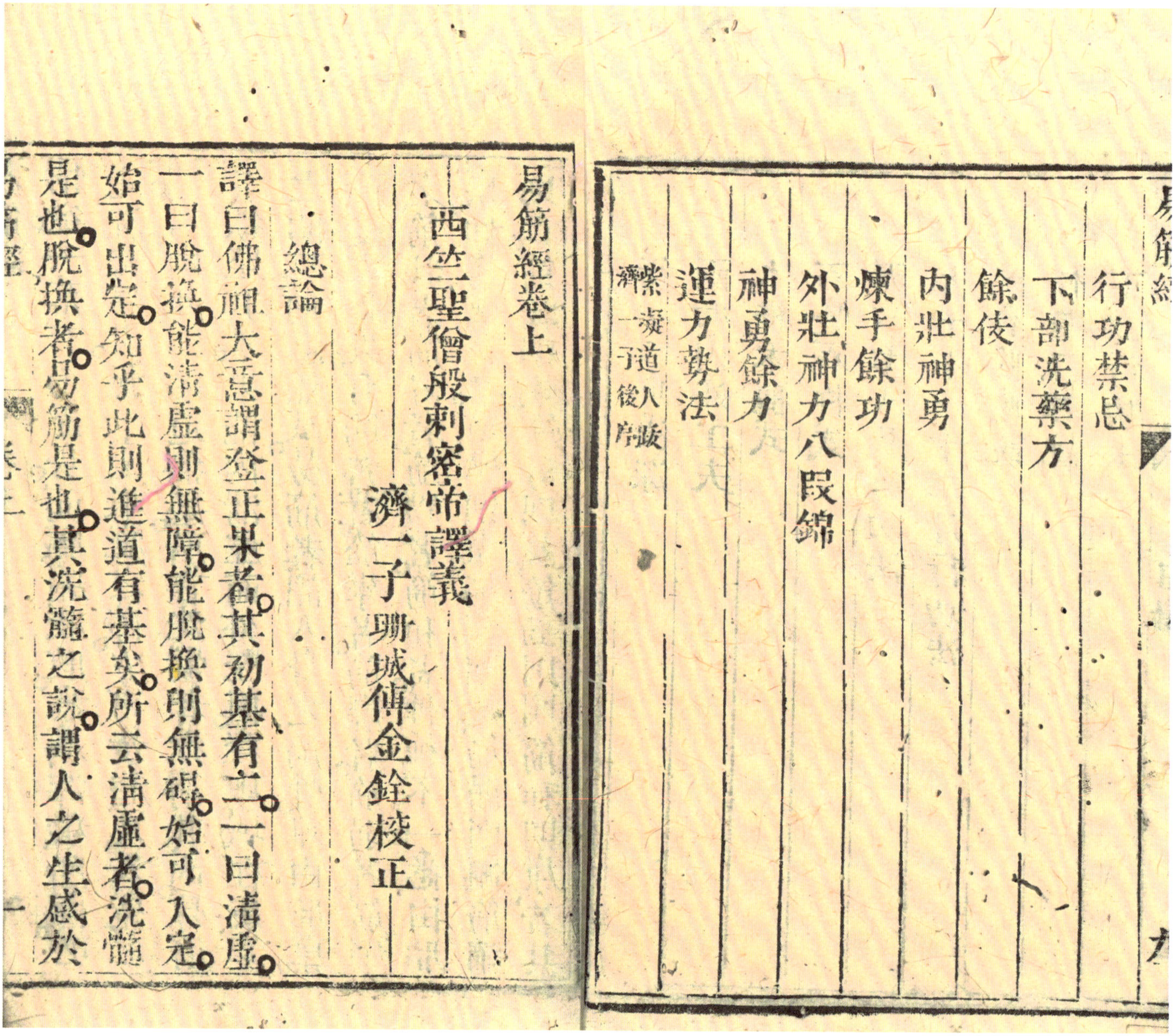
易筋經
行功禁忌
下部洗藥方
餘伎
内壯神勇
煉手餘功
外壯神力八段錦
神勇餘力
運力勢法
紫凝道人跋
濟一子後序

易筋經卷上
西竺聖僧般剌密帝譯義
濟一子瑚城傅金銓校正
總論
譯曰佛祖大意謂登正果者其初基有二一曰清虛一曰脫換能清虛則無障能脫換則無礙始可入定始可出定知乎此則進道有基矣所云清虛者洗髓是也脫換者易筋是也其洗髓之說謂人之生感於
易筋經 卷上 一

易筋經二卷　（唐）釋般剌密帝譯義　（清）傅金銓校正　清道光三年（1823）市隱齋刻本

匡高19厘米，廣13.3厘米。半葉九行，每行二十字，白口，四周雙邊。重慶市涪陵區圖書館藏。一册。

大佛頂如來密因修證了義諸菩薩萬行首楞嚴經
纂註卷第一

唐天竺沙門般剌密諦譯

唐烏萇國沙門彌伽釋迦譯語

唐菩薩戒弟子前正議大夫同中書門下平
章事清河房融筆受

明檇李沙門眞界纂註

如來果體。其體本然。何假密因。菩薩道用。其用無作。孰爲萬行。無因無行。無修無證。無了不了。大小名相一切不立。此眞首楞嚴究竟堅固者也。特以

首楞嚴經纂註卷一　一

大佛頂如來密因修證了義諸菩薩萬行首楞嚴經纂註十卷首一卷

（唐）釋般剌密帝譯　（明）釋真界纂注　（清）楊文會編纂　清光緒三十四年（1908）金陵刻經處刻《釋氏十三經注疏》本

匡高18厘米，廣13厘米。半葉十行，每行二十字，白口，左右雙邊。重慶市涪陵區圖書館藏。五册。

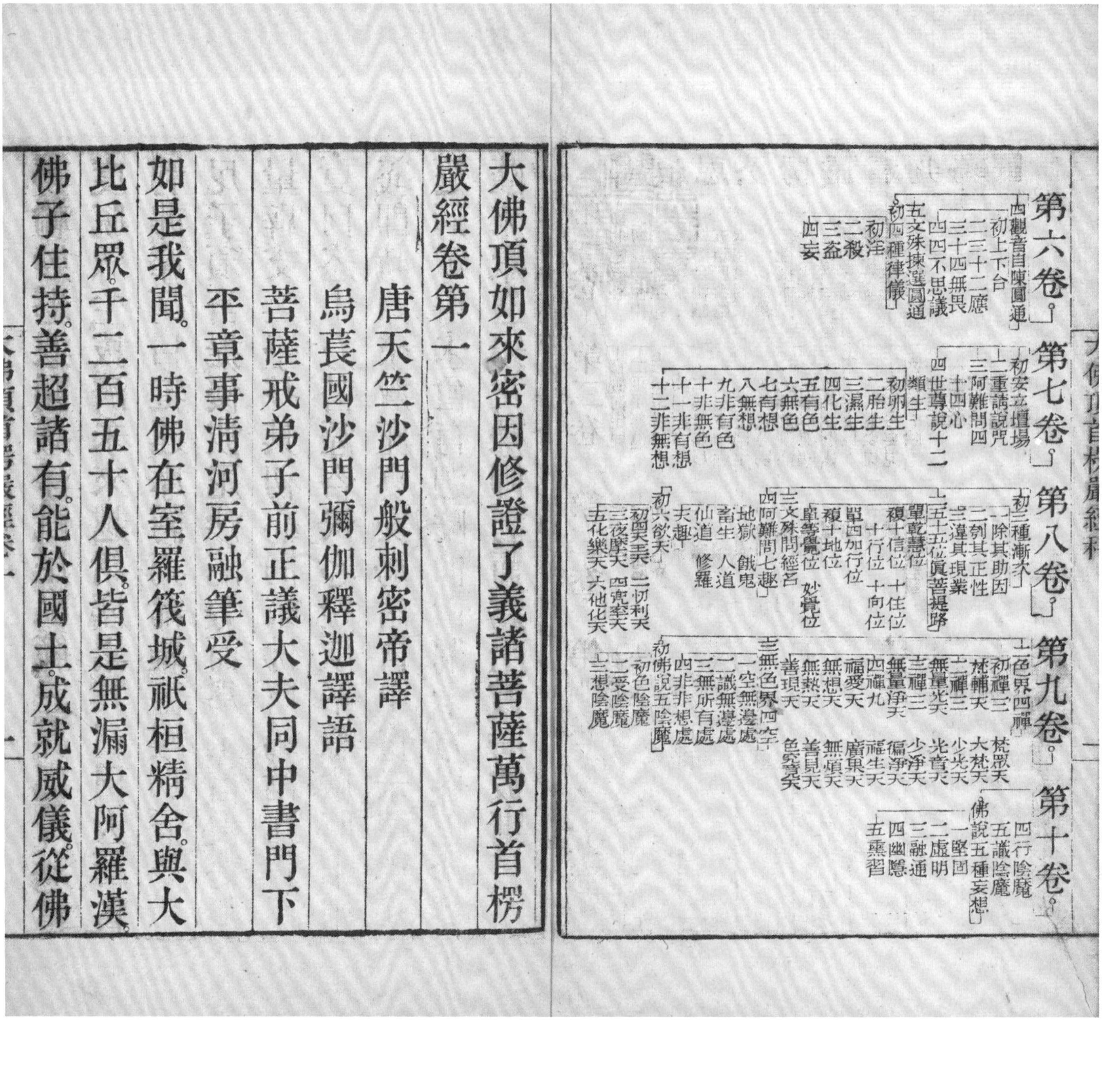

大佛頂如來密因修證了義諸菩薩萬行首楞嚴經十卷 （唐）釋般剌密帝譯　清末金陵刻經處刻本

匡高18.5厘米，廣13.2厘米。半葉九行，每行十八字，小字雙行同，白口，左右雙邊。重慶市涪陵區圖書館藏。二册。

般若波羅蜜多心經註解
唐三藏法師玄奘奉　詔譯
明天界善世禪寺住持臣僧宗泐
演福講寺住持臣僧如玘奉　詔同註
按施護譯本。世尊在靈鷲山中。入甚深光明。宣說正法三摩提。舍利子白觀自在菩薩言。若有人欲修學甚深般若法門者。當云何修學。而觀自在遂說此經。此經卽世尊所說大部般若之精要。故知菩薩之說。卽是佛說。傳至中華凡五譯。今從玄奘所譯者。以中國盛行故也。般若者梵語也。華言智

般若波羅蜜多心經註解金剛般若波羅蜜經註解　（唐）釋玄奘譯　（明）釋宗泐　釋如玘注　（清）楊文會編纂　清光緒二年（1876）長沙刻經處刻《釋氏十三經注疏》本

匡高17.2厘米，廣13厘米。半葉十行，每行二十字，白口，左右雙邊。重慶市涪陵區圖書館藏。一册。

大乘百法明門論本地分中略錄名數贅言

天親菩薩造

唐三藏法師玄奘奉詔譯

慈恩寺三藏法師窺基解

明蜀輔慈沙門明昱贅言

○大者揀小爲義。乘者運載得名。名義百數也。法謂世出世之法。故心法八。心所五十有一。色乃十一。不相應二十有四。無爲法六。故爲大乘百法也。明乃菩薩無漏之慧。以能破暗。故門以開通無壅滯爲言。論乃揀擇性相。敎誡學徒之稱。本地分中者。乃瑜伽論

相宗八要一　百法贅言　一

相宗八要解八卷　（唐）釋玄奘譯　（唐）釋窺基解　（明）釋明昱集解　清光緒二十八年（1902）金陵刻經處刻本

匡高17.6厘米，廣13厘米。半葉十行，每行二十字，小字雙行同，白口，左右雙邊。有"涪陵佛學社藏"印。重慶市涪陵區圖書館藏。三册。

阿毗達磨俱舍論卷第一

尊者世親造

唐三藏法師玄奘奉　詔譯

分別界品第一之一

諸一切種諸冥滅　拔衆生出生死泥
敬禮如是如理師　對法藏論我當說

論曰今欲造論爲顯自師其體尊高超諸聖衆故先讚德方申敬禮諸言所表謂佛世尊此能破闇故稱冥滅言一切種諸冥滅者謂滅諸境一切品冥以諸無知能覆實義及障眞見故說爲冥唯佛世尊得永

阿毗達磨俱舍論卷一

阿毗達磨俱舍論三十卷　（唐）釋玄奘譯　清宣統三年（1911）湖北陶周楹刻本

匡高17.5厘米，廣12.9厘米。半葉十行，每行二十字，白口，左右雙邊。有“涪陵佛學社藏”印。重慶市涪陵區圖書館藏。六册。

佛說觀無量壽佛經疏卷第一

唐沙門善導集記

玄義分

先勸大衆發願歸三寶

道俗時衆等　各發無上心　生死甚難厭

佛法復難欣　共發金剛志　横超斷四流

願入彌陀界　歸依合掌禮　世尊我一心

歸命盡十方　法性眞如海　報化等諸佛

一一菩薩身　眷屬等無量　莊嚴及變化

十地三賢海　時劫滿未滿　智行圓未圓

觀經四帖疏卷一　一

佛說觀無量壽佛經疏四卷　（唐）釋善導集記　（清）楊文會編纂　清光緒二十年（1894）金陵刻經處刻《釋氏十三經注疏》本

匡高17.8厘米，廣13厘米。半葉十行，每行二十字，小字雙行同，白口，左右雙邊。重慶市涪陵區圖書館藏。二册。

成唯識論述記卷第一 論文卷一之一

唐京兆大慈恩寺沙門窺基撰

竊以六位精微資象翼而筌理二篇玄妙藉蒙列以探機況乎非有非空息詮辨於言蹄之外不生不滅絕名相於常寂之津至覺逈照其宗將聖獨甄其宰無言之言風驚韜邃彩而月玄非有之有波騰湛幽章而海濬匪屬具體鄰智演賾鉤深則空性了義幾乎息矣唯識三十頌者十支中之一支天親菩薩之所製也白虹飛祲素豪銷景綫華奧旨外鳳訛風貝葉靈篇乖魚謬日顧惟法寶斯

成唯識論述記二十卷首一卷題一卷 （唐）釋窺基撰　清光緒二十七年（1901）金陵刻經處刻本

匡高17.7厘米，廣13厘米。半葉十行，每行二十字，白口，左右雙邊。有“涪陵佛學社臧”印。重慶市涪陵區圖書館藏。二十冊。

壇經

東土禪宗六祖慧能大師說　門人法海錄

自序品第一

時大師至寶林。韶州韋刺史名璩與官僚入山請師出。於城中大梵寺講堂。爲衆開緣說法。師升座次。刺史官僚三十餘人。儒宗學士三十餘人。僧尼道俗一千餘人。同時作禮。願聞法要。大師告衆曰。善知識。菩提自性。本來清淨。但用此心。直了成佛。善知識。且聽慧能行由得法事意。慧能嚴父本貫范陽。左降流於嶺南。作新州百姓。出身不幸。父又早亡。老母孤遺。住居

壇經一卷附六祖大師事畧一卷　（唐）釋慧能述　（唐）釋法海集録　（清）楊文會編纂　清同治十一年（1872）如皋刻經處刻《釋氏四書》本

匡高17厘米，廣13厘米。半葉十行，每行二十字，小字雙行同，白口，左右雙邊。有“涪陵佛學社臧”印。重慶市涪陵區圖書館藏。一册。

筠州黃蘗山斷際禪師傳心法要

唐河東裴休集幷序

有大禪師法諱希運住洪州高安縣黃蘗山鷲峯下乃曹溪六祖之嫡孫西堂百丈之法姪獨佩最上乘離文字之印唯傳一心更無別法心體亦空萬緣俱寂如大日輪昇虚空中光明照耀淨無纖埃證之者無新舊無淺深説之者不立義解不立宗主不開戸牖直下便是運念即乖然後爲本佛故其言簡其理直其道峻其行孤四方學徒望山而趨覩相而悟往來海衆常千餘人予會昌二年廉于鍾陵自山迎至

傳心法要卷上　一

筠州黃蘗山斷際禪師傳心法要二卷黃蘗斷際禪師宛陵錄一卷

（唐）裴休集　清光緒十年（1884）金陵刻經處刻本

匡高17.4厘米，廣13厘米。半葉十行，每行二十字，白口，左右雙邊。有“涪陵佛學社藏”印。重慶市涪陵區圖書館藏。一册。

存此心者豈淺淺耶此之功勳不墜行願彌堅蓋可
見矣所幾法流不泯派永接於曹谿燈焰長存光愈
明於少室者也 旹歲在癸丑春孟十日阿育王山
沙門釋崇裕書於無異堂

頓悟入道要門論卷上
唐沙門慧海撰
稽首和南十方諸佛諸大菩薩衆弟子今作此論恐
不會聖心願賜懺悔若會聖理盡將迴施一切有情
願於來世盡得成佛
問欲修何法即得解脫答唯有頓悟一門即得解脫
云何爲頓悟答頓者頓除妄念悟者悟無所得問從
何而修答從根本修云何從根本修答心爲根本云
何知心爲根本答楞伽經云心生即種種法生心滅
即種種法滅維摩經云欲得淨土當淨其心隨其心

頓悟入道要門論一卷諸方門人參問語錄一卷附方聚成禪師語錄禪淨合要　（唐）釋慧海撰　清宣統二年（1910）常州天寧寺刻本

匡高17.5厘米，廣13厘米。半葉十行，每行二十字，小字雙行同，白口，左右雙邊。有“涪陵佛學社藏”印。重慶市涪陵區圖書館藏。一册。

龐居士語錄卷上

刺史于頔編

石頭和尚居士初叅問師不與萬法爲侶者是什麼人石頭以手掩居士口居士豁然大悟石頭一日問居士云子自見老僧已來日用事作麼生居士云若問某甲日用事直下無開口處石頭云知子恁麼方始問子居士遂呈頌具陳日用事有朱紫誰爲號青山絕點埃及運水般柴之句石頭然之曰子以緇耶素耶居士曰願從所慕遂不剃染

馬祖大師居士後之江南叅見馬祖問不與萬法爲侶

語錄　卷上　一

龐居士語錄三卷　（唐）龐蘊撰　（唐）于頔編　清咸豐元年（1851）姑蘇刻本

匡高18.2厘米，廣13.5厘米。半葉十行，每行二十一字，小字單行同，白口，左右雙邊。重慶市涪陵區圖書館藏。一册。

護法論

宋丞相無盡居士張商英述

孔子曰朝聞道夕死可矣以仁義忠信爲道耶則孔子固有仁義忠信矣以長生久視爲道耶則曰夕死可矣是果求聞何道哉豈非大覺慈尊識心見性無上菩提之道也不然則列子何以謂孔子曰丘聞西方有大聖人不治而不亂不言而自信不化而自行蕩蕩乎民無能名焉列子學孔子者也而遽述此說信不誣矣孔子聖人也尚尊其道而今之學孔子者未讀百十卷之書先以排佛爲急務者何也豈獨孔

護法論不分卷 （宋）張商英述 清光緒二年（1876）常熟刻經處刻本

匡高17.2厘米，廣12.8厘米。半葉十行，每行二十字，白口，左右雙邊。重慶市涪陵區圖書館藏。一册。

雲棲大師山房雜錄卷一

序　原散刻各本。今彙集增入。

梵網經心地品菩薩戒義疏發隱序

聞夫心佛衆生。一而已矣。生本即佛。佛本即心。心自不生。戒將焉用。自迷心而起於惑海。浩爾難窮。乃因心而建以法門。茫乎無量。然而法必有紀。事斯可循。繇是無量而約以恆沙。恆沙而約以八萬。又約之則從萬而千。又約之則從百而十。又約之則六度張其大目。又約之則三學總其宏綱。而復融會乎三。摺束爲二。雙配故云定慧。單舉則號毗尼。斯蓋遡流及源

雲棲法彙　山房雜錄一　序　五

雲棲大師山房雜錄二卷目錄一卷　（明）釋袾宏撰　清光緒二十五年（1899）金陵刻經處刻本

匡高17.6厘米，廣13厘米。半葉十行，每行二十字，小字雙行同，白口，左右雙邊。重慶市涪陵區圖書館藏。二册。

起信論直解卷上　四

三一多相容不同門　四諸法相卽自在門
五祕密隱顯俱成門　六微細相容安立門
七因陀羅網境界門　八託事顯法生解門
九十世隔法異成門　十主伴圓融具德門
此十玄門義如法界觀及玄談中說

大乘起信論直解卷上

此論之題目乃一論之綱宗也言大乘起信者爲
欲發起大乘正信故言大乘者卽所信之法體所
言法者謂衆生心是心卽攝一切世間出世間法
具有體相用三大義故云大也乘者謂此一心有
運載義以諸佛乘此而證菩提涅槃菩薩乘此廣
修萬行下化衆生上求佛果衆生乘此而輪轉生
死以此一心是一切聖凡迷悟因果之總相故
下文云卽是一法界大總相法門體今者欲令衆
生諦信此心卽是大乘正解不謬意要發起大乘

起信論直解卷上　五

大乘起信論直解二卷　（明）釋德清撰　清光緒十六年（1890）金陵刻經處刻本

匡高17.4厘米，廣13厘米。半葉十行，每行二十字，小字雙行同，黑口，左右雙邊。有“涪陵佛學社藏”印。重慶市涪陵區圖書館藏。一册。

妙法蓮華經通義卷第一　經文卷一上

明南嶽沙門憨山釋德清述

敘意

昔天台智者大師，精持此經，得法華三昧，親見靈山一會儼然未散。乃通以三觀，解釋此經。全體以至百界千如，總歸觀心。其玄義釋籤，最爲精詳。但文博義幽，淺識難窺，槩以爲繁。而宗之者希。溫陵禪師創爲要解，文簡義盡，託事表法，雅有指歸。且宗華嚴之義，爲一始一終，極爲允當。以意在簡要，未盡發揮始終源本，故觀者未能洞達原始要終

法華通義卷一　序品　一

妙法蓮華經通義二十卷　（明）釋德清述　（清）楊文會編纂　清光緒三十四年（1908）金陵刻經處刻《釋氏十三經注疏》本

匡高17.6厘米，廣13厘米。半葉十行，每行二十字，白口，左右雙邊。重慶市涪陵區圖書館藏。五册。

佛說四十二章經解

明古吳蕅益釋智旭著

經題七字通別合舉人法雙彰經之一字是通名一切大小乘脩多羅藏同名經故佛說四十二章六字是別名異衆經故就別名中佛爲能說之人四十二章爲所說之法佛者梵語具云佛陀此翻覺者謂自覺覺他覺行圓滿自覺不同凡夫覺他不同二乘覺滿不同菩薩即是釋迦牟尼如來萬德慈尊娑婆世界之教主也說者悅所懷也佛以度生爲懷機緣未至默然待時機緣旣熟應病與

佛說四十二章經解佛遺教經解八大人覺經蕅益解不分卷 （明）釋智旭著 （清）楊文會編纂 清光緒十一年（1885）金陵刻經處刻《釋氏十三經注疏》本

匡高16.8厘米，廣13厘米。半葉十行，每行二十字，白口，左右雙邊。重慶市涪陵區圖書館藏。一册。

徹悟禪師語錄卷上

嗣法門人了亮等集

示衆

普說

一切法門以明心爲要一切行門以淨心爲要然則明心之要無如念佛憶佛念佛現前當來必定見佛不假方便自得心開如此念佛非明心之要乎復次淨心之要亦無如念佛一念相應一念佛念念相應念念佛淸珠下於濁水濁水不得不淸佛號投於亂心亂心不得不佛如此念佛非淨心之要乎一句佛號俱攝悟修兩門之要舉悟則信在其中舉修則證在其中信解修證俱攝大小諸乘一切諸經之要罄無不盡然則一句彌陀非至要之道乎

徹悟禪師語錄卷上　一

蕅益大師梵室偶談一卷　（明）釋智旭撰　**徹悟禪師語錄二卷**

（清）釋了亮等集　清同治十年（1871）金陵刻本

匡高17厘米，廣13厘米。半葉十二行，每行二十四字，小字雙行同，白口，左右雙邊。重慶市涪陵區圖書館藏。一冊。

靈峰蕅益大師選定淨土十要十卷　（明）釋智旭編　（清）釋成時評點

節要　清同治十一年（1872）浙江西湖慧空經房刻本

匡高21.5厘米，廣14.9厘米。半葉十行，每行二十一字，小字雙行同，白口，左右雙邊。重慶市涪陵區圖書館藏。四册。

大方廣圓覺脩多羅了義經近釋卷一

明三楞庵釋通潤述

體無不徧曰大。法無不備曰方。用無不具曰廣。故清涼云。大以曠兼無際。方以正法自持。用則稱體而周。具此三義。故名圓覺。脩多羅。此云契經。謂契理契機。故契經中有了義不了義。如來爲人天二乘說不了義教。以器小不能擔荷大法。故說唯佛一人獨得覺性。爲菩薩乘說了義教。以根大能擔荷大法。故說一切衆生皆得作佛。然對機說教雖各不同。而契理契機實無有二。此經直顯一切衆

圓覺近釋卷一　一

大方廣圓覺脩多羅了義經近釋六卷　（明）釋通潤述　清光緒十二年（1886）金陵刻經處刻《釋氏十三經注疏》本

匡高17厘米，廣13厘米。半葉十行，每行二十字，白口，左右雙邊。重慶市涪陵區圖書館藏。二册。

續原教論卷上

明翰林院待詔建安沈士榮著

原教論

論曰。人之爲類不同。故聖人立教不一。此教之迹所以異也。然爲善不同。同歸於治。窮其至妙。不出一心。此教之理所以同也。此心也。此理也。天下未嘗有異也。迹之雖異。若推而極之。必當致其同也。且聖人之生。豈擇中國之與他方哉。至於東夷西戎南蠻北狄。亦莫不有上智者出。出則各隨其品類。順其土俗。以行其教化。良由爲類之不同。故教迹不容於不異也。

續原教論二卷　（明）沈士榮著　清光緒元年（1875）金陵刻經處刻本

匡高16.6厘米，廣13厘米。半葉十行，每行二十字，小字雙行同，白口，左右雙邊。有“涪陵佛學社藏”印。重慶市涪陵區圖書館藏。一册。

西歸直指卷之一

玉峰　懷西居士周夢顏安士氏彙輯

婁東　勝蓮居士羅萬忠允枚氏梓勸

淨土綱要

世尊爲一大事因緣出現於世憐憫衆生輪迴六道頭出頭沒受苦無量故於十方佛土中指出西方極樂世界使人知所趨向而又授以至簡便法使但念彼佛卽便往生眞生死海中大慈航也吾輩宿福深厚幸遇此法不敢仰負如來厚恩故將大小本彌陀要旨節錄其槩使閱者一覽便知名

周氏　西歸直指卷一　淨土綱要　一

西歸直指四卷首一卷　（清）周夢顏彙輯　清光緒十二年（1886）金陵刻經處刻本

匡高17.2厘米，廣13厘米。半葉十行，每行二十字，小字雙行同，白口，左右雙邊。重慶市涪陵區圖書館藏。一册。

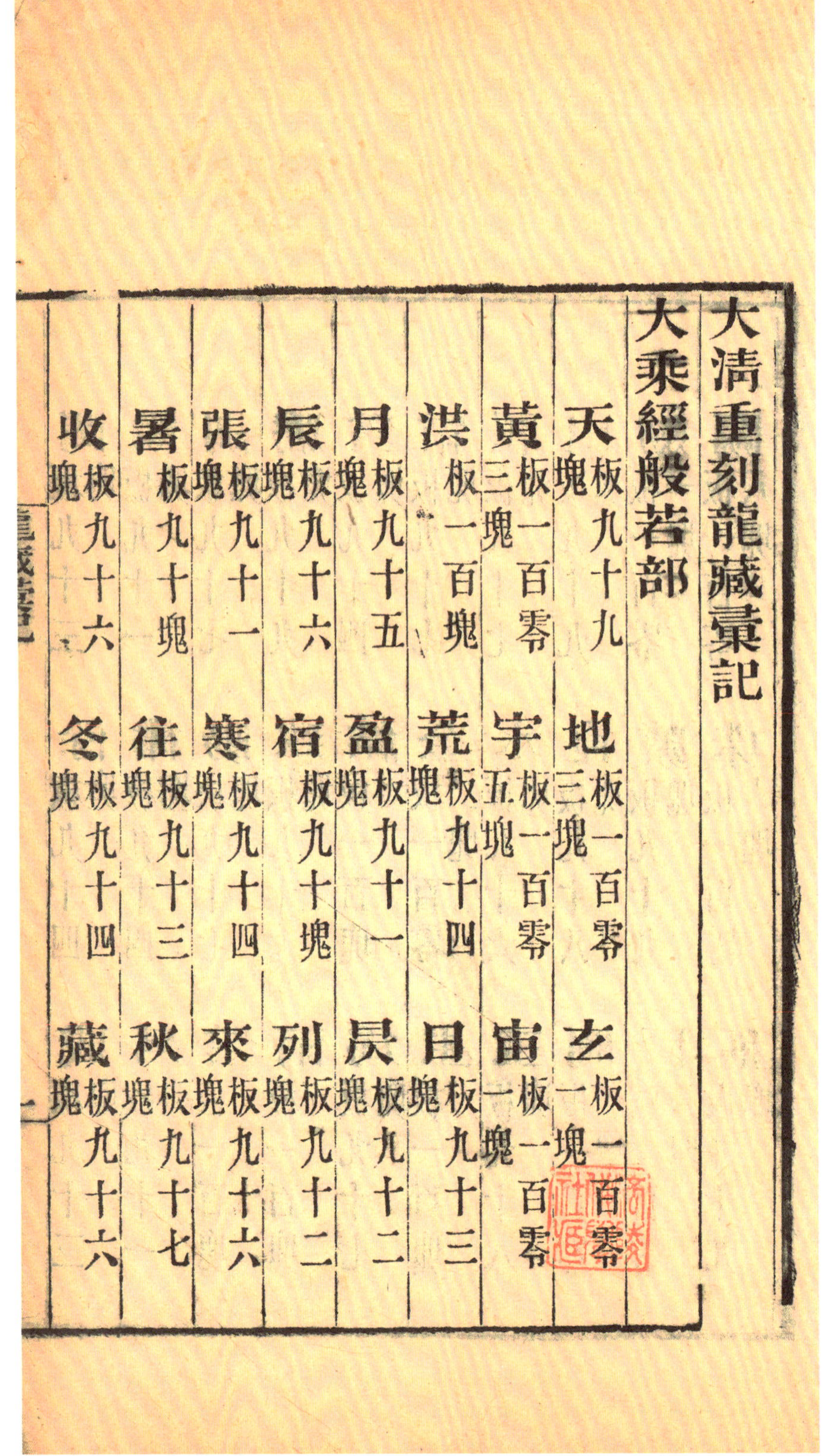

大清重刻龍藏彙記

大乘經般若部

天板九十九塊　地板一百零三塊　玄板一百零一塊

黃板一百零三塊　宇板一百零五塊　宙板一百零一塊

洪板一百塊　荒板九十四塊　日板九十三塊

月板九十五塊　盈板九十一塊　昃板九十二塊

辰板九十六塊　宿板九十塊　列板九十二塊

張板九十一塊　寒板九十四塊　來板九十六塊

暑板九十塊　往板九十三塊　秋板九十七塊

收板九十六塊　冬板九十四塊　藏板九十六塊

龍藏彙記　一

大清重刻龍藏彙記不分卷　（清）釋超盛等輯　清同治九年（1870）金陵刻經處刻本

匡高17厘米，廣13厘米。半葉十行，每行二十字，小字雙行同，白口，左右雙邊。有“涪陵佛學社藏”印。重慶市涪陵區圖書館藏。一册。

鈎牽後令入佛智者與然欲博覽周知原書具在此
則唯勸往生他不暇及

重訂西方公據卷上

知歸學人彭際清集

一起教大綱

經言從是西方過十萬億佛土有世界名曰極樂七
寶莊嚴無三惡道亦無女人衣食自然壽命無量其
佛號阿彌陀放大光明接引一切念佛衆生往生彼
國蓮華化生不由胎藏若人能一心歸命阿彌陀佛
每日合掌向西專稱佛號或數萬聲或一萬聲或千
百聲乃至臨終十念俱得往生見佛聞法永不退轉
其知書識字者每日誦小阿彌陀經一卷或三卷或

西方公據卷上　一

重訂西方公據二卷　（清）彭紹昇集　清光緒四年（1878）金陵刻經處刻本

匡高17.2厘米，廣13厘米。半葉十行，每行二十字，小字雙行同，白口，左右雙邊。有“涪陵佛學社藏”印。重慶市涪陵區圖書館藏。一冊。

淨土聖賢錄卷一

淨土教主第一

阿彌陀佛

阿彌陀佛。西方極樂世界之教主也。梵語阿彌陀此云無量。彼佛光明無量。壽命無量。故號阿彌陀。按無量壽經。過去久遠世。自在王佛世中。有一國王。聞佛說法。心懷悅豫。發無上正眞道意。棄國捐王。而作沙門。號曰法藏。詣世自在王佛所。求佛說法。時世自在王佛。爲廣說二百一十億諸佛剎土天人之善惡。國土之麤妙。應其心願。悉現與之。時彼比丘。聞佛所說

淨土聖賢錄卷一　一

淨土聖賢錄九卷　（清）彭希涑撰　**續編四卷**　（清）胡珽撰　**種蓮集一卷**　（清）陳本仁撰　清光緒元年（1875）錢塘許靈虛刻本

匡高16.4厘米，廣13厘米。半葉十行，每行二十字，小字雙行同，白口，左右雙邊。有“涪陵佛學社藏”印。重慶市涪陵區圖書館藏。存十一卷。存五冊。

本迴不相同。事略而法備。言簡而義周。人有勸予易
其名者。因名之爲佛教初學課本云。
光緒三十二年春二月石埭楊文會仁山氏識 時年七十

佛教初學課本

石埭楊文會仁山述

法界 無始終 無內外 強立名 爲法界
法界性 卽法身 因不覺 號無明
空色現 情器分 三世間 從此生
迷則凡 悟則聖 眞如體 須親證
釋迦佛生 證者誰 釋迦尊 大悲願 示誕生

佛教初學課本一卷　（清）楊文會撰　清光緒三十二年（1906）金陵刻經處刻本

匡高18.5厘米，廣13.1厘米。上下兩欄，下欄半葉七行，每行十二字，小字雙行同，黑口，左右雙邊。重慶市涪陵區圖書館藏。一册。

藥師瑠璃光如來本願功德經直解卷上

清天台芘蒭靈耀撰

○一總題

藥師瑠璃光如來本願功德經

首題乃一經之綱要，衆義之指歸。不可不深長思。不可不簡易示。此經佛示三名。一偏拔除業障。一屬證護流通。俱不能冠載初後，存而不論可也。獨藥師瑠璃光如來本願功德一題，則範圍衆義，彌綸一經。總別相符，於斯爲美。尋名識旨，五義瞭然。若欲直示，則以人法爲名。諸佛甚深行處爲體。願

藥師直解卷上　一　祇一

藥師瑠璃光如來本願功德經直解二卷　（清）釋靈耀撰　清宣統二年（1910）常州天寧寺刻本

匡高17.2厘米，廣13厘米。半葉十行，每行二十字，小字雙行同，白口，左右雙邊。有"涪陵佛學社藏"印。重慶市涪陵區圖書館藏。一册。

西方確指

覺明妙行菩薩說　菩薩戒弟子常攝集

一時菩薩自極樂國來。降於娑婆震旦古勾吳地。在會弟子以往昔因緣。得蒙化度。菩薩將顯淨土法門。而說偈言

諸佛之法要　微密不思議。　以非思議故
無能盡宣說。　牟尼大慈父。　悲憫衆生者
說所不能說。　導彼今後世。　更以異方便。
顯示安樂刹。　令發願往生。　横截諸惡趣。
繇佛阿彌陀。　大願攝羣品。　聞名能受持。
決定生無惑。　若有大力人。　專念心常一。

西方確指　一

西方確指一卷　（清）釋常攝集　清光绪五年（1879）聚文齋刻本

匡高18厘米，廣13.5厘米。半葉十行，每行二十二字，白口，左右雙邊。重慶市涪陵區圖書館藏。一册。

修西定課

許序曰。昔佛法入中國旣數百年。慧遠法師方以淨土收束羣靈。雖一百二十三人未能一生都辦。然一生取辦者不少矣。此一百二十三人皆以宏誓互相鉤攝。深諳佛願。畢發蓮香。轉度冤親。引生眷屬。後之聞水聲而開念佛。入寂定而往西方。夢兆神徵輝映震旦。固皆此一脈之明暗相生也。宗門識高力透高步人天。直趨無上寂光。權抑三種淨土。實報方便同居甘芳不著。妙勝醍醐。然不遇夫上根。必化而爲毒藥。故曹溪八世孫永明禪師同宗鏡之全光入西方之一脈

修西定課　一

修西定課不分卷　（清）鄭澄德　鄭澄源撰　清光緒二十四年（1898）金陵刻經處刻本

匡高17.7厘米，廣13厘米。半葉十行，每行二十字，小字雙行同，白口，左右雙邊。重慶市涪陵區圖書館藏。一册。

名賢信向錄卷上

南嶽祝聖沙門釋澹雲
龍城混叟居士鄧在達 同集

廬山蓮社誓文　劉遺民

維歲在攝提格七月戊辰朔二十八日乙未法師釋慧遠貞感幽奧霜懷特發乃延命同志息心貞性之士百有二十三人集於廬山之陰般若臺精舍阿彌陀像前率以香華敬薦而誓焉惟斯一會之衆夫緣化之理既明則三世之傳顯矣遷感之數既符則善惡之報必矣推交臂之潛淪悟無常之期切審三報之相催知險趣之難拔此其同志諸賢所以夕惕宵勤仰思攸濟者也蓋神者可以感涉而不可迹求必

名賢信向錄卷上　一

名賢信向錄二卷　（清）釋澹雲　鄧在達輯　清光緒二十二年（1896）刻本

匡高18厘米，廣13.8厘米。半葉十一行，每行二十字，小字雙行同，黑口，左右雙邊。重慶市涪陵區圖書館藏。二册。

重修政和經史證類備用本草卷第一

成都唐慎微續證類

中衛大夫康州防禦使句當龍德宮總轄修建明堂所醫藥提舉入內醫官編類聖濟經提舉太醫學臣曹孝忠奉

勑校勘

序例上　韓保昇云按藥有玉石草木蟲獸而云本草者爲諸藥中草類最多也

嘉祐補注總叙

舊說本草經神農所作而不經見漢書藝文志亦無錄焉平帝紀云元始五年舉天下通知方術本草者在所爲駕一封軺傳遣詣京師樓護傳稱護少誦醫經本草方術數十萬言本草之名蓋見於此而英公李世勣等注引班固叙黄帝内外經云本草石之寒温原疾病之深淺此乃論經方之語而無本草之名惟梁七録載神農本草三卷推以爲始斯爲失

重修政和經史證類備用本草三十卷　（宋）唐慎微撰　（宋）寇宗奭衍義　明嘉靖三十一年（1552）周珫、李遷刻本

匡高26厘米，廣17厘米。半葉十二行，每行二十三字，小字雙行同，白口，四周單邊。重慶市涪陵區古籍普查"私人藏書"。存二十六卷（卷一至二十六）。存九册。

惜命安親種子錄不分卷 （清）醒迷子輯 清宣統三年（1911）刻本

匡高17.9厘米，廣11.2厘米。半葉八行，每行二十四字，白口，左右雙邊。重慶市涪陵區古籍普查“私人藏書”。一册。

李太白文集卷之一

錢塘　王琦琢崖輯註

緡端臣　思謙蘊山　較

古賦八首

大鵬賦幷序○莊子北冥有魚其名爲鯤鯤之大不知其幾千里也化而爲鳥其名爲鵬鵬之背不知其幾千里也怒而飛其翼若垂天之雲是鳥也海運則將徙于南冥南冥者天池也齊諧者志怪者也諧之言曰鵬之徙于南冥也水擊三千里摶扶搖而上者九萬里去以六月息者也湯之問棘也是已窮髮之北有冥海者天池也有魚焉其廣數千里未有知其脩者其名爲鯤有鳥焉其名爲鵬背若泰山翼若垂天之雲摶扶搖羊角而上者九萬里絶雲氣負青天然後圖南且適南冥也斥鴳笑之曰彼且奚適也我騰躍而上不過數仞而下翱翔蓬

李太白文集三十六卷　（唐）李白撰　（清）王琦輯注　清乾隆二十四年（1759）刻本

匡高17.5厘米，廣13.5厘米。半葉十行，每行二十字，小字雙行同，白口，左右雙邊。入選第一批《重慶市珍貴古籍名録》。重慶市涪陵區圖書館藏。十二册。

李義山詩集三卷 （唐）李商隱撰 （清）朱鶴齡箋注 （清）沈厚塽輯評 清同治九年（1870）廣州倅署刻四色套印本

匡高18.3厘米，廣14.5厘米。半葉十行，每行二十一字，小字雙行同，白口，左右雙邊。入選第一批《重慶市珍貴古籍名録》。重慶市涪陵區圖書館藏。二册。

嘉祐集卷之一

幾策　　眉山蘇　洵老泉氏著

審勢

治天下者定所尚所尚一定至於萬千年而不變使民之耳目純於一而子孫有所守易以爲治故三代聖人其後世遠者至七八百年夫豈惟其民之不忘其功以至於是蓋其子孫得其祖宗之法而爲據依可以永久夏之尚忠商之尚質周之尚文視天下之所宜尚而固執之以此而始以此而終不朝文而暮質以自潰亂故聖人者出必先定一代之所尚周之世蓋有周公爲之制禮而

嘉祐集卷一　幾策　一

嘉祐集二十卷　（宋）蘇洵著　清道光十二年（1832）眉州三蘇祠刻本

匡高19.6厘米，廣14.5厘米。半葉九行，每行二十五字，小字雙行同，黑口，左右雙邊。重慶市涪陵區圖書館藏。四册。

東坡集卷之一

東坡先生年譜　　五羊王宗稷編

仁宗皇帝景祐三年丙子

先生生於是年十二月十九日乙卯時案先生送沈逵詩云嗟我與君皆丙子又有贈長蘆長老詩云與公同丙子三萬六千日又案玉局文云十二月十九日東坡生日置酒赤壁磯上又案志林云退之以磨蝎爲身宫而僕以磨蝎爲命若以磨蝎爲命推之則爲卯時生議者以先生十二月爲辛丑十九日爲癸亥日丙子癸亥水向東流故才汗漫而澄清子卯相刑晚年多

東坡集八十四卷目錄二卷　（宋）蘇軾著　清道光十二年（1832）眉州三蘇祠刻本

匡高19.5厘米，廣14.5厘米。半葉九行，每行二十五字，黑口，左右雙邊。

重慶市涪陵區圖書館藏。四十五册。

欒城集卷之一

宋眉山蘇轍子由著　　明東吴王執禮子敬　顧天叙禮初仝校

詩五十二首

郭綸　綸本河西弓箭手屢戰有功不賞自黎州都監官滿貧不能歸權嘉州監稅

郭綸本蕃種騎鬬雄西戎流落初無罪因循遂龍鍾嘉州巳經歲見我涕無窮自言將家子少小學彎弓長遇西鄙亂走馬救邊烽手挑丈八矛所往如投空平生事苦戰數與大寇逢昔在定川寨賊來如群蜂萬騎擁酋帥自謂白相公揮兵取其元模糊腥血紅

欒城集四十八卷目録二卷　（宋）蘇轍著　（明）王執禮　顧天叙校　清道光十二年（1832）眉州三蘇祠刻本

匡高19.6厘米，廣14.6厘米。半葉九行，每行二十五字，小字雙行同，黑口，左右雙邊。重慶市涪陵區圖書館藏。十六册。

欒城後集卷之一

宋眉山蘇轍子由著　　明東吳王執禮子敬仝校　顧天叙禮初

詩七十首

次韻子瞻感舊

還朝正三伏一再趨未央久從江海游苦此劍佩長夢中驚和璞起坐憐老房子瞻夢中見人誦詩云度數形名本偶然破琴今有十三弦此生若遇邢和璞始信秦箏是響泉因作破琴詩以記之為我忝丞轄寘身願并涼子瞻每欲為國守此心一自許邊顧不敢請耳何暇憂陟岡早歲發歸念老來未嘗忘淵明不久仕黔婁足為康

欒城後集二十四卷　（宋）蘇轍著　（明）王執禮　顧天叙校　清道光十二年（1832）眉州三蘇祠刻本

匡高19.5厘米，廣14.5厘米。半葉九行，每行二十五字，小字雙行同，黑口，左右雙邊。重慶市涪陵區圖書館藏。六册。

欒城第三集卷之一

宋眉山蘇轍子由著　　明東吳王執禮子敬
顧天敘禮初仝校

詩七十首

丙戌十月二十三日大雪

秋成粟滿倉冬藏雪盈尺天意憫無辜歲事了不逆誰言豐年中
遭此大泉厄肉好雖甚精十百非其實田家有餘糧靳靳未肯出
閭閻但坐視愍愍不得食朝飢願充腸三五本自足飽食就著飲
竟亦安用十姦豪得巧便輕重竊相易鄰邦穀如土胡越兩不及

欒城第三集十卷　（宋）蘇轍著　（明）王執禮　顧天敘校　清道光十二年（1832）眉州三蘇祠刻本

匡高19.5厘米，廣14.5厘米。半葉九行，每行二十五字，小字雙行同，黑口，左右雙邊。重慶市涪陵區圖書館藏。二册。

欒城應詔集卷之一

論　　　　眉山蘇　轍潁濱氏著

夏論

聖人之道苟可以安於天下不求夫爲異也堯舜傳之賢而禹傳之子天下以爲禹無聖人而傳之而後授之其子孫也夫聖人之於天下不從其所安而爲之而求異夫天下之人何其用心之淺耶昔者湯有伊尹武王有周公而周公文王之子武王之弟也湯之太甲武之成王皆可以爲天下而湯不以予其臣武王不以予其弟誠以爲其子之才不至於亂天下者則無事乎授之他人而

欒城應詔集十二卷　（宋）蘇轍著　清道光十二年（1832）眉州三蘇祠刻本

匡高19.5厘米，廣14.5厘米。半葉九行，每行二十五字，小字雙行同，黑口，左右雙邊。重慶市涪陵區圖書館藏。三册。

宋黄文節公文集卷第一

詩

五言古

溪上吟 并序 嘉祐五年時公年十六

春山鳥啼新雨天霽汀草怒長竹篠交陰黄子觀漁於塘下尋春于小桃源從以溪童稚子畦丁三四輩茶鬲酒瓢淵明詩編雖不命戒未嘗不取諸左右臨滄波拂白石詠淵明詩數篇清風為我吹衣好鳥為我勸飲當其漻然無所拘係而依依規

山谷全書　卷之一　五古　一　外集

宋黄文節公文集二十四卷首一卷　（宋）黄庭堅撰　清乾隆三十年（1765）刻本

匡高21.8厘米，廣16厘米。半葉九行，每行二十字，小字雙行同，白口，左右雙邊。入選第一批《重慶市珍貴古籍名録》。重慶市涪陵區圖書館藏。六册。

尹和靖先生集

儀封張伯行孝先重訂　　受業諸子仝校

奏劄

辭免除徽猷閣待制第三劄

臣聞君使臣以禮臣事君以義迺君臣之大倫報施之道也臣獲侍燕閒一歲之久五遷名秩率皆清華則陛下所以使臣可謂盡禮矣臣敢不盡事君之義圖報陛下乎臣自辭免禮部侍郎恩命章疏十上條例懇請悃愊殫盡未奉俞允臣草芥微賤固無足道而朝廷名器之重豈宜輕以假人深慮辭之不至誠之未格不避再三之瀆重陳當

尹和靖集　卷之全　一　正誼堂

尹和靖先生集不分卷　（宋）尹焞撰　（清）張伯行重訂　清同治五年（1866）福州正誼書院刻本

匡高18.8厘米，廣13.9厘米。半葉十行，每行二十二字，小字雙行同，白口，左右雙邊。重慶市涪陵區圖書館藏。二册。

斜川集卷之一

眉山蘇　過叔黨氏著

思子臺賦并序

予先君宮師之友史君諱經臣字彥輔眉山人與其弟沆子凝皆奇士博學能文慕李文饒之爲人而舉其議論彥輔舉賢良不中第子凝以進士得官止著作佐郎皆蚤死且無子有文數百篇皆亡之予少時嘗見彥輔所作思子臺賦上援秦皇下逮晉惠反復哀切有補於世蓋記其意而亡其辭乃命過作補亡之篇庶幾君子猶得見斯人胷懷髣髴也長元案此序永樂大典不載今從東坡文

斜川集卷之一　一

斜川集六卷　（宋）蘇過著　清道光六年（1826）刻本

匡高19.6厘米，廣14.5厘米。半葉九行，每行二十五字，小字雙行同，黑口，左右雙邊。有“雙荷圓珍藏”印。重慶市涪陵區圖書館藏。四册。

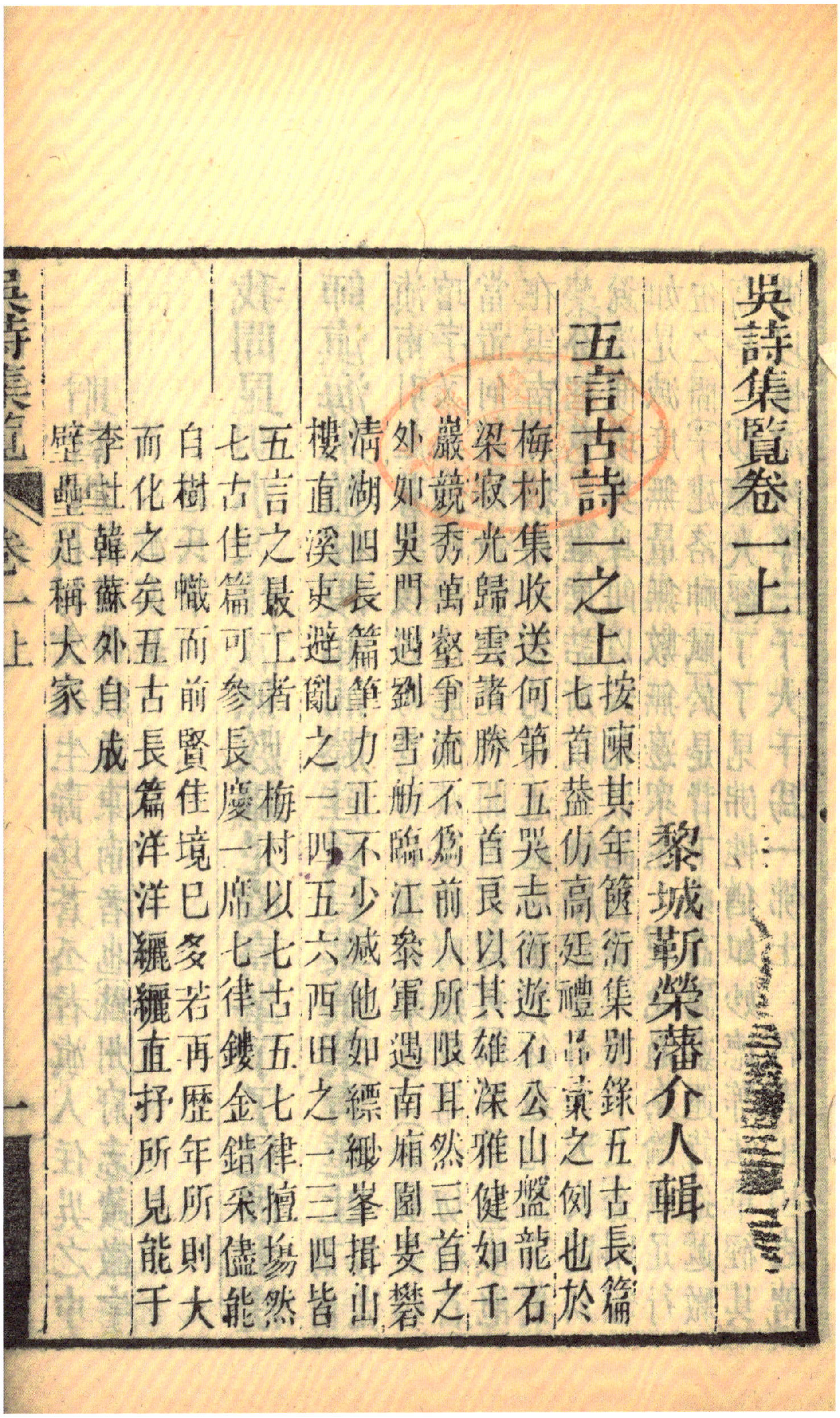
吳詩集覽卷一上

黎城靳榮藩介人輯

五言古詩一之上

按陳其年篋衍集別錄五古長篇七首益仿高廷禮品彙之例也於梅村集收送何第五吳志衍遊石公山盤龍石梁寂光歸雲諸勝三首良以其雄深雅健如千巖競秀萬壑爭流不為前人所限耳然三首之外如吳門遇劉雪舫臨江參軍遇南廂園叟礬清湖四長篇筆力正不少減他如縹緲峯揖山樓直溪吏避亂之一四五六西田之一三四皆五言之最工者梅村以七古五七律擅場然七古佳篇可參長慶一席七律鏤金錯采儘能自樹一幟而前賢佳境已多若再歷年所則大而化之矣五古長篇洋洋纚纚直抒所見能于李杜韓蘇外自成壁壘足稱大家

吳詩集覽　卷一上　一

吳詩集覽二十卷目錄一卷　（清）吳偉業撰　（清）靳榮藩輯　清乾隆四十年（1775）刻本

匡高18.8厘米，廣13.6厘米。半葉九行，每行二十一字，小字雙行同，上白口，下黑口，四周雙邊。入選第一批《重慶市珍貴古籍名録》。重慶市涪陵區圖書館藏。十六册。

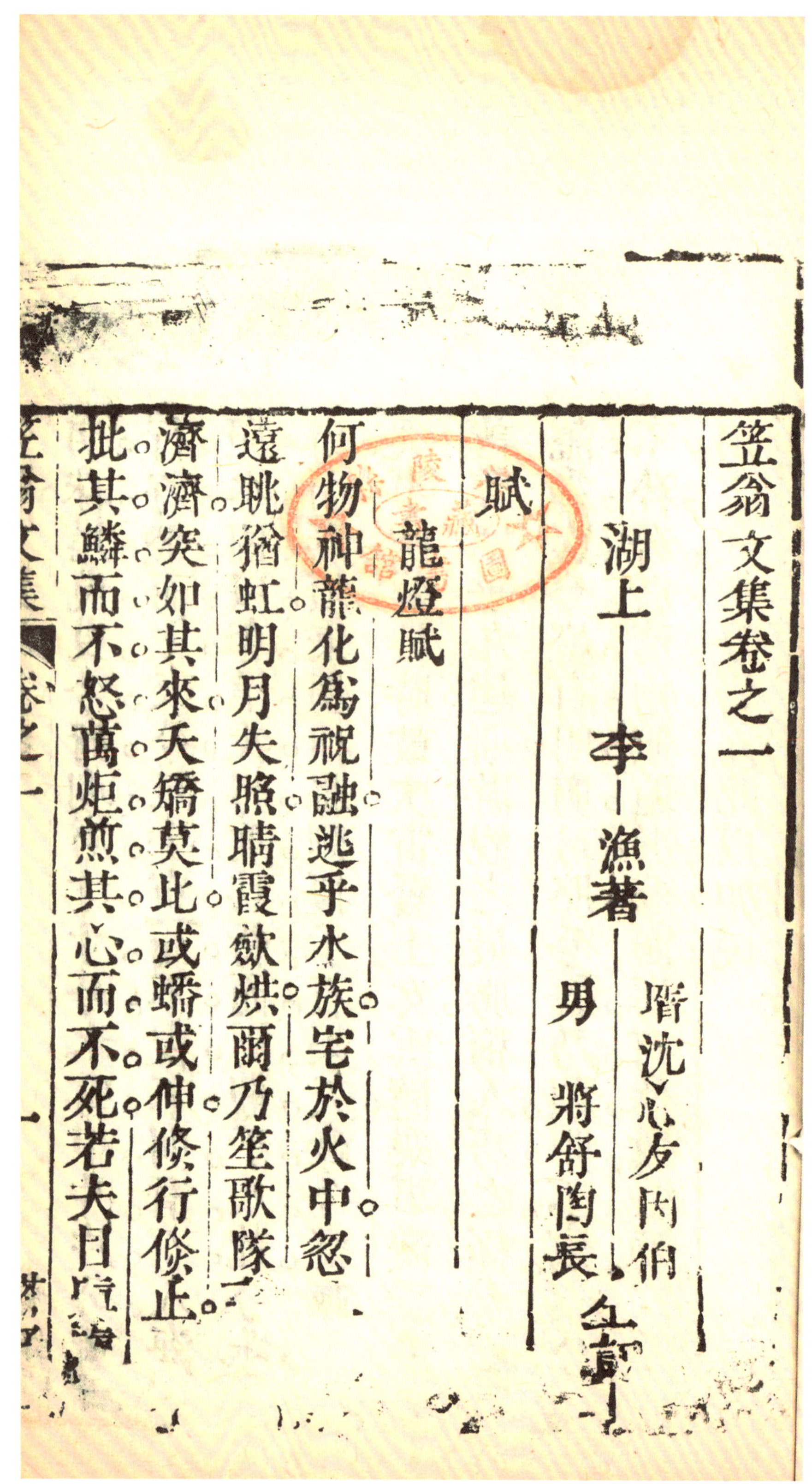

笠翁一家言全集十卷目錄一卷笠翁偶集六卷　（清）李漁著　清光緒二十三年（1897）宏道堂重刻芥子園刻本

匡高19.7厘米，廣13.2厘米。上下兩欄，下欄半葉九行，每行二十字，白口，四周單邊。重慶市涪陵區圖書館藏。十六册。

聊齋文集卷上

淄川蒲松齡留仙著

原天

天者。衆人所藏之天。亦衆人所具之天。遊天之內。忘天之表。上矣。執天之樞。合天之符。次也。觀天之經。得天之紀。以調和吾天者。又其次也。俯仰乎天之下。食息乎天之中。即天覓天。竟妄鑿其天者。吾不知所謂天矣。今人舉目見天。舉目而識象數否。瞑目觀天。瞑目而覘星日否。是集也。固所以觀天文也。然就天言天。則元穹之垂象。造化之推遷也。而非我之天也。就我言天。則方寸中之神理。吾儒家之能事。雖元會運世。曾不能當我一息。而參天兩地。燮理陰陽。總屬緒餘矣。苟凝神默會。則盈虛消息。了無遺矚。昭昭方寸。彼行列次舍。常變吉凶。不過取以證合吾天耳。乃有探元索隱之士。叩余而問曰。天地未有之先。是何景象。天地化生之後。歸於何所。吾幾無以應子矣。異哉此問。吾幾無以應子矣。姑就吾方寸之天。爲汝妄言之。可乎。天地之始終。猶一人一物之始終也。欲知天

聊齋文集卷上　一

聊齋文集二卷　（清）蒲松齡著　清宣統元年（1909）國學扶輪社鉛印本

匡高17.6厘米，廣12.2厘米。半葉十三行，每行三十字，白口，四周雙邊。重慶市涪陵區圖書館藏。二册。

海山存稿卷一 內集

涪陵 周煌 著

詩五十七首

恭和

御製駕幸翰林院賜宴分韻聯句後復得七言律詩四

首並示諸臣元韻

鑾輿幸處早回春翰苑

恩榮共所珍師濟誠爲王國士威儀直邁漢廷臣應知

推轂人惟舊恰喜延英署又新視籍披圖今此駐不須

羣玉紀西巡

海山存稿二十卷 （清）周煌著 清嘉慶元年（1796）刻本

匡高19.3厘米，廣13.6厘米。半葉十行，每行二十一字，白口，四周雙邊。入選第一批《重慶市珍貴古籍名録》。重慶市涪陵區圖書館藏。六册。

寶綸堂詩稿卷一

梁山李鴻鈞吟史著　堂弟鴻藻金策選

胞弟鴻儀龍門校

褒城八景

棧道連雲

暗度陳倉去伊誰善用兵千尋螺髻秀一路馬蹄輕

怪石張牙立奇峰對面迎郵亭迢遞處直接漢王城

廉泉讓水

宋室君臣語流傳直到今淘殘清濁浪洗盡是非心

寶綸堂詩稿四卷　（清）李鴻鈞著　（清）李鴻藻選　（清）李鴻儀校　清光緒十八年（1892）刻本

匡高13.3厘米，廣9.7厘米。半葉九行，每行二十字，小字雙行同，白口，四周雙邊。重慶市涪陵區圖書館藏。四册。

問字堂集卷一　　芳茂山人文集第一

陽湖孫星衍撰

原性篇

古之言性者多異孔子言性相近周人世碩宓子賤漆雕開公孫尼子之徒言性有善惡孟子言性善告子言人性無分於善不善荀子言性惡董仲舒言性有善質而未能盡善何以核其實也古者性與天道通不明於陰陽五行不可以言性民受天地之中以生在天曰命在人曰性故神農經言養命以應天養性以應人天爲陽主性地爲陰主情天先成而地後

孫淵如先生全集二十二卷目錄一卷附長離閣集一卷　（清）孫星衍　王采薇撰　清光緒二十年（1894）湖南思賢書局刻本

匡高17.2厘米，廣13.3厘米。半葉十行，每行二十字，小字雙行同，黑口，左右雙邊。重慶市涪陵區圖書館藏。十二册。

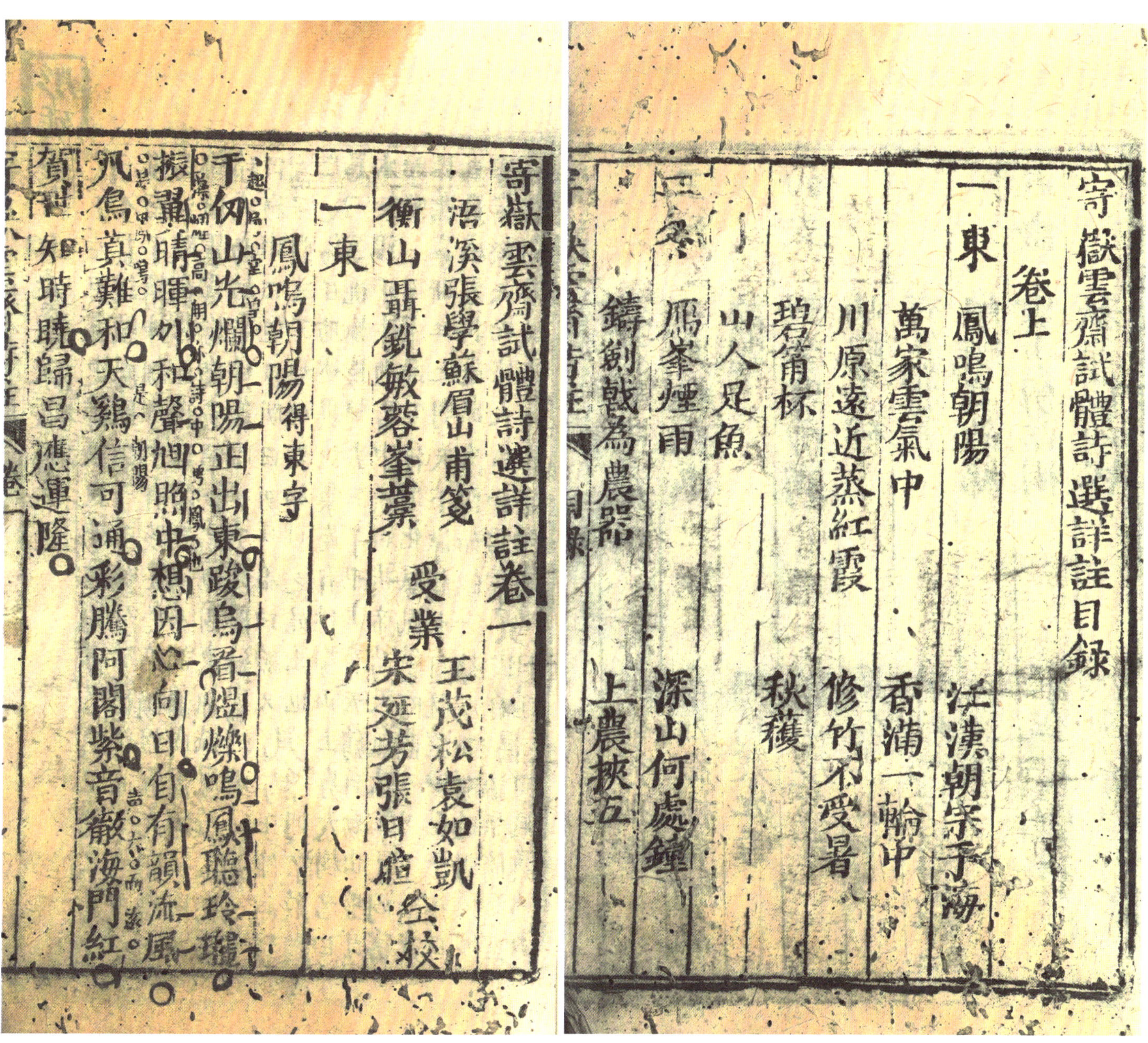

寄嶽雲齋試體詩選詳註四卷 （清）聶銑敏撰 （清）張學蘇箋 清光緒十七年（1891）刻本

匡高20厘米，廣13.5厘米。半葉九行，每行二十字，小字雙行同，白口，四周雙邊。重慶市涪陵區圖書館藏。二册。

西漚全集卷第一

新津童棫
成都宋寶樾編輯
門人眉州劉鴻典校刊
男兹蟻

頌論序

六旬萬壽頌謹序

嘉慶二十四年己卯冬十月六日恭逢我
皇上六旬慶辰中外臚歡嵩呼華祝欽惟
皇上
寅承

西漚全集卷一頌

西漚全集十卷 （清）李惺撰 （清）童棫 宋寶樾輯 清同治七年（1868）墊江李氏刻本

匡高19.4厘米，廣13.2厘米。半葉九行，每行二十三字，白口，左右雙邊。

重慶市涪陵區圖書館藏。十六册。

胡文忠公遺集卷二

湘鄉曾國荃纂輯　　永康胡鳳丹重編

恭謝　天恩並附陳楚北吏治兵政疏 咸豐五年三月二十七日

臣於二月初十日沌口行營接準督臣前撫臣飭知正月十三日內閣奉　上諭湖北布政使著胡林翼補授欽此兼準札飭以北岸帶勇防剿乏員接替其藩司一缺另委鹽道常恩兼署當即恭設香案叩謝　天恩因道途梗塞尚未專摺賫　奏三月二十四日準督臣咨開三月初三日內閣奉　上諭湖北巡撫著胡林翼署理欽此聞　命之下感悚難名即於武昌營次望　闕謝　恩接辦巡撫事宜伏思兵勇之冗雜不精則軍餉之支絀彌甚連年以來楚北之患怯弁猾卒習慣潰走聞警尚且先逃臨陣安能致果懲前毖後之計首在練兵明恥教戰之方貴先選將被賊蹂躪州縣懸缺待人兼攝承乏刑罰不當其罪而稂莠日多恩惠未及於人而士民不信吏治之與兵事因始終相因者也凡此應辦之事惟當激勵士卒迅圖克復武漢即當次第舉行容與督臣虛心實力和衷商辦以期稍報　鴻恩於萬一

添募水陸二軍分布南北岸尅期進剿疏 三月二十七日

臣於正月帶領練勇千八百人從九江回軍乘機渡江攻剿賊匪嗣因省城失守由沌口趕回與水師共守金口業經荊州將軍官文督臣楊霈先後馳　奏在案三月二十四日臣於武昌營次接準督臣咨開三月初三

胡文忠公遺集　卷二　奏疏　二

胡文忠公遺集八十六卷首一卷　（清）胡林翼撰　（清）曾國荃輯

（清）胡鳳丹重編　清光緒二十七年（1901）上海圖書集成印書局鉛印本

匡高16.3厘米，廣11.7厘米。半葉十四行，每行四十二字，白口，四周單邊。重慶市涪陵區圖書館藏。八冊。

左文襄公文集卷一

名利說

天下員頂方趾之民無算數要其歸有二曰名也利也人率知之能言之然試察其志之所分與其途之所自合則亦曰利而已矣烏有所謂名者哉名有三曰道德之名文章之名一藝一伎之名古人吾弗能知吾思夫今人之於名以道德名者人因其道德而名之乎抑已因其名而道德者也或市於朝或市於野歸於厚實已矣以文章名者亭林顧氏所謂巧言令色人哉負盛名招搖天下屈吾身以適他人之耳目期得其直焉不贏則又顧而之它爾以一藝一伎名者其名細今之君子不欲居然亦百工之事也吾

左文襄公文集五卷詩集一卷聯語一卷說帖一卷　（清）左宗棠纂　清光緒十八年（1892）刻本

匡高19.9厘米，廣12.9厘米。半葉十行，每行二十五字，小字雙行同，黑口，左右雙邊。重慶市涪陵區圖書館藏。二册。

上徐熙庵先生 道光癸巳

都門敬送月紀兩更瞻企之忱日月與積敬維葆華宗道俎朱豆張世仰儒宗播榮葉語小子何幸迺託門牆請謁之餘備聞至道諄諄昭詔不替有加雖洪壑不棄纖鱗曠埜不遺叕莽而含宏之施抑可謂勤矣宗棠蚤歲孤貧失時廢學章句末技且尠所窺每觀古今蓄道德能文章卓然爲時論不可少之人天地不數生之才者卽其英妙之年類皆能堅自植立不爲流俗所轉移其始亦未嘗不爲世詬病也及其功成事就而天下翕然歸之如賈誼諸葛亮陳亮輩可指數乎夫人生無百年之身大業非百年可就小時嬉弄跳梁不能遽責以學問之事老而龍鍾衰憊非復可用之

書牘卷一 一

左文襄公書牘二十六卷目錄一卷 （清）左宗棠纂 清光緒十八年（1892）刻本

匡高19.9厘米，廣12.9厘米。半葉十行，每行二十五字，小字雙行同，黑口，左右雙邊。重慶市涪陵區圖書館藏。二十六册。

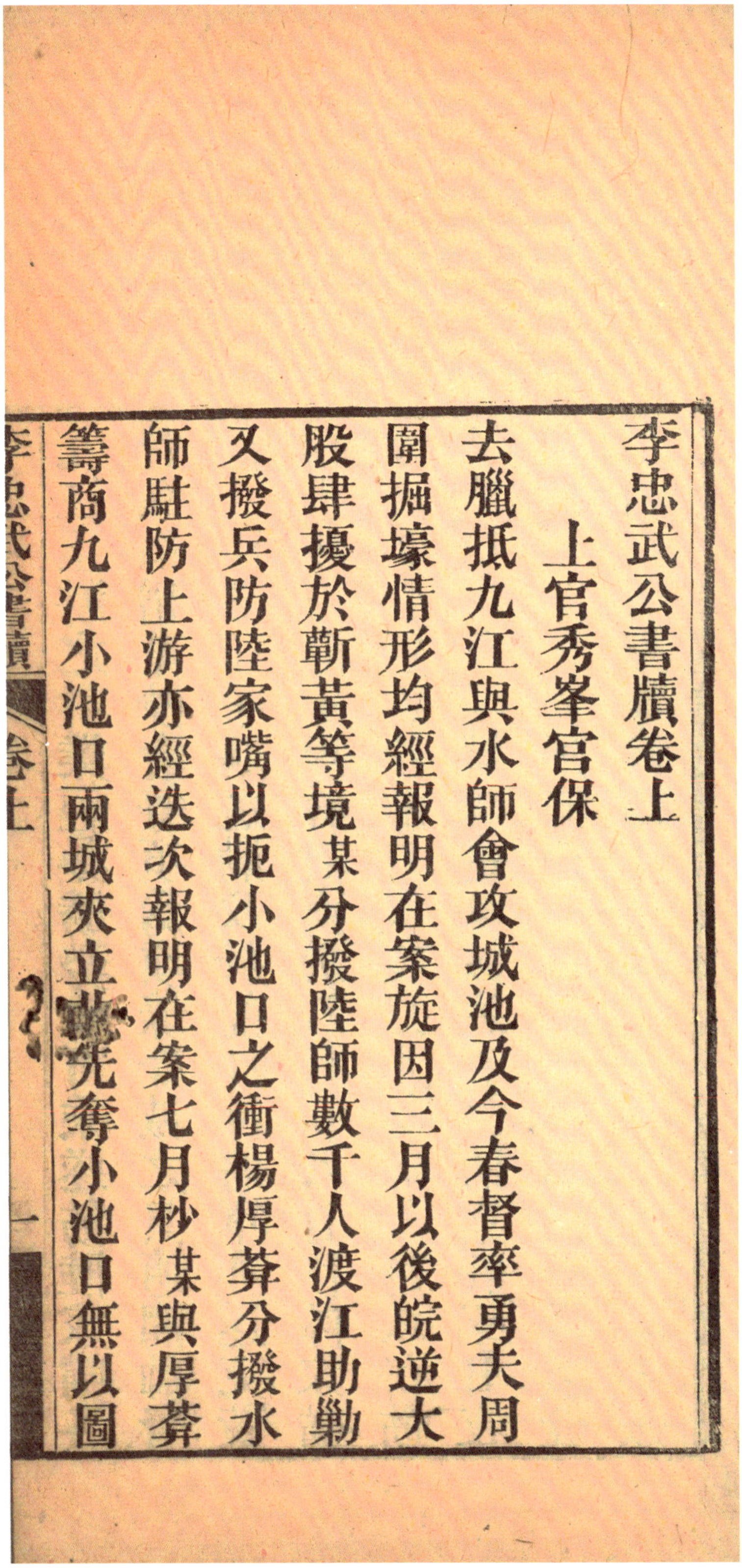
李忠武公書牘卷上

上官秀峯宫保

去臘抵九江與水師會攻城池及今春督率勇夫周圍掘壕情形均經報明在案旋因三月以後皖逆大股肆擾於蘄黃等境某分撥陸師數千人渡江助勦又撥兵防陸家嘴以扼小池口之衝楊厚菴分撥水師駐防上游亦經迭次報明在案七月杪某與厚菴籌商九江小池口兩城夾立非先奪小池口無以圖

李忠武公書牘　卷上　一

李忠武公遺書四卷　（清）李續賓撰　（清）李光久輯　清光緒十七年（1891）長沙張逡萬甌江巡署刻本

匡高18.3厘米，廣12.5厘米。半葉八行，每行二十字，上白口，下黑口，左右雙邊。重慶市涪陵區圖書館藏。四册。

鍾鶴笙先生新法教授議
予束髮受書出就外傅所從不下十餘師每館皆守
其老師宿儒之教法如金科玉律不敢稍越準繩每
日授生書一首帶書數張溫書半本寫字一頁便為
功課已畢師以為不留餘蘊生亦以為無可請益矣
如是者十餘年猶不知書中是何意義加以資本魯
鈍旋作旋輟至十四歲猶僅讀萬章一篇一日讀至
謨蓋都君咸我績似覺費解細玩朱註始知謨謀也
蓋蓋井也舜所居三年成都故謂之都君咸皆也績
功也恍然大悟因將已讀之書逐加體玩均有義理

正蒙一得不分卷 （清）張振之撰 清光緒三十年（1904）渝城同慶會刻本

匡高20.2厘米，廣13.5厘米。半葉十行，每行二十字，白口，四周雙邊。重慶市涪陵區圖書館藏。一册。

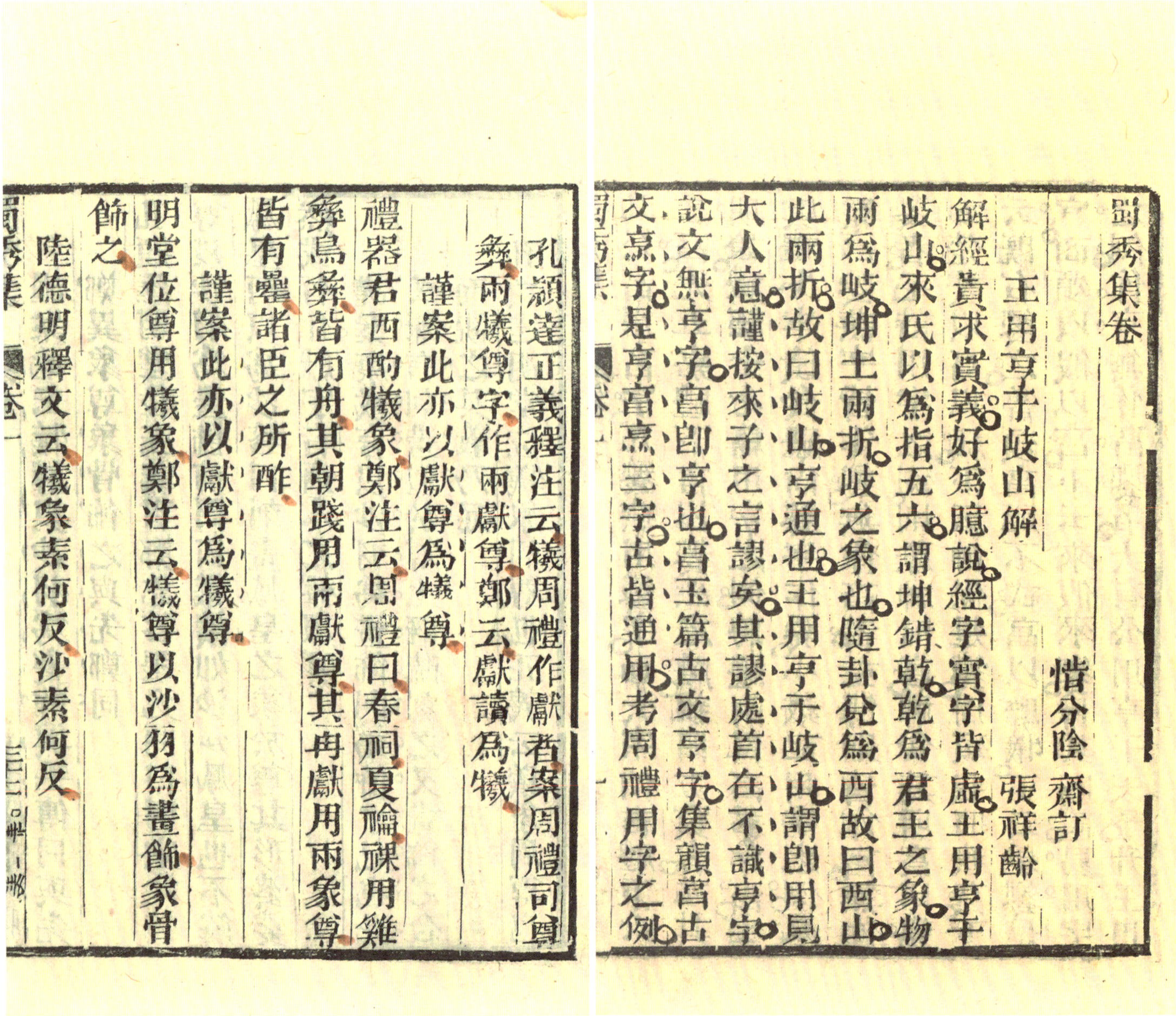
蜀秀集卷

惜分陰齋訂

王用亨于岐山解　張祥齡

解經貴求實義好爲臆說經字實字皆處王用亨于岐山來氏以爲指五六謂坤錯乾乾爲君王之象物兩爲岐坤土兩拆岐之象也隨卦兌爲西故曰西山此兩拆故曰岐山亨通也王用亨于岐山謂即用見大人意謹按來子之言謬矣其謬處首在不識亨字說文無亨字亯即亨也亯玉篇古文亨字集韻亯古文烹字是亨亯烹三字古皆通用考周禮用字之例

蜀秀集　卷一

孔穎達正義釋注云犧周禮作獻者案周禮司尊彝兩犧尊字作兩獻尊鄭云獻讀爲犧

謹案此亦以獻尊爲犧尊

禮器君西酌犧象鄭注云周禮曰春祠夏禴祼用雞彝鳥彝皆有舟其朝踐用兩獻尊其再獻用兩象尊皆有罍諸臣之所酢

謹案此亦以獻尊爲犧尊

明堂位尊用犧象鄭注云犧尊以沙羽爲畫飾象骨飾之

陸德明釋文云犧素何反沙素何反

蜀秀集　卷一　三

蜀秀集九卷目錄一卷　（清）譚宗浚編　清光緒五年（1879）成都試院刻本

匡高18.3厘米，廣13.8厘米。半葉十行，每行二十字，小字雙行同，白口，左右雙邊。重慶市涪陵區圖書館藏。八册。

文選六十卷 （南朝梁）蕭統撰 （唐）李善注 清光緒元年（1875）尊經書院刻本

匡高21.2厘米，廣15.8厘米。半葉十二行，每行二十五字，小字雙行三十七字，白口，左右雙邊。重慶市涪陵區圖書館藏。十一册。

古文辭類纂一

論辨類一

賈生過秦論三首

秦孝公據殽函之固擁雍州之地君臣固守以窺周室有席卷天下包舉宇內囊括四海之意幷吞八荒之心當是時商君佐之內立法度務耕織修守戰之備外連衡而鬭諸侯於是秦人拱手而取西河之外孝公既沒惠王武王蒙故業因遺册南兼漢中西舉巴蜀東割膏腴之地收要害之郡諸侯恐懼會盟而謀弱秦不愛珍器重寶肥美之地以致天下之士合從締交相與爲一當是時齊有孟嘗趙有平原楚有春申魏有信陵此四君者皆明知而忠信寬厚而愛人尊賢重士約從離橫幷韓魏燕楚齊趙宋衞中山之衆於是六國之士有甯越徐尚蘇秦杜赫之屬爲之謀齊明周最陳軫昭滑樓緩翟景蘇厲樂毅之徒通其意吳起孫臏帶佗兒

古文辭類纂七十五卷序目一卷附録一卷校勘記一卷　（清）姚鼐編　清光緒二十七年（1901）滁州李氏求要堂刻本

匡高20.6厘米，廣15.2厘米。半葉十二行，每行二十五字，白口，左右雙邊。重慶市涪陵區圖書館藏。十二册。

皇朝經世文續編卷一　上海葛士濬子源輯

學術一原學

養源篇　宗稷辰

將有所灌輸於天下而使得被於遠者如其近者焉流於異日者如其同時焉其志量恢恢乎無際矣然而神聖之人不怖其無際而窮其有際因其有際而更窮其際之所從來則幷窅然若不見其際焉蓋其終大而不可窮其始必小而不可窮也所謂源也河漢之不涸也東井之不枯也源之出於天者固然已若夫岷嶓以上泛觴所出遂以成夫江崑崙以上衆竅所發遂以成夫河以及汝漢淮泗惡池雎漳湘沅章貢淞漸震澤支川萬千莫不有源而清淑之氣絪縕其間流液於泱漭之區久而無息故恆不彫不枯如天上之水是故養其源者天地也惟其然而君子之養源不可以已矣夫源之出於天地者灼然在人耳目間而天地之潛養之者仰莫見其端俛莫見其倪也若天下有大源焉存乎凡為天下國家者之先及其久而安焉人莫覩而莫知焉源大者千歲而不竭源小者百年而漸消微後聖人起不能求前聖人之源之所在而況能養之乎養天下之源奈何曰仁厚而已矣仁故大而無不容厚故均而無弗普皇者洪之帝者崇之王者廓之伯者託之其下薄之匪惟薄之且自剝之故有有源之天下有無源之天下有源可養也無源者烏從而養之哉彼大小之國大者視此矣至於家之視國甚尠也而其家之所興與家之所由大亦不能無源源之正者要無出於仁厚源深而養深者家必茂而長源淺而養深者家亦積而昌源淺而養又淺家宜其落而傷苟無數世之源而無一日之養是無惑乎其暴興而夕亡蓋國家之源本雖殊而馴致之天理同也至於人之有身身之有心視家又少也而其身心之所由生與身心之所由成更不能無源源之上者要不過乎仁厚源滀而養之又滀可賢也可聖也源未盡滀而養之使滀可善人也可君子也源既不滀而養之復失其滀則始正而終邪者有之昨良而今佞者有之初念是而轉念非者有之一息存而一息亡者有之鈞是人也皆出於性皆出於天不得謂之無源而稟氣受質之不齊其源之所得者稍薄後起之教所以啓其覺者或難盡復其最初之良而盡化其氣質之駁則其身心之不能以自養往往然也而或臧或否賢罷然而難以辨也夫天下國家之源其得養失養也在數人在數世不當其任者雖欲養之而無由若其身心非分外之責源可自求養可自力權在己而悠悠忽忽自棄於小人之歸禽獸之路是誰貽之戚哉吾故尤痛言之以望世之養源者

皇朝經世文續編　卷一　學術一　一

皇朝經世文續編一百二十卷　（清）葛士濬輯　清光緒二十二年（1896）上海寶善書局石印本

匡高19.3厘米，廣12.7厘米。半葉二十二行，每行四十八字，小字雙行同，白口，四周雙邊。重慶市涪陵區圖書館藏。二十册。

皇朝經世文三編　　淞南香隱陳忠倚輯

卷一學術一原學上

奏請開設同文館疏　　恭親王

臣等因製造機器必須講求天文算學議於同文館內添設一館等因於十一月初五日具奏奉旨依議欽此欽遵在案臣
等伏查此次招考天文算學之議並非務奇好異震於西人術數之學也蓋以西人製器之法無不由度數而生今中國議欲
講求製造輪船機器諸法苟不藉西士為先導俾講明機巧之原製作之本竊恐師心自用枉費錢糧仍無裨於實際是以臣
等衡量再三而有此奏論者不察必有以臣等此舉為不急之務者必有以舍中法而從西人為非者甚且有以中國人師法
西人為深可恥者此皆不識時務也夫中國之宜謀自強至今日而已亟矣識時務者莫不以采西學製洋器為自強之道疆
臣如左宗棠李鴻章等皆深明其理堅持其說時於奏牘中詳陳之上年李鴻章在上海設立機器局由京營揀派兵弁前往
學習近日左宗棠亦請在閩設立藝局選少年穎悟子弟延聘洋人教以語言文字算法畫法以為將來造輪船機器之本由
此以觀是西學之不可不急為肄習也固非臣等數人之私見矣或謂雇買輪船購買洋槍各口曾辦過既便且省何必為此
勞賾不知中國所當學者固不止輪船槍礮一事即以輪船槍礮而論雇買以應其用計雖便而法終在人講求以徹其原法
既明而用將在我蓋一則權宜之策一則久遠之謀孰得孰失不待辨而明矣至於以舍中法而從西人為非亦臆說也查西
術之借根實本於中術之天元彼中猶目為東來法特其人性情縝密善於運思遂能推陳出新擅名海外耳其實法固中國
之法也天文算法如此其餘亦無不如此中國創其法西人襲之中國儻能駕而上之則在我既已洞悉根源遇事不必外求
其利益正非淺鮮且西人之術我　聖祖仁皇帝深韙之矣當時列在臺官垂為時憲兼容並包　智周無外　本朝掌故亦
不宜數典而忘況六藝之中數居其一古者農夫戍卒皆識天文後世設為厲禁知者始鮮我　朝康熙年間除私習天文之
禁由是人文蔚起天學盛行治經之儒皆兼治數各家著述考證俱精語曰一物不知儒者之恥士子出戶舉目見天顧不解
列宿為何物亦足羞也即今日不設此館猶當肄業及之況乎懸的以招哉若夫以師法西人為恥此其說尤謬夫天下之恥
莫恥於不若人查西洋各國數十年來講求輪船之制互相師法製造日新東洋日本近亦遣人赴英國學其文字究其象數
為仿造輪船張本不數年亦必有成西洋各國雄長海邦各不相下者無論矣若夫日本蕞爾國耳尚知發憤為雄獨中國狃
於因循積習不思振作恥孰甚焉今不以不如人為恥而獨以學其人為恥將安於不如而終不學遂可雪其恥乎或謂製造

皇朝經世文三編八十卷　（清）陳忠倚輯　清光緒二十七年（1901）上海書局石印本

匡高19.3厘米，廣12.7厘米。半葉二十二行，每行四十八字，小字雙行同，白口，四周雙邊。重慶市涪陵區圖書館藏。十六册。

皇朝經世文新編卷二十一上

順德麥仲華曼宣輯

通論

闕名

敬陳管見籌自強之計疏

奏為敬陳管見仰祈　聖鑒事竊臣少更憂患長從軍旅近則鋒鏑餘生久攖痼疾自問平生無日不在憂危困苦之中目覩時局艱難內患外侮伏於無形我　皇上沖齡踐阼　兩宮　皇太后垂簾聽政日理萬幾臣受恩深重自愧不能稍分　宵旰之憂耿耿此心如負重疚每當中夜彷徨為國計民生通籌大局誠有亟宜自強不容一日稍緩者然如購備船砲廣儲軍火籌畫餉需似自強矣而非自強之根本也論今日之時勢譬猶大病之後元氣久虛治表尤須治裏又如樹木欲其枝葉茂盛必先培養根本臣不自揆妄抒愚戇之見熟籌自強之策請為　皇太后　皇上縷晰陳之一曰清吏治州縣親民之官最關緊要苟不得人即為地方之害卑污貪鄙固當參革究辦庸沓委靡亦當分別降調兵燹以後民生多困實由吏治多疏各省候補人員流品不一大吏往往優容不知優容於知恥者尚可激勵自新優容於不知恥者適足以養成不肖近來各省風氣往往因候補人員擁擠輪署州縣而實缺轉少從此官常愈壞百姓之受禍愈酷何也官員之署事譬之住屋之租賃自家住宅稍有破壞急急補治責無旁貸故也若借居蹔居明知非我之屋不特不加修葺甚至任意糟塌坼屋作薪久之輾轉租賃勢必至棟折榱崩而後已今之委署人員大率類是天下百姓具有天良豈肯甘心悖逆從前叛逆滋事之地非地方官貪酷逼迫即地方官寬縱顢頇此中消息甚微關繫甚大欲求州縣之得力全在統率之得人督撫者通省之統率也司道者各府之統率也知府者州縣之統率也從前承平之時　朝廷視知府甚重　京察一等人員道府並用凡擢任知府者屬吏之賢否黜陟得操其權頗得上下相維之本意近十餘年來知府之權輕矣各州縣於司道督撫分位懸殊情事扞格其中貽誤實非淺鮮臣愚以為欲辨州縣之賢否必專責成於知府各省知府果能勤慎廉明嚴察屬吏於賢者准密保於不賢者准密參仍由督撫司道詳確考核總以有實據為主不逞私臆不徇情面吏治一清天下何患不治擬請　旨飭下各省督撫廣求循吏久於其任勿以委署為調劑之具庶不至視官為傳舍而吏治日有起色矣此自強之根本一也一曰嚴軍政自古談兵之書以一語賅之曰兵貴練而已　國家養兵數百年司農所入大半以供軍餉乃粤逆創亂曩之擁厚祿顯爵者所率弁兵莫不望風披靡此豈兵之真不足恃歟將帥習於安逸官弁習於驕肆兵丁習於怠惰吞糧冒餉老弱充數不但兵不知兵將

皇朝經世文新編二十一卷　麥仲華輯　清光緒二十七年（1901）上海寶善書局石印本

匡高19.3厘米，廣12.7厘米。半葉二十二行，每行四十八字，小字雙行同，白口，四周雙邊。重慶市涪陵區圖書館藏。十六册。

詩品卷上

梁　鍾嶸著　新城郭家蓮校

氣之動物物之感人故搖蕩性情形諸舞詠照燭三
才暉麗萬有靈祇待之以致饗幽微藉之以昭告動
天地感鬼神莫近於詩昔南風之辭卿雲之頌厥義
夐矣夏歌曰鬱陶乎予心楚謠曰名予曰正則雖詩
體未全然是五言之濫觴也逮漢李陵始著五言之
目矣古詩眇邈人世難詳推其文體固是炎漢之製
非衰周之倡也自王揚枚馬之徒詞賦競爽而吟詠

詩品　卷上　一

詩品三卷　（南朝梁）鍾嶸撰　**書品一卷**　（南朝梁）庾肩吾撰　**尤射一卷**　（三國魏）繆襲撰　（清）郭家蓮校　清刻《增訂漢魏叢書》本

匡高19.5厘米，廣14.5厘米。半葉九行，每行二十字，小字雙行同，白口，左右雙邊。重慶市涪陵區圖書館藏。一册。

金石例十卷　（元）潘昂霄撰　清光緒十八年（1892）刻朱墨套印本

匡高20厘米，廣15.5厘米。半葉十行，每行二十二字，小字雙行三十三字，白口，左右雙邊。入選第三批《重慶市珍貴古籍名録》。重慶市涪陵區圖書館藏。二册。

墓銘舉例 目錄

陳后山 三首 黃山谷 二首
陳了齋 七首 晁濟北 四首
卷之四
張宛丘 三首 呂成公 三首

凡爲文章務求得乎心之所安與其義之所止例非所
重然誌銘爲史之餘體工匠削墨翹想般輸矧夫稱美

墓銘舉例目錄終

發德與人以千秋者耶止仲所舉雖傷繁碎亦古曰在
昔昔曰先民之意學者沈潛反復於是庶幾無偭規矩
而改錯矣

墓銘舉例卷之一

長洲 王 行 止仲

凡墓誌銘書法有例其大要十有三事焉曰諱曰字曰姓
氏曰鄉邑曰族出曰行治曰履歷曰卒日曰壽年曰妻曰
子曰葬日曰葬地其序如此如韓文集賢校理石君墓誌
銘是也其曰姓氏曰鄉邑曰族出曰諱曰字曰行治曰履
歷曰卒日曰壽年曰葬日曰葬地曰妻曰子其序如此如
韓文故中散大夫河南尹杜君墓誌銘是也其他雖序次
或有先後要不越此十餘事而已此正例也其有例所有
而不書例所無而書之者又其變例各以其故也今取韓

墓銘舉例 卷一 一

墓銘舉例四卷 （明）王行輯 **金石要例一卷** （清）黃宗羲撰 清光緒四年（1878）刻朱墨套印本 清馮煥光、馮瑞光批校題跋

匡高19.9厘米，廣15.5厘米。半葉十行，每行二十二字，白口，左右雙邊。

入選第三批《重慶市珍貴古籍名録》。重慶市涪陵區圖書館藏。二册。

碑版文廣例卷一　　長洲王芑孫念豐輯

吾以文章正統與韓歐矣顧乃上追秦漢而尤詳於漢何也昌黎言之矣非三代兩漢之書不敢觀兩漢之書昌黎固嘗熟觀而取法焉弗敢弗詳也詳於漢而見諸司馬班氏書者略弗道何也此爲承學治古文者言世無承學治古文而未讀司馬班氏書者也然則方以昌黎孕諸漢烏在其以正統與韓歐也觀乎漢而後知韓歐之道之難韓歐之文之貴也古文莫貴乎事

碑版文廣例　卷一　一

碑版文廣例十卷　（清）王芑孫輯　清道光二十一年（1841）刻本

匡高18.4厘米，廣13.6厘米。半葉十行，每行二十字，小字雙行同，白口，左右雙邊。重慶市涪陵區圖書館藏。四册。

漢魏六朝墓銘纂例卷一

嘉興李富孫學

謁者景君墓表漢元初元年

首書某年月日卒次叙刻碑之由次作辭次作銘此正例也碑陰有諸生服義者十五人義士一人餘係弟子皆立碑之人也洪氏适曰東都自路都尉始見墓闕蓋表阡銘壙之濫觴也有文而傳於今則自景君始朱氏彝尊曰墓有表古也始於漢謁者景君其崇四尺其制圭首方趺其文由左而右誌石納諸壙中而表立於旣葬之後所以表封陌限樵牧述功美禮不可以廢也

漢魏六朝墓銘纂例卷一　一　朱氏槐廬校刊

漢魏六朝墓銘纂例四卷　（清）李富孫著　清光緒十八年（1892）吴縣朱氏槐廬家塾刻《槐廬叢書》本

匡高16.8厘米，廣12.2厘米。半葉十一行，每行二十一字，小字雙行同，黑口，左右雙邊。重慶市涪陵區圖書館藏。一册。

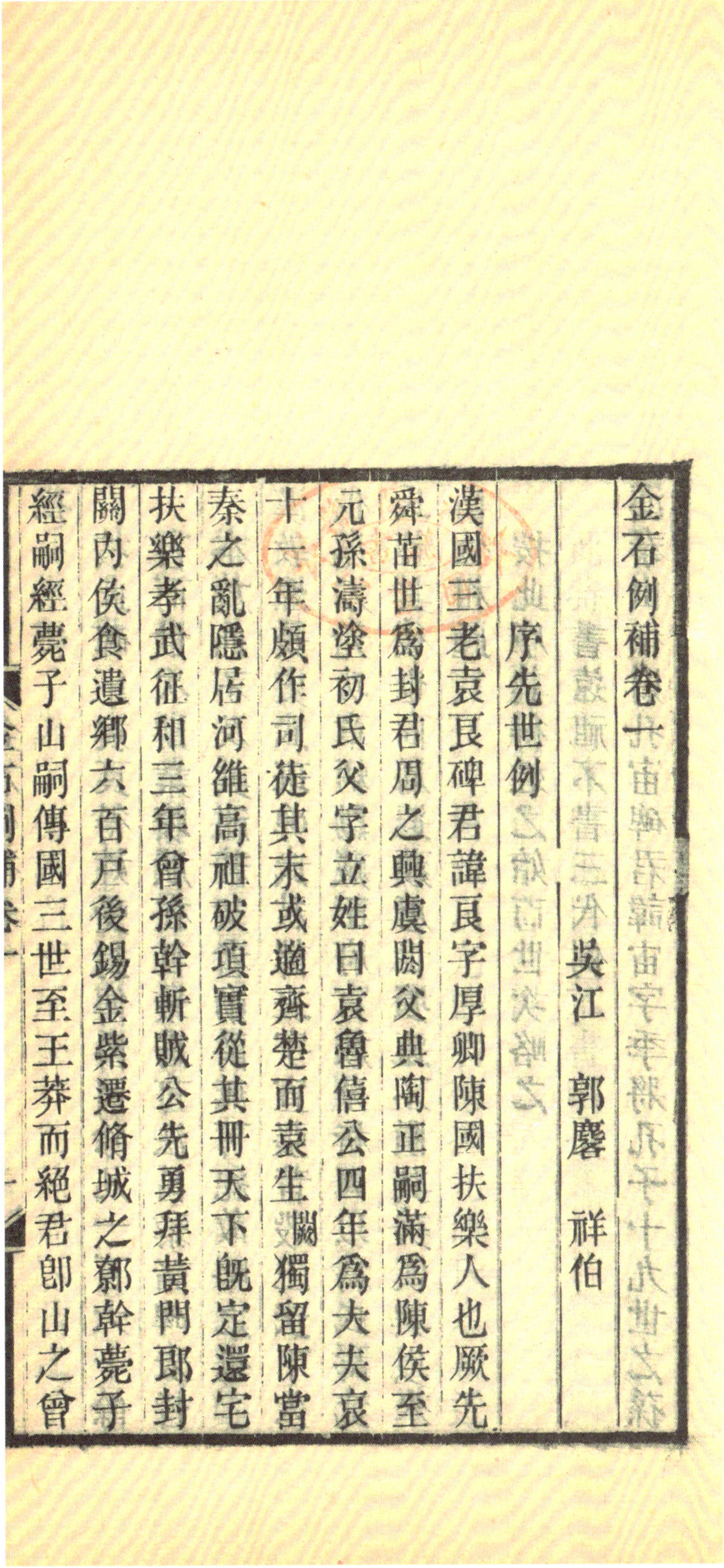
金石例補卷一

吳江 郭麐 祥伯

序先世例

漢國三老袁良碑君諱良字厚卿陳國扶樂人也厥先舜苗世爲封君周之興虞閼父典陶正嗣滿爲陳侯至元孫濤塗初氏父字立姓曰袁魯僖公四年爲大夫哀十六年頗作司徒其末或適齊楚而袁生獨留陳當秦之亂隱居河雒高祖破項實從其冊天下既定還宅扶樂孝武征和三年曾孫幹斬賊公先勇拜黃門郎封關內侯食遺鄉六百戶後錫金紫遷循城之鄭幹薨子經嗣經薨子山嗣傳國三世至王莽而絕君即山之曾

金石例補二卷 （清）郭麐輯 清光緒三年（1877）行素草堂刻本

匡高17厘米，廣12.4厘米。半葉十一行，每行二十一字，小字雙行同，黑口，四周單邊。重慶市涪陵區圖書館藏。一册。

金石綜例卷一

小長蘆舊史官馮登府纂　吳縣朱記榮校刊

書世系　漢樊安武斑袁良劉熊度尚張納柳敏諸碑

樊安碑溯厥祖仲山甫武斑碑溯武丁分析得氏之由袁良碑書厥先舜苗歷叙陳轅立姓劉熊碑書厥祖天皇度尚碑云其先出自顓頊至張納碑云二十八舍有張宿柳敏碑溯柳星則不經之甚

書遠祖不書三代書父不書曾祖　漢孔宙孔裒鄭固諸碑

孔宙碑云君諱宙字季將孔子十九世之孫也文中不叙三代孔裒碑云孔子廿世孫泰山都尉之元子孔彪孔謙碑並同按元子長子也裒即宙子俱以孔子冠之而此書

金石綜例卷一　一　朱氏槐廬校刊

金石綜例四卷　（清）馮登府纂　（清）朱記榮校刊　清光緒十八年（1892）吴縣朱氏槐廬家塾刻《槐廬叢書》本

匡高17.4厘米，廣13.2厘米。半葉十一行，每行二十三字，小字雙行同，黑口，左右雙邊。重慶市涪陵區圖書館藏。一册。

金石稱例卷一

順德梁廷枏纂　吳縣朱記榮校刊

國制類

卽位未改年者以月稱商庚申父丁角銘十六月唯王乙祀也

按公緘鼎稱十四月圓寶鼎方寶甗俱稱十有三月戊命尊稱十九月古器銘文多有如此

年號與王封有國之年並稱漢魯孝王石刻五鳳二年魯三十四年六月四日成也

拜官未就碑文仍稱前職高陽令楊著碑額止稱高陽也

金石稱例卷一　國制類　一　朱氏槐廬校刊

金石稱例四卷　（清）梁廷枏纂　（清）朱記榮校刊　**石經閣金石跋文一卷**　（清）馮登府纂　清光緒十八年（1892）吳縣朱氏槐廬家塾刻《槐廬叢書》本

匡高16.8厘米，廣12.6厘米。半葉十一行，每行二十一字，黑口，左右雙邊。重慶市涪陵區圖書館藏。一册。

漢石例卷之一

寶應劉寶楠錄

右埭徐士愷子靜
吳縣朱記榮懋之 校字

墓碑例

稱碑例

漢故國三老袁君碑 集古錄

歐陽氏集古錄趙氏金石錄洪氏隸釋隸續所載諸墓碑惟此碑順帝時立歐趙洪三家並載碑文云永建六年二月卒是此碑順帝時立袁君名良通志金石畧三老袁良碑自注永建六年貢其良之誤與水經濄水篇注作袁梁音同通一又案袁安祖父名良見後漢書本傳在此袁良前年代較先舉以示例餘不備錄 按禮碑制有三一爲宮廟庠序中庭之碑以石爲之一爲下棺之碑以木爲之聘禮賓入門三揖

誌銘廣例

錢塘梁玉繩

凡刻石顯立墓前者曰碑曰碣曰表惟納於壙中謂之誌銘自有誌銘而例因之以起元潘蒼崖輯金石例十卷明王止仲撰墓銘舉例四卷餘姚黃梨洲著金石要例一卷德州盧氏彙梓以行世然標采雜錯兼多漏略覽者病之余據耳目所及别其類而補其遺摘舊增新次爲廣例二卷廣變例也碑表非誌銘而例有從仝故并舉之嘉慶元年丙辰六月

卷一 體式六十五例

卷二 書法二十三例

誌銘緣起

續刻金石三例　（清）朱記榮輯　清光緒十八年（1892）吴縣朱氏槐廬家塾刻《槐廬叢書》本

匡高17厘米，廣12.5厘米。半葉十一行，每行二十一字，小字雙行同，黑口，四周單邊或左右雙邊。重慶市涪陵區圖書館藏。五册。

施註蘇詩卷之一

漫堂先生宋犖
樸園先生張榕端　閱定
長洲顧嗣立
毗陵邵長蘅　刪補
商丘宋至

詩四十七首 起嘉祐辛丑十二月赴鳳翔任盡壬寅在鳳翔作　施註缺今補

辛丑十一月十九日既與子由別於鄭州西門
之外馬上賦詩一篇寄之

不飲胡爲醉兀兀此心已逐歸鞍發歸人猶自念庭闈今我何以慰寂寞登高回首坡隴隔惟見烏帽出復沒苦寒念爾衣裘薄獨騎瘦馬踏殘月路人行歌居人樂

施註蘇詩四十二卷續補二卷目錄一卷　（宋）蘇軾撰　（宋）施元之注　（清）宋犖等閱定　（清）顧嗣立等刪補　清康熙三十八年（1699）大文堂刻本

匡高18.8厘米，廣14.4厘米。半葉十行，每行二十一字，小字雙行三十一字，黑口，四周單邊。重慶市涪陵區古籍普查"私人藏書"。十三册。

蜀學報第一册目錄

諭旨

四川將軍恭奏晃甯金廠摺片　總署奏續借款合同摺

學會講義

人倫說　名山吳之英譔

改文從質說　井研廖平譔

統籌蜀藏全局論　壽州王榮懋譔

文宗啟節　仰屋興歎　黃堂春色　不畏彊禦　戲言罷業

擒蠻縱蠻　法員重歷　擬鑄銀元　學會興國議續第一册

上海總局電傳公啟　俄願已償　盡臣憤懣　俄兵東指

上海來電　漢口電云　英國備兵　旅順近耗　添船購煤

英又要求　意船屬漿　辭退俄員　法船過潤　廣開學會

上諭前國子監祭酒陸潤庠著仍在南書房行走欽此

上諭山東沂州府知府員缺著定成補授欽此

二十九日　閣鈔

上諭都察院奏已革道員由提塘遞呈印信稟專摺糾參一摺已革廣西太平思順道何昭然以被參議結之案輒由提塘遞投印稟實屬有違定制該員業經革職所呈各節毋庸置議嗣後革職人員如有申訴情事應親赴都察院遞呈倘再有擅寄稟件交由提塘賫投之事定當嚴懲不貸欽此

閏三月初一日

上諭譚鍾麟奏特參庸劣武職各員一摺廣東羅定協副將海祿捕務廢弛難期振作潮州鎮標中軍遊擊寶瑞縱兵滋事紀律毫無哲字營哨弁黃咨朝營務廢弛科斂規費精選營哨……均著即行革職以肅戎行　欽此

蜀學報第一至四期　宋育仁創辦　清光緒二十四年（1898）刻本

匡高19厘米，廣14.3厘米。半葉十三行，每行二十五字，小字雙行同，白口，四周雙邊。重慶市涪陵區古籍普查“私人藏書”。四册。

文選六十卷　（南朝梁）蕭統輯　（唐）李善注　（清）何焯評點　清乾隆三十七年（1772）長洲葉樹藩海録軒朱墨套印本

匡高22厘米，廣14.9厘米。半葉十二行，每行二十五字，小字雙行三十七字，白口，左右雙邊。重慶市涪陵區古籍普查“私人藏書”。十二册。

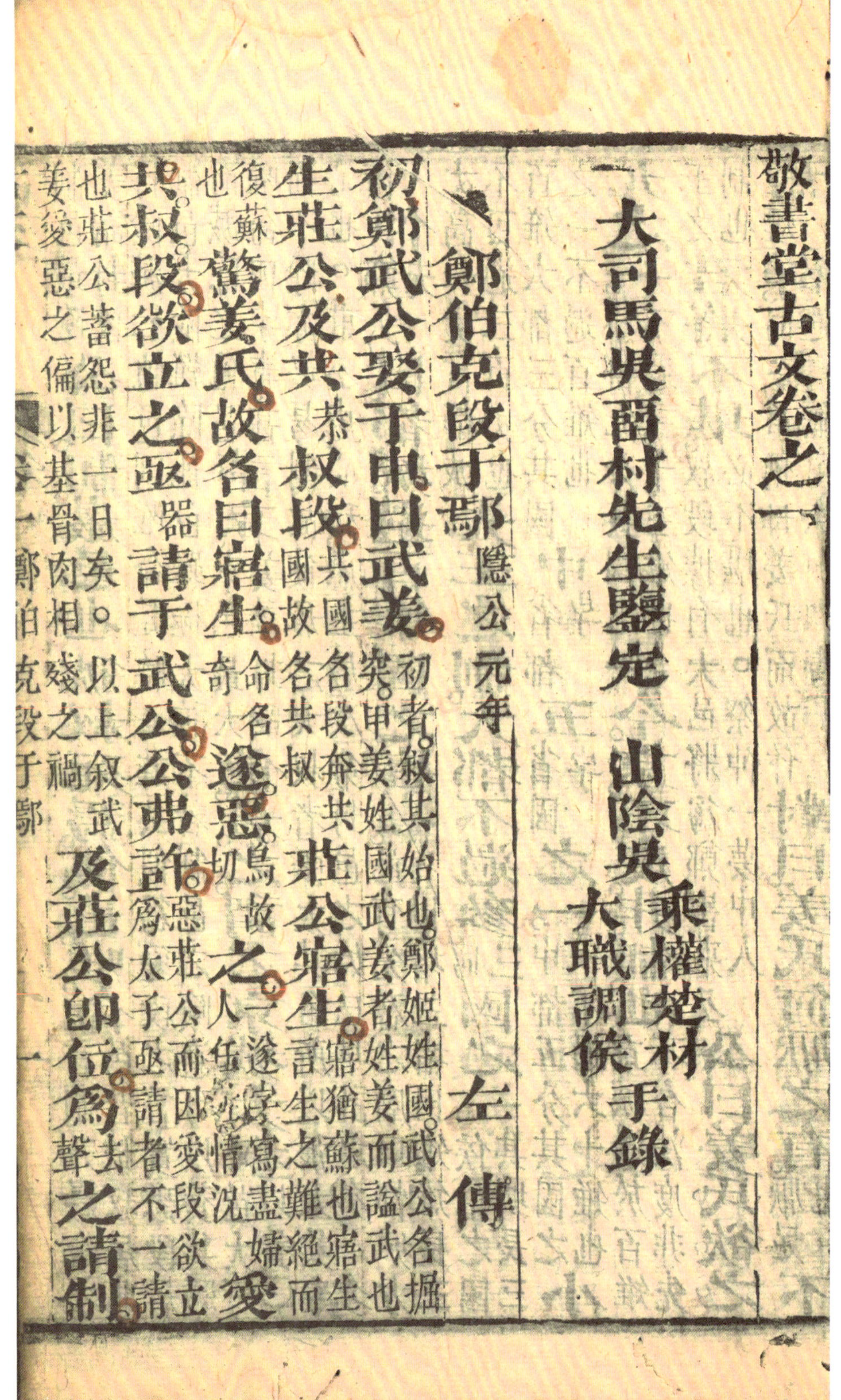

敬書堂古文十二卷　（清）吴乘權　吴大職編纂　清嘉慶二十五年（1820）聚秀堂刻本

匡高20.5厘米，廣14.6厘米。半葉十行，每行二十四字，小字雙行同，黑口，四周單邊。重慶市涪陵區古籍普查“私人藏書”。六册。

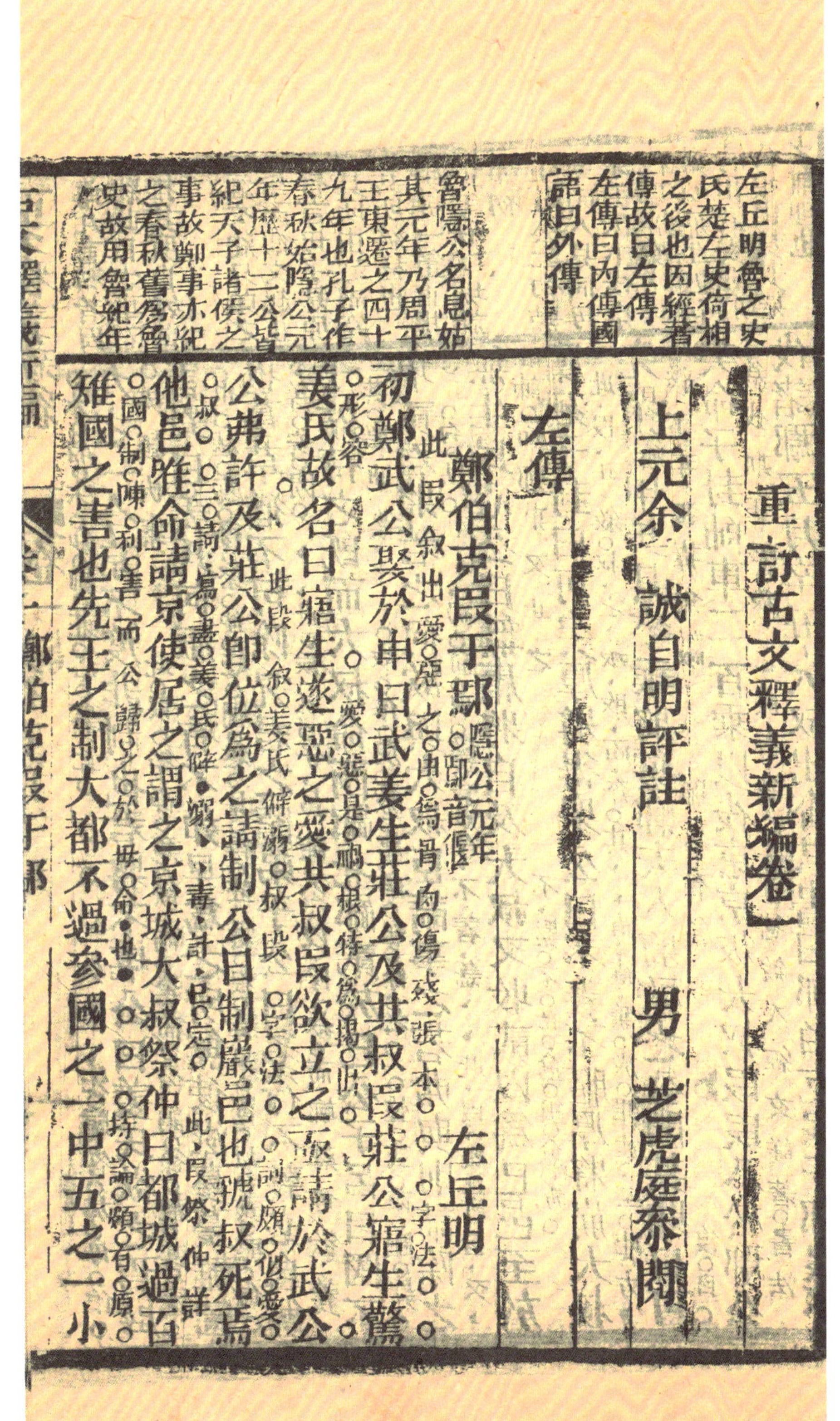

重訂古文釋義新編八卷　（清）余誠評注　清光緒十五年（1889）有益堂刻本

匡高19.8厘米，廣13.5厘米。上下兩欄，下欄半葉十一行，每行二十二字，小字雙行字不等，白口，四周單邊。重慶市涪陵區古籍普查“私人藏書”。四册。

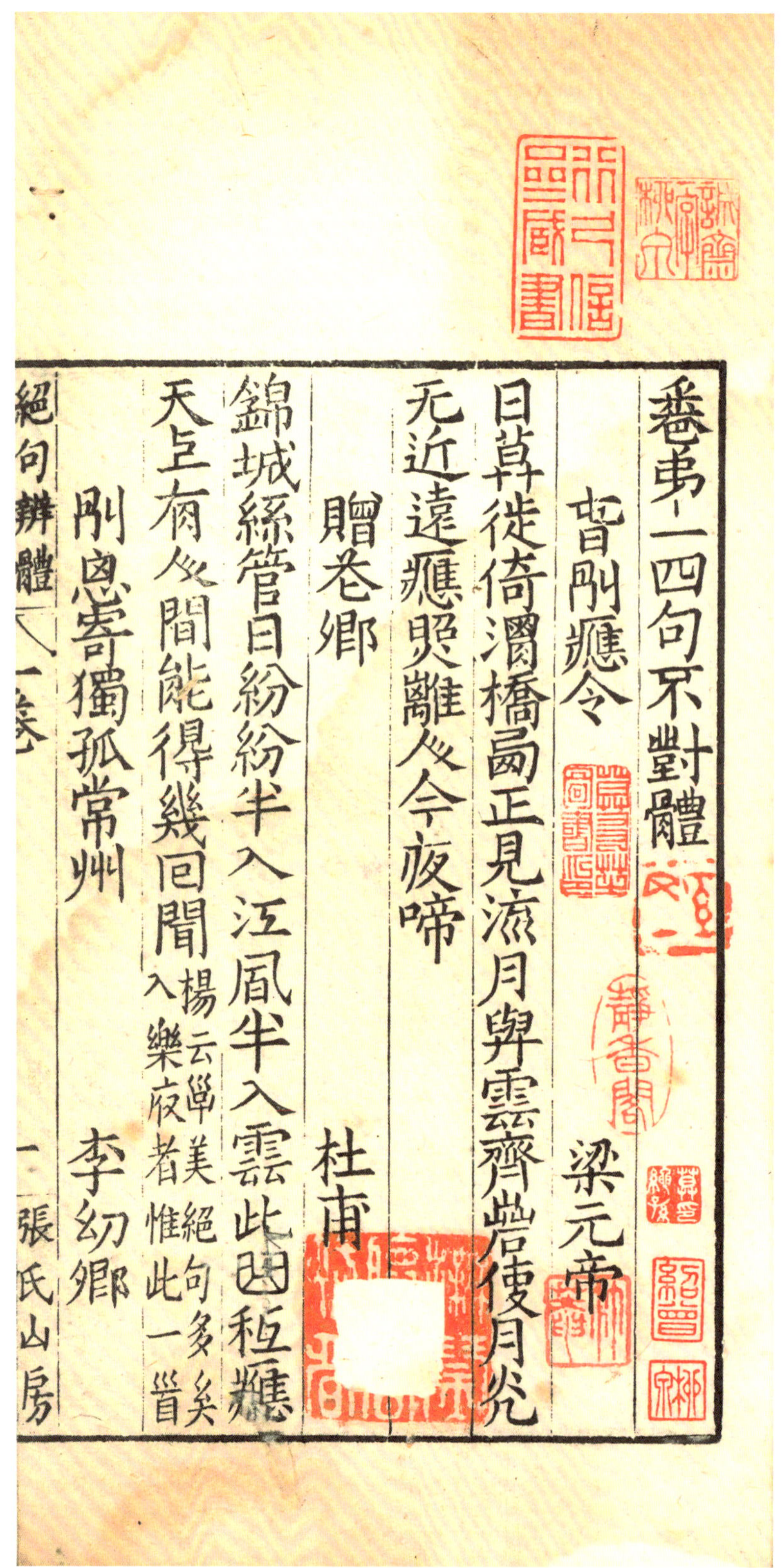

絶句辨體八卷　（明）楊慎編　明萬曆二十五年（1597）張氏山房刻本

匡高16.4厘米，廣13厘米。半葉八行，每行十八字，小字雙行同，白口，四周單邊。有“木雁軒圖書印”“紹曾”“吴郡張棟”“一名文棟”“奚岡”“莫友芝圖書印”“誠齋一字柳泉”“行弓信齋臧書”“静香閣”“莫繩孫印”等印。重慶市涪陵區古籍普查“私人藏書”。一册。

東堂詞

宋　毛滂

謁金門 遊

燈霞裹老去爵遊不記月似舊時人不似小樓何處是　帰臥晚香翠被玉酒著人小醉欲睡先來都不睡此情那恁地

浣溪沙 宴太守張公内翰作

碧霧朦朧鬱寶熏和風容曳舞簾旌花間千騎

東堂詞不分卷　（宋）毛滂撰　明汲古閣刻本

匡高19厘米，廣14.3厘米。半葉八行，每行十八字，小字雙行同，白口，左右雙邊。重慶市涪陵區古籍普查"私人藏書"。一册。

敕大學士傅以漸日講官曹本榮
朕覽易經一書義精而用溥範圍天地萬物之
理自魏王弼唐孔穎達有注與正義宋程頤有
傳朱熹本義出學者宗之明永樂閒命儒臣合
元以前諸儒之說彙為大全皆於易理多所發
明但其中同異互存不無繁而可刪華而寡要
且迄今幾三百年儒生學士發揮經義者亦不
乏人當並加採擇折衷諸論簡切洞達輯成一
編昭示來茲爾等殫心研究融會貫通析理精
深敷辭顯易務約而能該詳而不複使義經奧

易經通註　敕　二

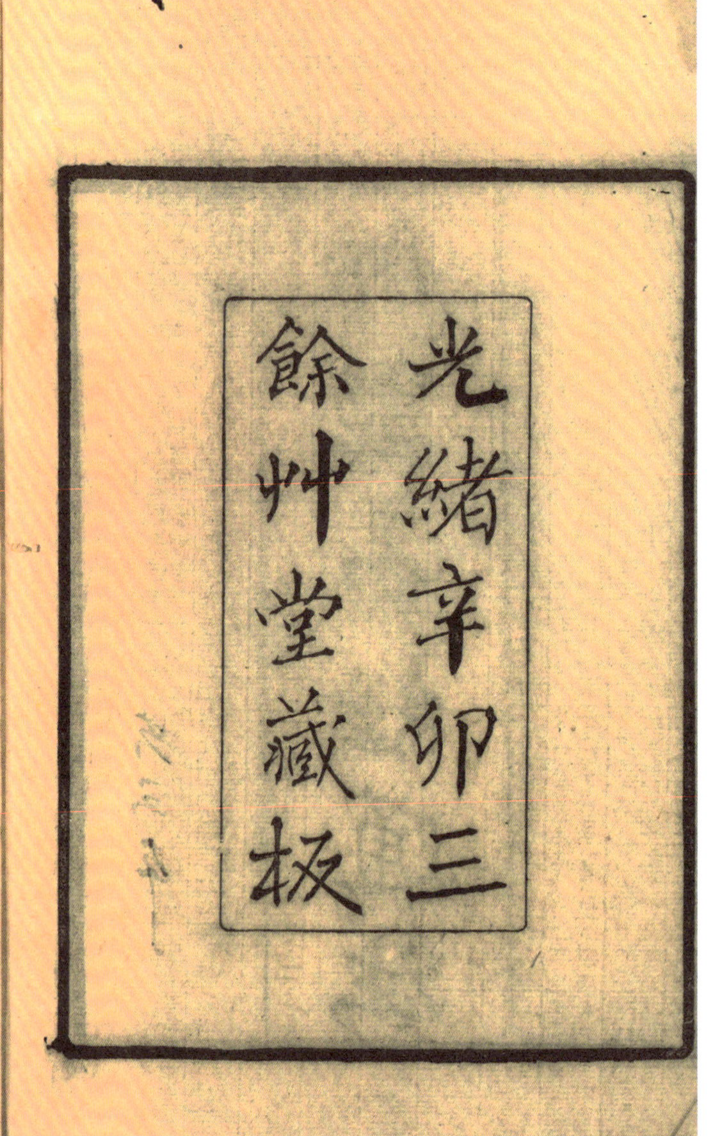
光緒辛卯三
餘艸堂藏板

湖北叢書　（清）傅以漸等撰　（清）趙尚輔輯　清光緒十七年（1891）三餘草堂刻本

匡高16.8厘米，廣12厘米。行數不等，行字不一，黑口，四周單邊。重慶市涪陵區圖書館藏。存三百二十四卷。存九十九册。

連山

剝

上七曰窮數致剝而終吝黃佐六藝流别引有曰字吝字羅泌路史引有而字

象曰致剝而終亦不知變也黃佐六藝流别引有曰字及上句羅泌路史引有亦字

復

初七曰龍潛于神復以存身淵兮無畛操兮無垠羅泌路史引無曰字黃佐六藝流别引作復上七曰龍潛于淵存神無畛

象曰復以存神可與致用也六藝流别引無與字路史引無上句作象可與

連山　　湘遠堂重刊

玉函山房輯佚書　（清）馬國翰輯　清光緒十年（1884）楚南湘遠堂刻本

匡高12.5厘米，廣9.4厘米。半葉九行，每行二十字，小字雙行同，黑口，四周雙邊。重慶市涪陵區圖書館藏。存一百六十八種。存四十册。

續後漢書卷第一上

宋　蕭常　譔

帝紀第一上

昭烈皇帝

昭烈皇帝諱備字元德景帝子中山靖王勝之後也勝子
貞元朔二年封陸城侯因家於涿郡祖雄舉孝廉官至東
郡范令父宏亦仕州郡昭烈生於桓帝延熙四年少孤與
母販履織席自給舍東南有桑高五丈童童如車蓋或謂
當出貴人昭烈與諸兒戲桑下曰吾當乘此羽葆車叔父
子敬謂曰毋妄言滅吾門也年十五母使行學與同宗劉
德然遼西公孫瓚師事故九江太守同郡盧植德然父元

宜稼堂叢書七種　（清）郁松年輯　清道光二十年至二十二年（1840—1842）上海郁氏宜稼堂刻本

匡高18厘米，廣13.2厘米。半葉十一行，每行二十二字，小字雙行同，白口，左右雙邊。重慶市涪陵區圖書館藏。六十四册。

詠溪鵝

聯句

阻雪　還塗臨渚

紀功曹中園　閑坐

侍筵西堂落日望鄉

祀敬亭山春雨　往敬亭路中

謝宣城詩集卷第一

酬德賦并序

右衛沈侯以冠世偉才眷予以國士以建武二年予將南牧見贈五言予時病既以不堪莅職又不獲復詩四年予忝役朱方又致一首迫東偏寇亂良無暇日其夏還京師且事讌言未遑篇章之思沈侯之麗藻天逸固難以報章且欲申之賦頌得盡體物之旨詩不云乎無言不酬無德不報言既未敢爲酬然所報者寡于德耳故稱之酬德賦其辭曰

悲夫四游之代序六龍鶩而不息輕蓋靡于駿奔玉

重校拜經樓叢書十種　（清）朱記榮輯　清光緒二十年（1894）吴縣朱氏校經堂刻本

匡高19.8厘米，廣13.5厘米。半葉十行，行字不一，黑口，左右雙邊。重慶市涪陵區圖書館藏。十册。

別錄上
第二十九卷
別錄中
第三十卷
別錄下

登科記考卷一　大興徐松

唐高祖神堯大聖光孝皇帝

武德元年 戊寅

五月甲子高祖即皇帝位於太極殿大赦天下改隋義甯二年爲唐武德元年 舊書本紀

壬申命裴寂劉文靜等修定律令置國子太學四門生合三百餘員郡縣學亦各置生員 通鑑 按新書選舉志國子學生三百人太學生五百人四門學生千三百人此言合三百餘員者志所載後來增益之數也志又云自高祖初入長安開大丞相府下令置生員自京師至於州縣皆有數是以爲郎位以前事

南菁書院叢書四十一種　王先謙　繆荃孫輯　清光緒十四年（1888）江陰南菁書院刻本

匡高17.6厘米，廣12.6厘米。行數不等，行字不一，白口，左右雙邊。重慶市涪陵區圖書館藏。四十册。

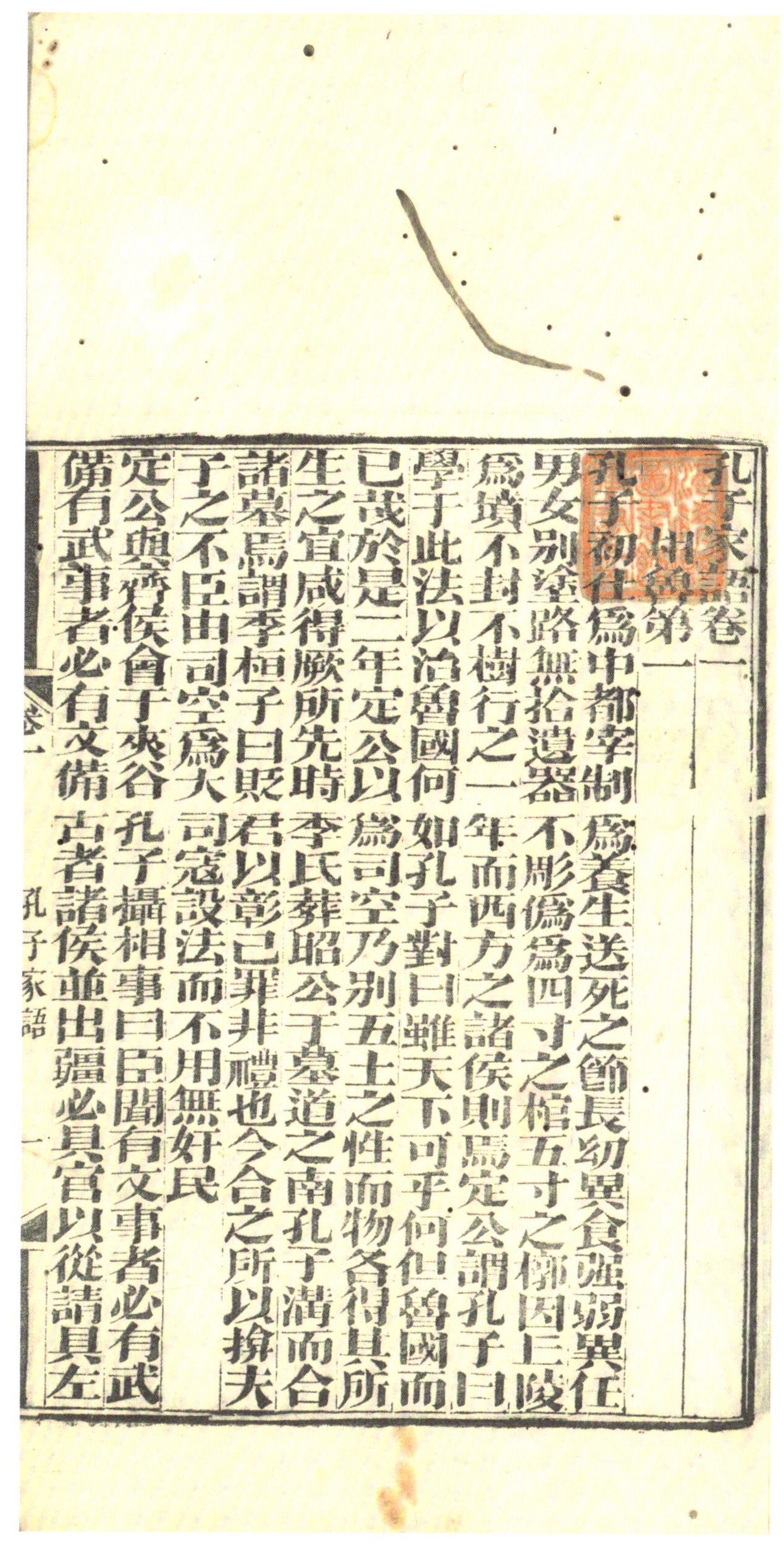

子書百家一百種 （清）崇文書局輯　清光緒元年（1875）崇文書局刻本

匡高19厘米，廣14.8厘米。半葉十二行，每行二十四字，黑口，四周雙邊。

重慶市涪陵區圖書館藏。存九十五種四百八十九卷。存一百〇四册。

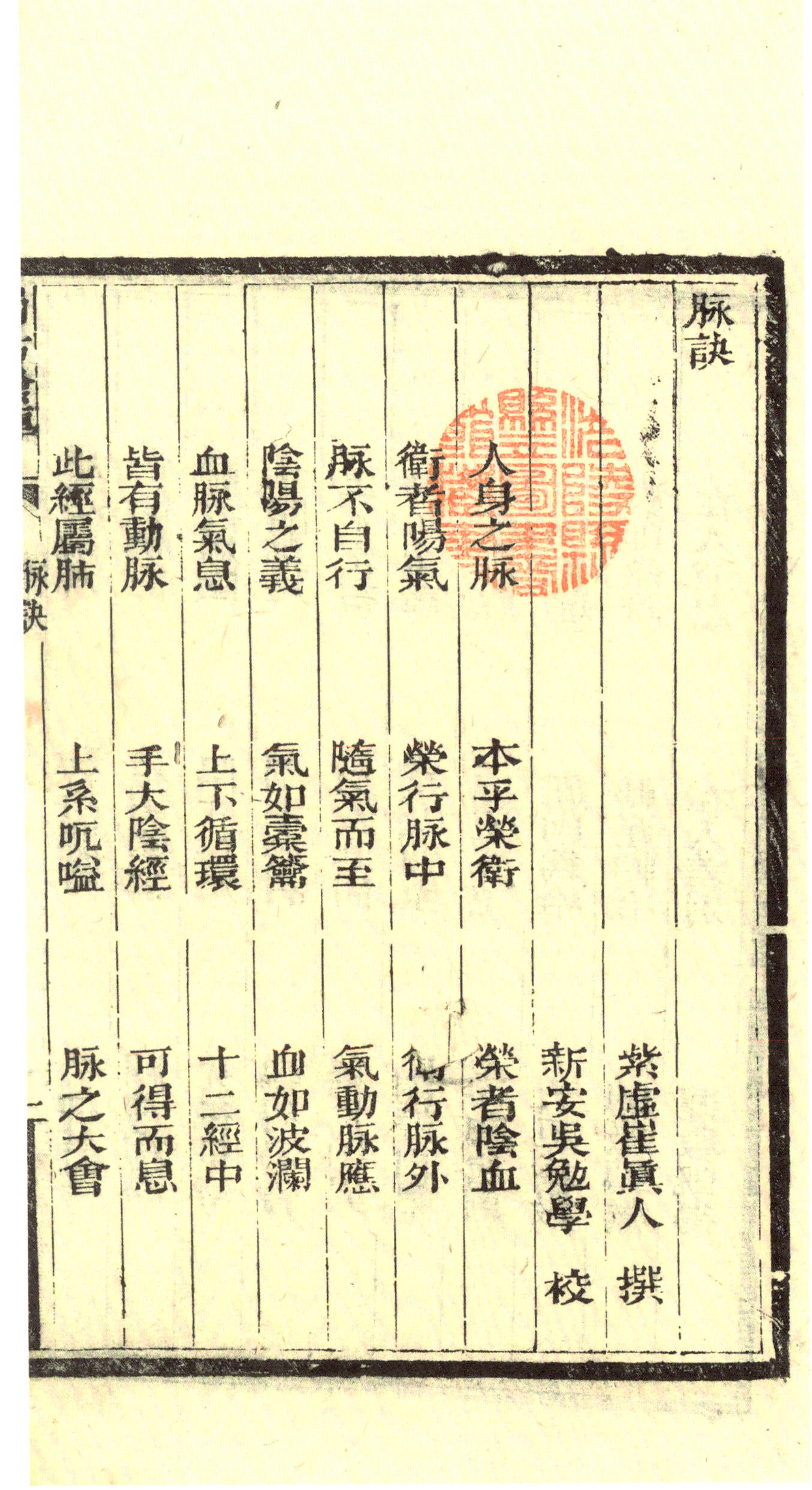

脉訣

紫虛崔眞人 撰
新安吳勉學 校

人身之脉　本乎榮衛　榮者陰血
衛者陽氣　榮行脉中　衛行脉外
脉不自行　隨氣而至　氣動脉應
陰陽之義　氣如橐籥　血如波瀾
血脉氣息　上下循環　十二經中
皆有動脉　手大陰經　可得而息
此經屬肺　上系吭嗌　脉之大會

東垣十書十二種　（元）李杲等撰　（明）王肯堂等訂正　清光緒三十四年（1908）肇經堂刻本

匡高17.8厘米，廣11.6厘米。行數不等，行字不一，上白口，下黑口，四周雙邊。重慶市涪陵區圖書館藏。十六册。

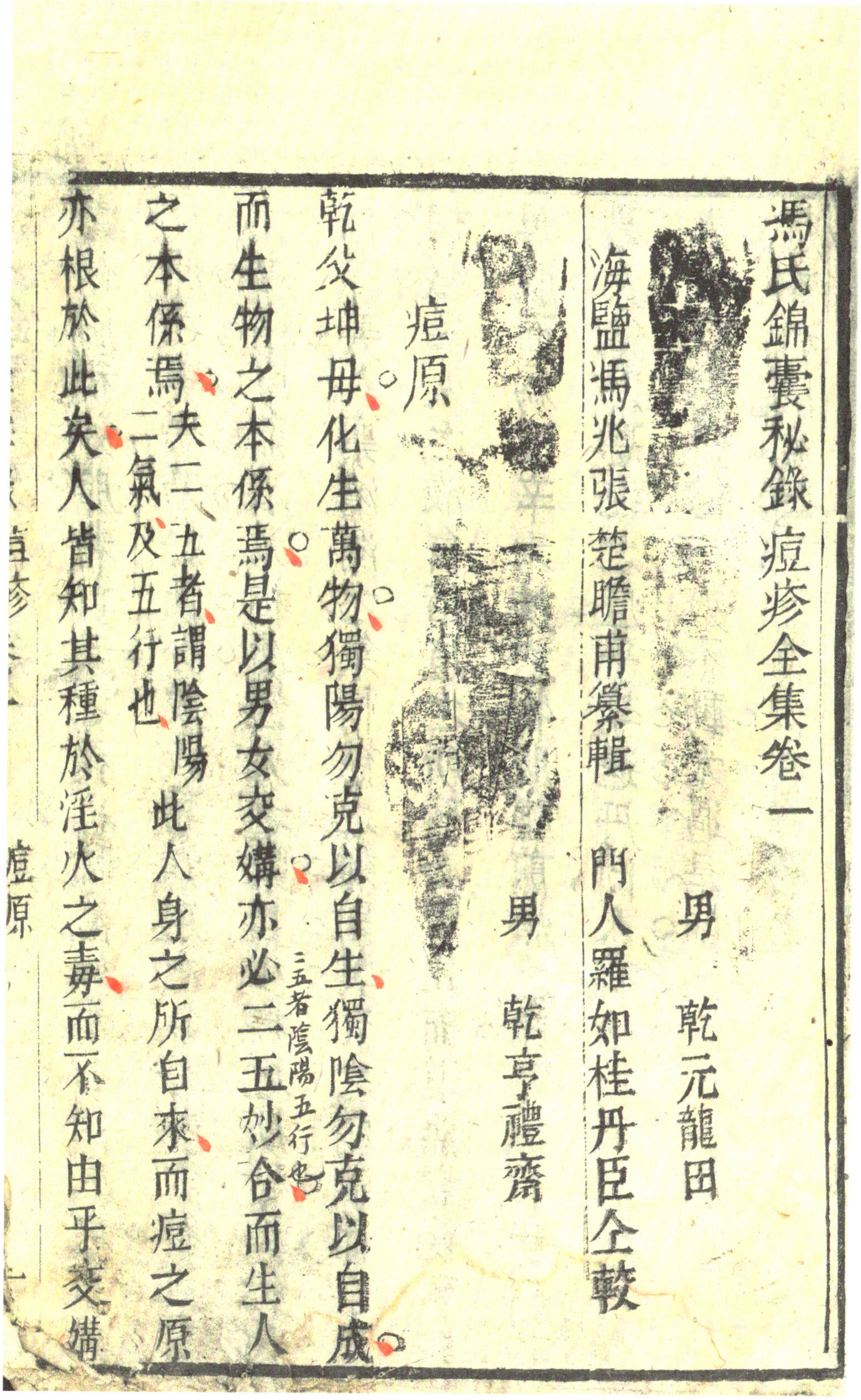
馮氏錦囊秘錄　痘疹全集卷一

海鹽馮兆張楚瞻甫纂輯　男　乾元龍田

門人羅如桂丹臣仝較　男　乾亨禮齋

痘原

乾父坤母化生萬物獨陽勿克以自生獨陰勿克以自成而生物之本係焉是以男女交媾亦必二五妙合而生人（二五者陰陽五行也）之本係焉夫二五者謂陰陽二氣及五行也此人身之所自來而痘之原亦根於此矣人皆知其種於淫火之毒而不知由乎交媾

馮氏錦囊秘錄四十九卷總目一卷　（清）馮兆張纂輯　清刻本

匡高19.3厘米，廣14.2厘米。半葉九行，每行二十二字，小字雙行同，白口，左右雙邊。重慶市涪陵區圖書館藏。存三十二卷。存十六册。

馮氏錦囊秘録雜症大小合參卷首上

海鹽馮兆張楚瞻甫纂輯　門人王崇志慎初仝較

羅如桂丹臣

男乾元龍田

内經纂要

上古天真篇曰上古之人其知道者法於陰陽和於術數

知道謂知修養之道也夫陰陽者天地之常道術數者保生之大倫故修養者必謹先之食飲有節起

居有常不妄作勞食飲者充虚之滋味起居者動止之綱紀飲食自倍腸胃乃傷生氣通天論曰

起居如驚神氣乃浮是惡妄動也廣成子曰必靜必

清無勞汝形無摇汝精乃可以長生故聖人先之也故能

馮氏錦囊秘録内經纂要上　上古天眞篇

馮氏錦囊秘録四十九卷總目一卷　（清）馮兆張纂輯　清嘉慶十八年（1813）會成堂刻本

匡高19.6厘米，廣14.2厘米。半葉九行，每行二十二字，小字雙行同，白口，左右雙邊。重慶市涪陵區圖書館藏。存四十七卷。存四十册。

神農本草經讀卷之一

閩吳航陳念祖脩園甫著

男元豹道彪古愚
元犀道照靈石 仝校字

上品

人參氣味甘微寒無毒主補五臟安精神定魂魄止驚悸除邪氣明目開心益智久服輕身延年

陳脩園曰本經止此三十七字其提綱云主補五臟以五臟屬陰也精神不安魂魄不定驚悸不止目不明心智不足皆陰虛爲亢陽所擾也今五臟得甘寒之助則有安之定之止之明之開之益之之效矣曰邪氣者非指外邪而言乃陰虛而壯火食氣火即邪

本草經讀　卷一　上品　一

公餘醫錄三十二種　（清）陳念祖著　清光緒二十一年（1895）仿南雅書屋刻本

匡高18.9厘米，廣13.7厘米。半葉十行，每行二十六字，白口，左右雙邊。

重慶市涪陵區圖書館藏。存五十七卷。存十七册。

中西醫解上卷

彭縣唐宗海容川著

人身陰陽

西醫謂造化主惠育羣黎所謂造化主卽天地之神也與中國人本天地之中以生之義不謀而合但語言文字略不同耳茲且舉天地生人之理先注明之天地只此陰陽化生五運六氣人身秉此陰陽乃生五臟六腑

夫自古通天者生之本本於陰陽　凡人未生之前男女媾精而

中外醫書十種　（清）唐宗海著　清光緒三十年（1904）文匯堂刻本

匡高16.8厘米，廣10.1厘米。半葉八行，每行二十五字，上白口，下黑口，四周雙邊。重慶市涪陵區圖書館藏。十册。

中西匯通醫經精義上卷

蜀天彭縣唐宗海容川著　　夔門鄧其章雲航參校

人身陰陽

西醫謂造化主恵育烝黎所謂造化主即天地之神也與中國人本天地之中以生之義不謀而合但語言文字畧不同耳茲且舉天地生人之理先注明之天地只此陰陽化生五運六氣人身秉此陰陽乃生五臟六腑

夫自古通天者生之本本於陰陽

凡人未生之前男女媾精而成此胎孕即本天地水火之氣而交媾也既生之後鼻息呼吸得天之陽以養氣飲食五味得天之陰以養血是未生之前既生之後皆無不與天相通而所以相通之故則以人身之陰陽實本於天地之陰陽而已西洋化學言人吸空中養氣而

中西匯通醫書五種二十八卷　（清）唐宗海撰　（清）鄧其章參校　清光緒三十二年（1906）善成堂刻本

匡高15.8厘米，廣11.5厘米。行數不等，行字不一，白口，四周雙邊。重慶市涪陵區圖書館藏。十册。

世補齋醫書　文一

元和陸懋修九芝著

壻歸安沈彥模子範
受業羅山方連軫坤吾
溧水濮賢慈雲依　參校
子　潤庠鳳石

史家之贊孫思邈曰夫人之身出必有處處非得已貴爲世補余少問學鮮經濟無補於世退而求思邈之術若有得焉因取以名吾齋而即以名吾書

補後漢書張機傳

張機字仲景南郡涅陽人也靈帝時舉孝廉在家仁孝以廉

世補齋醫書　卷一　一　文

世補齋醫書六種三十三卷總目一卷　（清）陸懋修撰　清光緒十年（1884）刻本

匡高19厘米，廣12.6厘米。半葉十行，每行二十三字，白口，四周雙邊。重慶市涪陵區圖書館藏。八册。

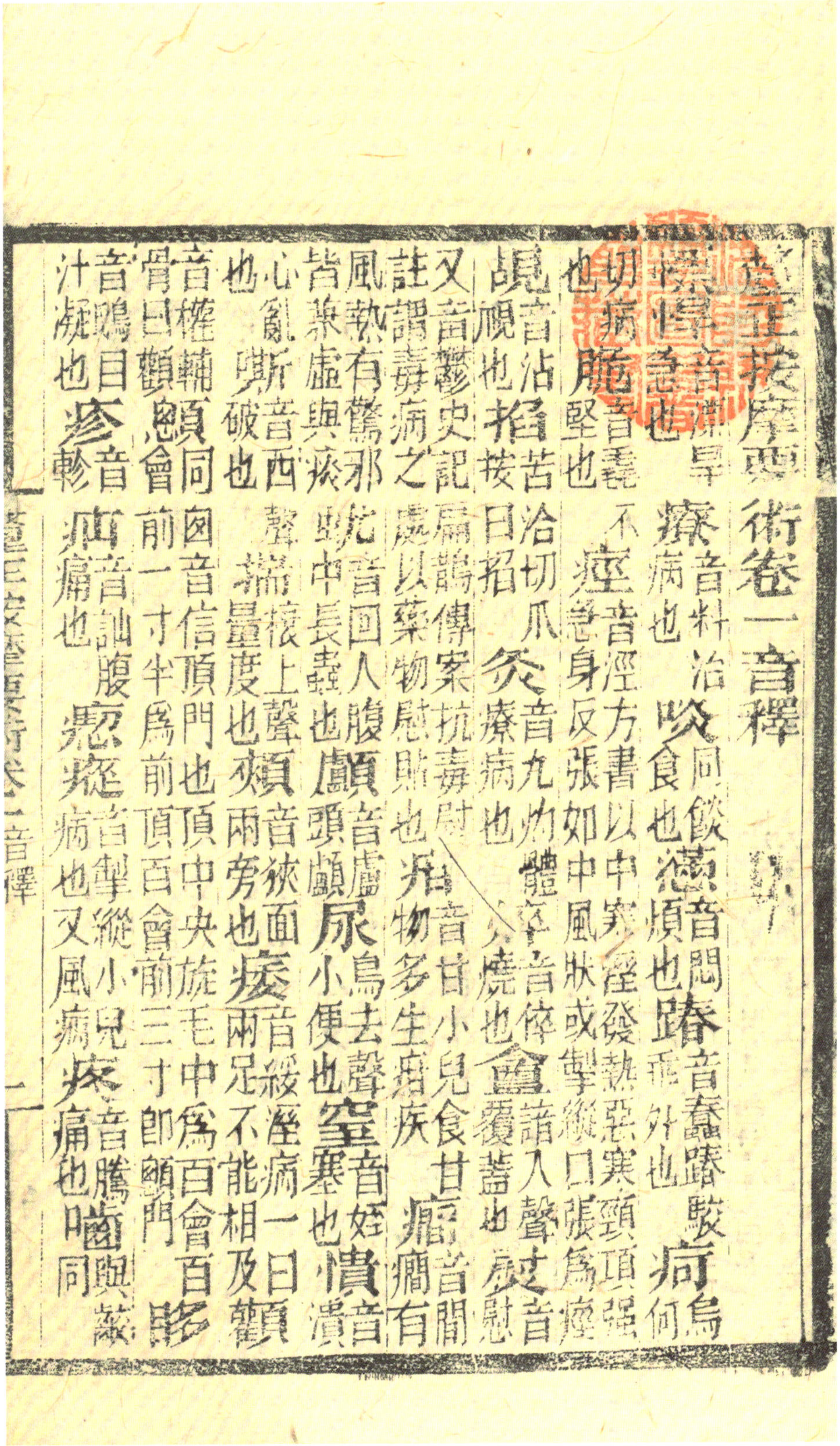

釐正按摩要術卷一音釋

[illegible]音[illegible]旱[illegible]急也　療音料治病也　咬同飲食也　懣音悶煩也　踳音蠢踳駁乖外也　痾烏何切病也　脆音毳不堅也　痙音涇方書以中寒發熱惡寒頸項强急身反張如中風狀或掣縱口張爲痙　覘音沾覘也　掐苦洽切爪按曰掐　灸音九灼體療病也　焠音倅火燒也　盦音諸入聲覆蓋也　熨音慰又音鬱史記扁鵲傳案抗毒熨註謂毒病之處以藥物熨貼也　疳音甘小兒食甘物多生疳疾　癇音閒癇有風熱有驚邪皆兼虛與痰　蚘音回人腹中長蟲也　顱音盧頭顱　尿鳥去聲小便也　窒音姪塞也　憒音潰心亂也　嘶音西聲破也　揣[illegible]上聲量度也　頰音裌面兩旁也　痿音緌痙病一曰兩足不能相及　顴音權輔骨曰顴　顖同囟音信頂門也頂中央旋毛中爲百會百會前一寸半爲前頂百會前三寸即顖門　眵音鴟目汁凝也　疹音軫　疝音訕腹痛也　瘛瘲音掣縱小兒病也又風病　疼音騰痛也　嚙與齧同

釐正按摩要術卷一音釋　一

述古齋幼科新書三種六卷　（清）張振鋆輯　清光緒三十三年（1907）瀘州文匯堂刻本

匡高17.5厘米，廣13.2厘米。半葉九行，每行二十二字，小字雙行同，黑口，左右雙邊。重慶市涪陵區圖書館藏。六册。

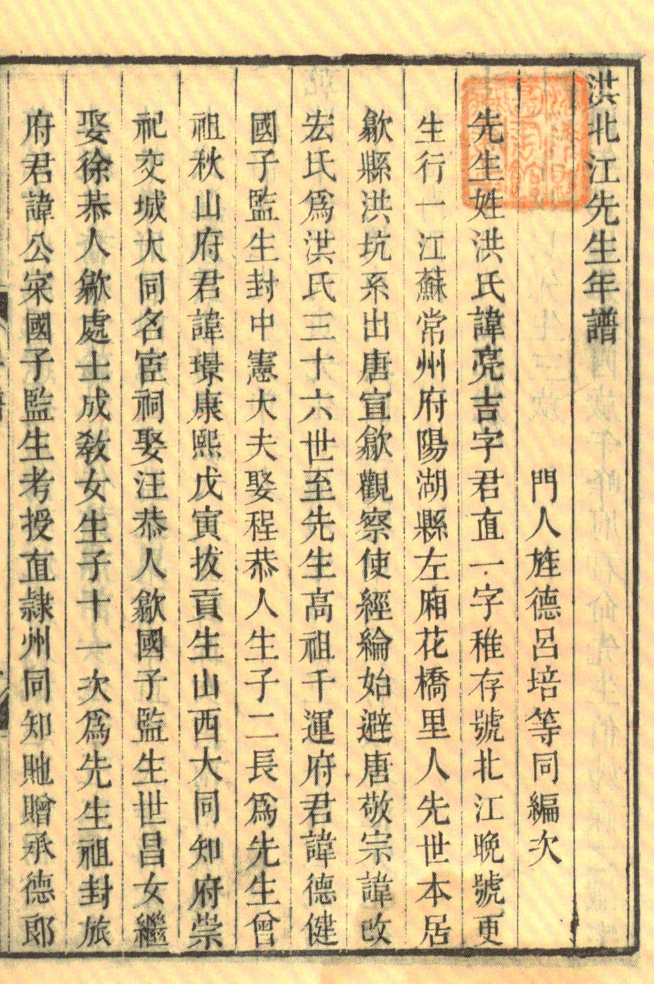

洪北江全集二百二十二卷附鮚軒詩八卷　（清）洪亮吉著　清光緒三年至五年（1877—1879）授經堂刻本

匡高19.2厘米，廣14.3厘米。半葉十一行，每行二十二字，小字雙行同，黑口，左右雙邊。重慶市涪陵區圖書館藏。存二百二十四卷（存二百十九卷，附鮚軒詩存卷四至八）。存七十九册。

鄒叔子遺書之一

讀書偶識一

新化鄒漢勛叔績

卦主之說漢宋之儒皆用之然無成灋可㠯測推將有非主而云主者矣略論之乾坤㠯中爲主三男㠯昜爲主三女㠯侌爲主此三畫卦之主也六畫之卦昜㠯外爲主侌㠯內爲主故乾主九五坤主六二震主九四坎主九五艮主上九巽主初六離主六二兌主六三王嗣輔昜略例曰夫少者多之所貴也寡者衆之所宗也一卦五昜而一侌則一侌爲之主矣五侌而一昜則一昜

鄒叔子遺書七種　（清）鄒漢勛撰　清光緒九年（1883）新化鄒氏刻本

匡高17.4厘米，廣11.2厘米。半葉九行，每行二十一字，小字雙行同，黑口，四周雙邊。重慶市涪陵區圖書館藏。存六種二十九卷。存十六册。

民國時期傳統裝幀書籍

民國七年四川成都存古書局印

四益易說

三易之說出於周禮自劉歆以來說易者皆以文周作經孔子作傳三易之說疵病百出十翼即易經別名出於孔子自歐陽公以下疑者數十家東漢之初古文家但云文王作易馬陸又添出周公攷禮運云商得坤乾是孔子所得之易出於商孔子繙爲乾坤乃別爲經非文王作明也且治經以本經爲主繫辭言伏羲畫卦文義詳明伏羲天神蒼龍之精天星所作皆爲神物此不過言易卦出於自然乃天象非此卦果出自伏羲但以畫卦論繡工織女所優爲使易爲文王周公所作則當有明白陳說今攷繫辭三言作易皆以爲殷人與禮運相合又言其人當文王與紂之時則決非文王周公所作左傳所稱當以易象爲正文至於周禮周字乃普匝名詞不必爲姬氏國號今据本經大傳與禮運定易爲殷人所創其姓名不傳莊子言孔子翻十二經又云以易春秋詩書說老子西漢以上諸

四益易說 一

易說不分卷　（清）惠士奇撰　民國七年（1918）四川成都存古書局刻本

匡高19厘米，廣13.6厘米。半葉十二行，每行二十五字，小字雙行同，白口，四周雙邊。重慶市涪陵區圖書館藏。一册。

易經新義疏證凡例

六經終於易　孔子傳經垂教始於詩終於易故經惟詩易體裁相合藉物託比寄懷深遠以詩在言志易明陰陽變化之故也蓋六經專明人事制度典禮道術得失平實顯著一成不變方體雖有據依樞機或昧變化終以易象明示屈信進退之妙六經稻秫易則醴齊六經營壘易則兵法以易視六蓺不無精華糟粕之分然必先攷典禮明道德詳治亂知是非下學已精方語上達微言啟悟故意不盡言非六經既成之後不作易非六經既通以後亦不足以學易也

易經新義疏證凡例一卷　廖平撰　民國彙印《新訂六譯館叢書》刻本

匡高18.5厘米，廣12.6厘米。半葉十行，每行二十二字，小字雙行同，黑口，左右雙邊。重慶市涪陵區圖書館藏。一册。

公羊春秋經傳驗推補證第一　　井研廖氏學

春秋者魯史之舊名經爲孔子所修傳爲子夏所傳魯曰穀梁齊曰公羊皆卜商之異文孔子以春秋授商故齊魯同舉首師以氏其學人地字異音同三傳之常例齊魯自太公魯公開國好尚風氣已自不同近聖人居故好學出于天性春秋有三傳詩亦有三家齊詩四始五際多宗緯候故公羊亦多非常可駭之論近世通行義疏多古文晚出之說惟公羊獨守西漢博士遺則迴出諸家之上至聖作經弟子譯傳當時學者以王制傳禮制以國語錄事實所有義例別撰大傳以明之今傳乃後師授受因問難而有作取舊傳條說傳文出于孟荀以後漢師亦有增補此本又爲宣帝後顏氏一家所傳與董嚴皆有同異別家佚傳間有可徵故隨文補入齊魯同說一經實無大異國語左邱明即論語啓予商義例相同各有長義與本傳不迕者亦畧補之

意在補何故以補證名焉

公羊補證　卷一　一

公羊春秋經傳驗推補證十一卷附大統春秋條例圖表一卷　廖平撰　民國元年（1912）四川成都存古書局刻本

匡高20.5厘米，廣13.8厘米。半葉十行，每行二十一字，小字雙行同，白口，四周雙邊。重慶市涪陵區圖書館藏。六册。

孝經集傳卷之一

漳浦黄道周集傳後學　晉安鄭開極　同較

開宗明義章第一　海昌沈　珩

仲尼居。曾子侍。子曰。先王有至德要道。以順天下。民用和睦。上下無怨。女知之乎。

順天下者順其心而已。天下之心順。則天下皆順矣。因心而立教謂之德。得其本則日至德。因心而成治則日道。得其本則日要道。道德之本。皆生於天。因天所命。以誘

孝經集傳　卷一　一

孝經集傳四卷目錄一卷　（明）黄道周撰　民國十一年（1922）施氏醒園刻本

匡高18.8厘米，廣14.4厘米。半葉九行，每行十八字，白口，左右雙邊。重慶市涪陵區圖書館藏。六册。

一舊說王制以爲春秋專證今既以王制統六經則不專以春秋爲主今將春秋專證以歸公穀義證至于王制注疏不專主春秋焉

孝經學凡例

廖平

緯云志在春秋行在孝經蓋春秋爲治人之事孝經爲自治之事故經解言六藝而不及孝經以經專言治術治術以春秋爲主故與孝經對舉此素王修己治人之要道也

孝經專以行爲主故經文平易所謂知之非艱行之惟艱然經文雖少而儀說甚繁傳記言孝固多而子家則幾無書不有專篇此以議論爲經而儀制傳說者也孝經爲修治初階不得以平易忽之

素王繙述六藝以爲一王之法孝經引詩書爲說此通其說於六藝也緯亦以詩書不似經而刊之過也

孔子以前不以孝立教舉孝以包百行至德要道此素王新法也故凡載籍言孝者皆爲孝經說孔子不作孝經則孝道不如此

孝經學凡例　一

孝經學凡例一卷　廖平撰　民國彙印《四益館叢書》刻本

匡高18.5厘米，廣12.6厘米。半葉十行，每行二十二字，小字雙行同，白口，左右雙邊或四周雙邊。重慶市涪陵區圖書館藏。一册。

四聲切韻表凡例羅有高曰韻說文新附字舊兇譣云古与均同表當作表
字典音韻闡紱皆有等韻圖等冽分晰兩音韻已備字
橐有高曰橐俗作彙字典辨之甚詳今攷說文當作㯥傳寫斐變兩譌載橫直二圖師心
苟作音韻殽譌直圖刪易母位變紊七音尤爲紕繆此
表依古二百六韻條分縷析四聲相從有高曰當作馭隸書妄析其體
各統吕母別其音哆等冽本字之切卽註本字之下開
卷有高曰當作卷了然學者繇此碍悤庡無有高曰當作鑿鑿枘
谷人傳三十六母總搭一切有字之音不可增減不可
移有高曰當作迻移禾名也与迻義別易凡欲有高曰凡欠㐬俱當作彡增減移易者

四聲切韻表凡例　一

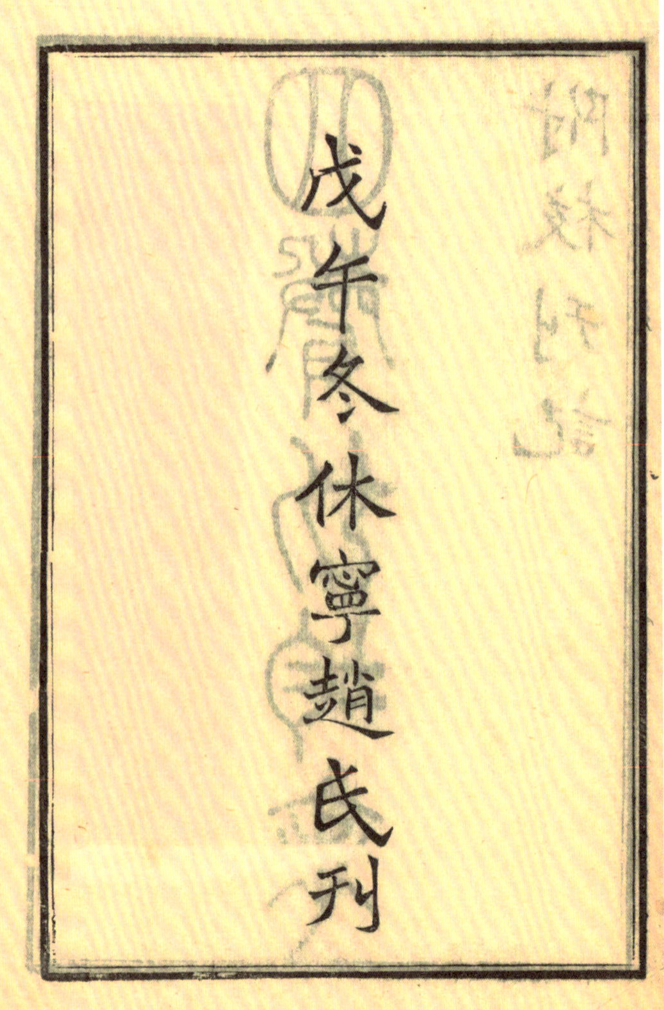

四聲切韻表一卷校刊記一卷　（清）江永編撰　民國七年（1918）休寧趙世忠刻本

匡高19.5厘米，廣13.7厘米。半葉九行，每行二十一字，小字雙行同，黑口，四周雙邊。重慶市涪陵區圖書館藏。一册。

聲韻攷卷弟一

休寧戴震譔

反切之始

顏之推家訓音辭篇曰鄭玄注六經高誘解呂覽淮南許慎造說文劉熙製釋名始有譬況假借㠯證音字而古語與今殊別其閒輕重淸濁猶未可曉加㠯內言外言急言徐言讀若之類益使人疑孫叔然刱爾雅音義是漢末人獨知反語至于魏世此事大行高貴鄉公不解反語㠯爲怪異自茲厥後音韻鋒出各有土風遞相非笑共㠯帝王都邑參校方俗攷覈古今爲之折衷

聲韻攷四卷目錄一卷　（清）戴震撰　嚴式誨校鐫　龔耕覆校　民國十二年（1923）渭南嚴氏刻本

匡高15.8厘米，廣11.5厘米。半葉十行，每行二十一字，小字雙行同，黑口，左右雙邊。重慶市涪陵區圖書館藏。一册。

聲類表卷首

休寧戴震譔

荅段若膺論韵

陸德明於邶風南字云古人韵緩不煩改字顧氏取其說江慎修先生見於覃至凡八韵字實有古音改讀入侵者元寒至仙七韵字實有古音改讀入真者音韵卽至諧故真已下十四韵侵已下九韵各析而二自信剖別入微在此大箸更析真臻先與諄文殷魂痕為二尤幽與侯為三且悟古四聲不同合韵猶古本音不同合韵遂以此斷古無平仄通押去入通押書中自信剖別

聲類表十卷首一卷　（清）戴震撰　嚴式誨校鐫　龔耕覆校　民國十二年（1923）渭南嚴氏刻本

匡高15.5厘米，廣11.5厘米。半葉十行，每行二十一字，小字雙行同，黑口，左右雙邊。重慶市涪陵區圖書館藏。二册。

民國十有七年歲次戊辰三月穀旦逸翁書於春申浦善德里詁林精舍

說文解字詁林通檢緒言

一　述說文查字之難

許氏說文解字、始一終亥、部居秩然。然其各字之分部、有非初學所能知者。如牧之不在牛部、齵之不在齒部、疏之不在疋部、翼之不在羽部、貌之不在豸部、馭之不在馬部、煮之不在火部、瓶之不在瓦部、眣之不在田部、眡眂之不在目部、罌罏之不在缶部、韍韐之不在韋部、秬稂之不在禾部、射躳之不在身部、覩規之不在見部、磔砥之不在石部、婿娩之不在女部、餌饟之不在食部、粢粘之不在米部、宊字之不在宀

說文解字詁林　通檢緒言　一

說文解字詁林八十二種千三十六卷　丁福保編　民國二十年（1931）石印本

匡高20厘米，廣12.5厘米。半葉十行，每行二十字，小字雙行同，上白口，下黑口，左右雙邊。重慶市涪陵區圖書館藏。六十六册。

字義類例

叚借第一　漢書藝文志曰六書謂象形象事象意象聲轉注假借造字之本也說文敘釋叚借之義曰本無其字依聲託事令長是也按許意以爲令爲發號施令字長訓久遠漢時用爲縣令縣長字是謂本無其字依聲叚借也許說叚借之義例甚嚴故班固亦以叚借爲造字之本後人不守班許之說以同聲通用爲叚借其例乃氾濫無涯涘矣夫同聲通用乃用字之取便非造字之叚借後人悉被以六書叚借之名其實非無字依聲之例也

陳獨秀撰

叚借有二類一曰叚借後不復造本字者一曰叚借後復造本字者

令發號施令也春秋楚有令尹叚以爲官名也長訓久遠周禮大冢宰建其長尚書咸建五長叚以爲爵

字義類例　叚借第一　一

字義類例十卷　陳獨秀撰　民國十四年（1925）亞東圖書館石印本

匡高15.4厘米，廣11.5厘米。半葉十行，每行二十字，小字雙行同，白口，四周單邊。重慶市涪陵區古籍普查“私人藏書”。一册。

資治通鑑卷一

宋　司馬光　編集

元　胡三省　音註

周紀一 起著雍攝提格盡玄黓困敦凡三十五年○爾雅太歲在甲曰閼逢在乙曰旃蒙在丙曰柔兆在丁曰彊圉在戊曰著雍在己曰屠維在庚曰上章在辛曰重光在壬曰玄黓在癸曰昭陽是爲歲陽在寅曰攝提格在卯曰單閼在辰曰執徐在巳曰大荒落在午曰敦牂在未曰協洽在申曰涒灘在酉曰作噩在戌曰掩茂在亥曰大淵獻在子曰困敦在丑曰赤奮若是爲歲名周紀分註起著雍攝提格起戊寅也盡玄黓困敦盡壬子也閼讀如字史記作焉著陳如翻雍於容翻黓逸職翻單上音丹閼烏葛翻又於連翻牂作郎翻涒吐霓翻灘吐丹翻因敦音頓○杜預世族譜曰周黃帝之苗裔姬姓后稷之後封於邰及夏衰稷子不窋竄於西戎至十二代孫太王避狄遷岐至孫文王受命武王克商而有天下自武王至平王凡十三世自平王至威烈王又十八世自威烈王至赧王又五世張ㄕ節曰因太王居周原國號曰周地理志云右扶風美陽縣岐山西北中水鄉周太王所邑括地志云故周城一名美陽城在雍州武功縣西北二十五里紀理也統理衆事而繫之年月溫公繫年用春秋之法因史漢本

周紀　威烈王　一　商務印書館藏版

資治通鑑註二百三十四卷附釋文辨誤十二卷　（宋）司馬光編集

（元）胡三省音注　民國六年（1917）商務印書館鉛印本

匡高21.6厘米，廣15厘米。半葉十一行，每行二十七字，小字雙行同，白口，四周雙邊。重慶市涪陵區圖書館藏。六十册。

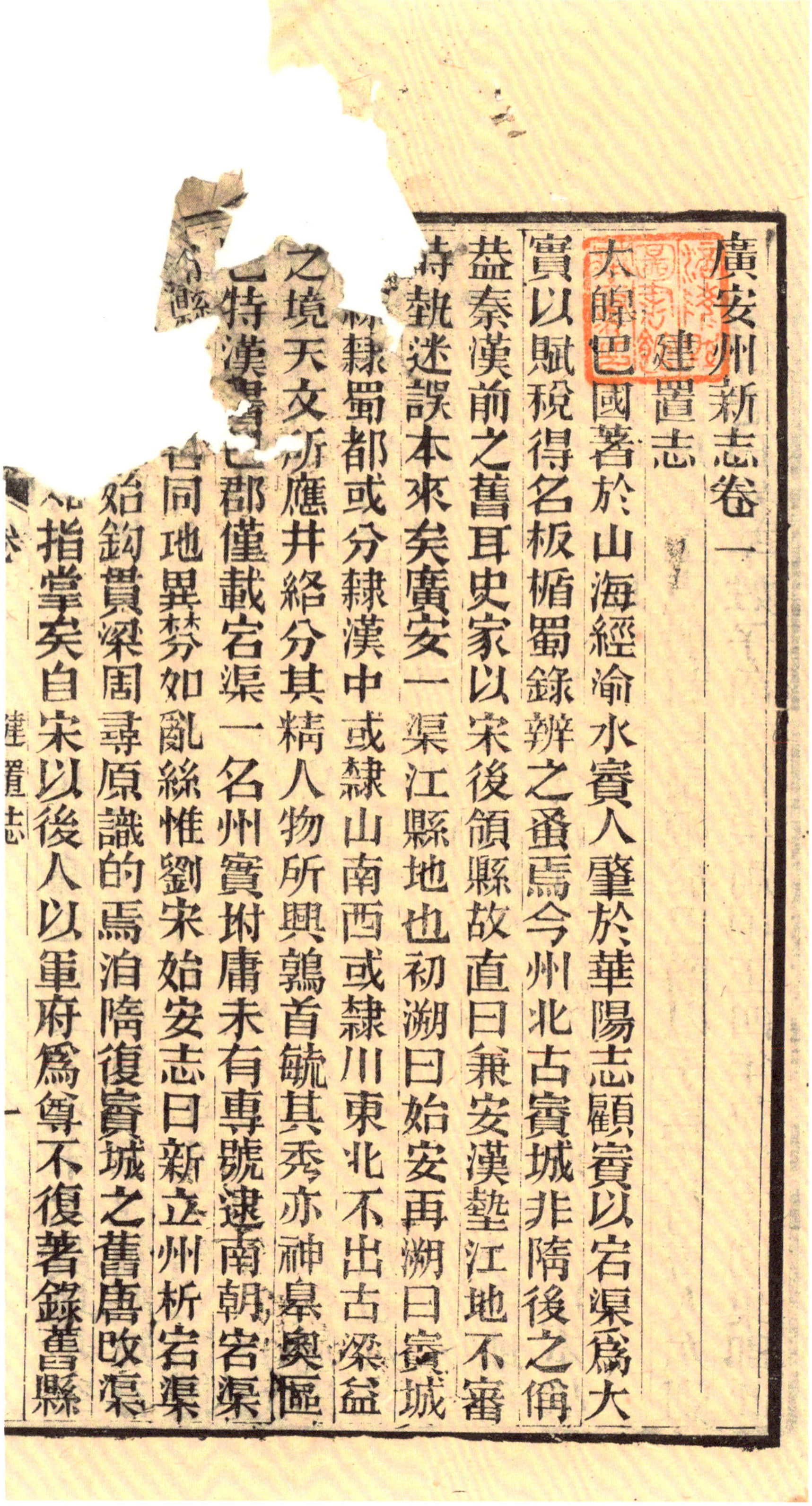

廣安州新志卷一

建置志

太皞巴國著於山海經渝水賨人肇於華陽志顧賨以宕渠爲大

賨以賦稅得名板楯蜀錄辨之審焉今州北古賨城非隋後之僑

益秦漢前之舊耳史家以宋後領縣故直曰兼安漢墊江地不審

時執迷誤本來矣廣安一渠江縣地也初溯曰始安再溯曰賨城

稍隸蜀都或分隸漢中或隸山南西或隸川東北不出古梁益

之境天文所應井絡分其精人物所興鶉首毓其秀亦神皋奧區

也特漢書巴郡僅載宕渠一名州實坿庸未有專號逮南朝宕渠

郡同地異勢如亂絲惟劉宋始安志曰新立州析宕渠

始鈎貫梁周尋原識的焉洎隋復賨城之舊唐改渠

指掌矣自宋以後人以軍府爲尊不復著錄舊縣

卷一　建置志　一

〔光緒〕廣安州新志四十三卷首一卷　（清）顧懷壬等修　（清）周克堃等纂　民國十六年（1927）刻本

匡高23厘米，廣15.2厘米。半葉十二行，每行二十五字，白口，四周雙邊。

重慶市涪陵區圖書館藏。十一册。

新都縣志

第一編　輿地

沿革

前漢置屬益州廣漢郡

前漢書地理志益州廣漢郡領縣十三其九曰新都縣

華陽國志　高祖六年始置廣漢郡領縣八其四曰新都縣

按新都置縣年代無考首見於漢書地理志及華陽國志故斷自漢置

後漢因之

後漢書郡國志　益州廣漢郡領十一城其二曰新都縣

蜀漢因之

新都縣志　第一編　輿地　沿革　一

〔民國〕新都縣志六編　陳習删等修　閔昌術等纂　民國十八年（1929）鉛印本

匡高20.2厘米，廣14.1厘米。半葉十行，每行二十六字，小字雙行同，白口，四周雙邊。重慶市涪陵區圖書館藏。六册。

勝俱按方向里數詳細記注專
一山經圖須認定主山從何方位入手隨其起伏氣脈分別枝幹循行
至山盡而止不拘鎭鄉之限專甲
一水道圖須就該水緊接鄰封交界處地名入手沿流而下分別方向
記注里數至合他流或出縣境而止其有溪流來會不拘大小竟委
窮源循支及幹至所出源頭乃已不以鎭鄉爲限津梁隄堰坿之專甲
一砦堡團甲圖須各就其所在山岡平原之地按照距離里數逐一註
明以知有無形勝是否險要可否拒守能否進攻取足守望之用不
分城鎭鄉區專
一校地圖須各就所在之城鎭鄉區記明地名里數分別男女師中高
小農蠶等目逐一詳載以全縣爲界專
一建置沿革圖須按唐宋五朝州屬各縣疆域畧爲界畫俾知舊合州
界不特與漢墊江縣今合川縣不同亦與淸之合州疆境有異唯不
開方計里以示闕疑甲

圖經一　民國新修合川縣志卷之一
邑人張森楷學

圖經總序

志之有圖舊已此爲圖經何哉孟子曰行仁政必自經界始釋
名云南北爲經東西爲緯說地理者蓋有取于此明焦竑著國
史經籍志撰錄漢唐以來圖經凡數十種其大恉可見也余爲
合川縣志圖經既成爰序其意于簡端曰吾讀周官而見先王
之經理天下至纖悉也葢有大司徒掌建都之土地之圖及職
方氏掌天下之圖以掌其總矣又有司會掌國之郊野縣都之
百物財用凡在書契版圖者之貳以件繫而條舉之又有土訓
掌道地圖以詔地事則并其形勢土宜亦詳說焉於戲備矣世
儒不察徒咀味于語言文字而置圖之列疆理備形法者不講
何貿貿之甚哉雖然難言之矣鄭樵撰圖譜略自謂獨得之學
而懱班固藝文志自任宏所校兵書以圖著錄外餘皆昧不收
圖遂使史皇所作（史皇作圖見世本作篇）夏禹所象蕭何所收張華所覩

〔民國〕新修合川縣志八十三卷首一卷　鄭賢書等修　張森楷等纂　民國十一年（1922）刻本

匡高19.8厘米，廣14.2厘米。半葉十五行，每行二十七字，小字雙行同，黑口，四周單邊。重慶市涪陵區圖書館藏。三十册。

雙流縣志卷一

建置沿革表附

唐虞爲梁州域歷夏商至周爲蜀國（職方屬雍州）秦爲蜀郡地

華陽國志周失紀綱蜀先稱王有蜀侯蠶叢始稱王後王杜宇或治瞿上　路史因提紀蜀山氏其始蠶叢縱目王瞿上注瞿上城在今雙流縣南十八里

漢爲廣都縣屬蜀郡（莽曰就都亭）東漢因之蜀漢因之

華陽國志蜀郡廣都縣郡西三十里元朔二年置　三國蜀志建興十四年徙武都氐王氐民於廣都

晉永和中分縣界置甯蜀郡領廣都廣漢升遷西鄉四縣宋齊因之

齊書甯蜀郡領縣四廣漢升遷廣都墊江　讀史方輿記要廣都縣晉移郡治此兼置甯蜀郡

宋齊及梁因之

後周廢甯蜀郡廣都縣如故

隋書地理志雙流舊曰廣都置甯蜀郡後周郡廢

成都球新印刷廠代印

〔民國〕**雙流縣志四卷首一卷**　劉佶等修　劉咸滎等纂　民國二十六年（1937）成都球新印刷廠鉛印本

匡高20.5厘米，廣13.6厘米。半葉十三行，每行三十七字，小字雙行同，白口，四周雙邊。重慶市涪陵區圖書館藏。六册。

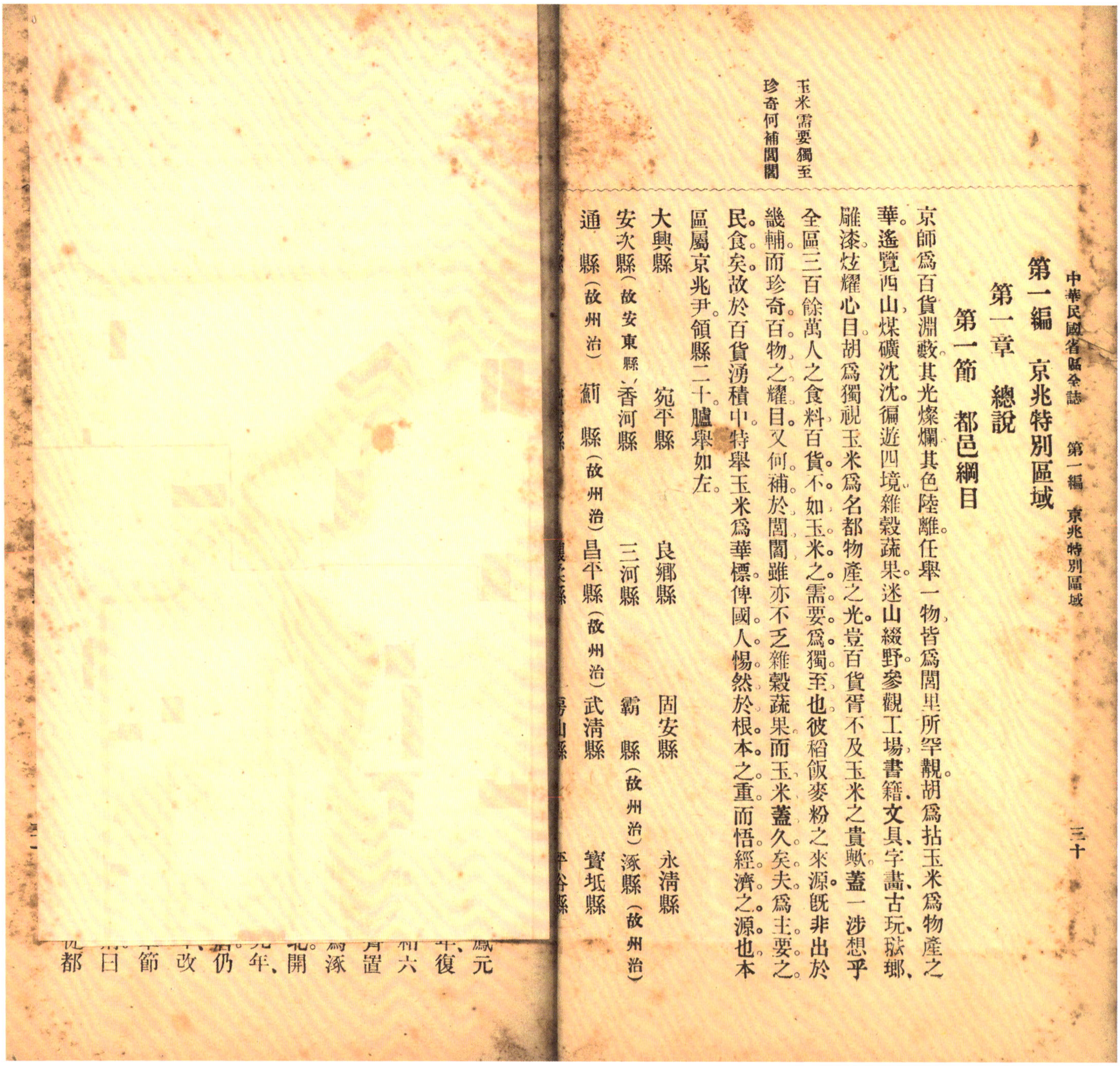
中華民國省區全誌　第一編　京兆特別區域　三十
玉米需要獨至
珍奇何補閭閻
第一編　京兆特別區域
第一章　總說
第一節　都邑綱目
京師爲百貨淵藪其光燦爛其色陸離任舉一物皆爲閭里所罕覩胡爲拈玉米爲物產之華遙覽西山煤礦沈沈徧遊四境雜穀蔬果迷山綴野參觀工場書籍文具字畫古玩琺瑯雕漆炫耀心目胡爲獨視玉米爲名都物產之光豈百貨胥不及玉米之貴歟蓋一涉想乎全區三百餘萬人之食料百貨不如玉米之需要爲獨至也彼稻飯麥粉之來源既非出於畿輔而珍奇百物之耀目又何補於閭閻雖亦不乏雜穀蔬果而玉米蓋久矣夫爲主要之民食矣故於百貨湧積中特舉玉米爲華標俾國人惕然於根本之重而悟經濟之源也本區屬京兆尹領縣二十臚舉如左
大興縣　宛平縣　良鄉縣　固安縣　永清縣
安次縣（故安東縣）香河縣　三河縣　霸縣（故州治）涿縣（故州治）
通縣（故州治）薊縣（故州治）昌平縣（故州治）武清縣　寶坻縣

中華民國省區全誌　白月恒著　民國十三年（1924）鉛印本

重慶市涪陵區圖書館藏。存《京直綏察熱五省區誌》。存一册。

兵燹

第二十六卷

雜編三

拾遺 附何氏萬戶侯千戶伯資疑 周氏册封虬正侯時代資疑

第二十七卷

敘錄

舊序 自序 修志銜名附

涪陵縣續修涪州志卷首終

涪陵縣續修涪州志卷一

疆域志一 陳志名封域序云自先王臺井分疆而有井邑邱甸之名此州郡之所由昉也洎秦開阡陌罷封建設立郡縣而後世因之地無大小皆得分土而治以比侯國府廳之屬涪陵雖幅員不廣而上應星文下因地利歷代沿革之異山川形勢之奇以及街肆里甲遺蹟邱壟非可一覽而盡也爰加意蒐輯增所未備彙成封域一帙後之人按籍而稽因地制宜俾斯土爲樂郊樂國斯善矣

昔聖人疆理天下度地居民荒服之國爵不過子而胙土數倍公侯繇山林川澤磽确險阻可井之地少也秦開阡陌置郡縣大抵準土壤之肥瘠以區廣狹必如是始足供稅率劑民食規畫略與封建等涪於古爲巴子屬地襟帶長江黔水入焉即涪陵江也楚嘗由是取黔中秦置枳縣屬巴郡漢因之而置涪陵縣於今彭水季漢升爲郡以枳漢平屬之晉徙郡治於枳後周移治漢平唐爲涪州涪陵郡治兩江水會初隸

涪陵縣續修涪州志 卷一 疆域志一 一

〔民國〕涪陵縣續修涪州志二十七卷首一卷附民國紀事一卷 劉湘主修 王鑒清監修 施紀雲總纂 民國十七年（1928）鉛印本

匡高16.3厘米，廣11.5厘米。半葉十一行，每行二十七字，小字雙行同，白口，四周雙邊。重慶市涪陵區圖書館藏。五册。

合江縣志輿地篇第一

古者量地以制邑度地以居民畫疆守之而官之教養民之生聚以著唐宋州郡類有圖經目錄學家復列方志於地理圖志並重自昔然矣合江置縣二千餘年有地二萬餘方里域內所麗可得而述茲篇凡分十三目曰疆域曰沿革曰山脈曰水道曰氣候曰交通曰關隘曰城廂曰署局曰場市曰勝蹟曰名墓曰壇廟冠之以地圖備校覽焉

疆域

合江縣治經度當北京偏西約十二度三十分緯度赤道北約二十八度四十分距北京五千九百九十里在省治成都東南八百七十里永甯道治瀘縣東一百二十里自縣治東至望龍場三十里交江津界南至磨刀溪四十五里交貴州鰼水界西至富家坳九十里交貴州赤水界北至界牌石坊七十里交瀘縣界東南至沙鑽溝三百里交鰼水界西南至蔡納園（赤水縣屬即插蠟園）七十里交赤水界西北至野蘭橋七十里交瀘縣界東北至

合江縣志　卷一　輿地　一

〔民國〕合江縣志六卷首一卷附合江文徵四卷　王玉璋修　劉天錫　張開文纂　民國十八年（1929）鉛印本

匡高17.3厘米，廣13.8厘米。半葉十三行，每行二十八字，小字雙行同，白口，四周雙邊。重慶市涪陵區圖書館藏。十一册。

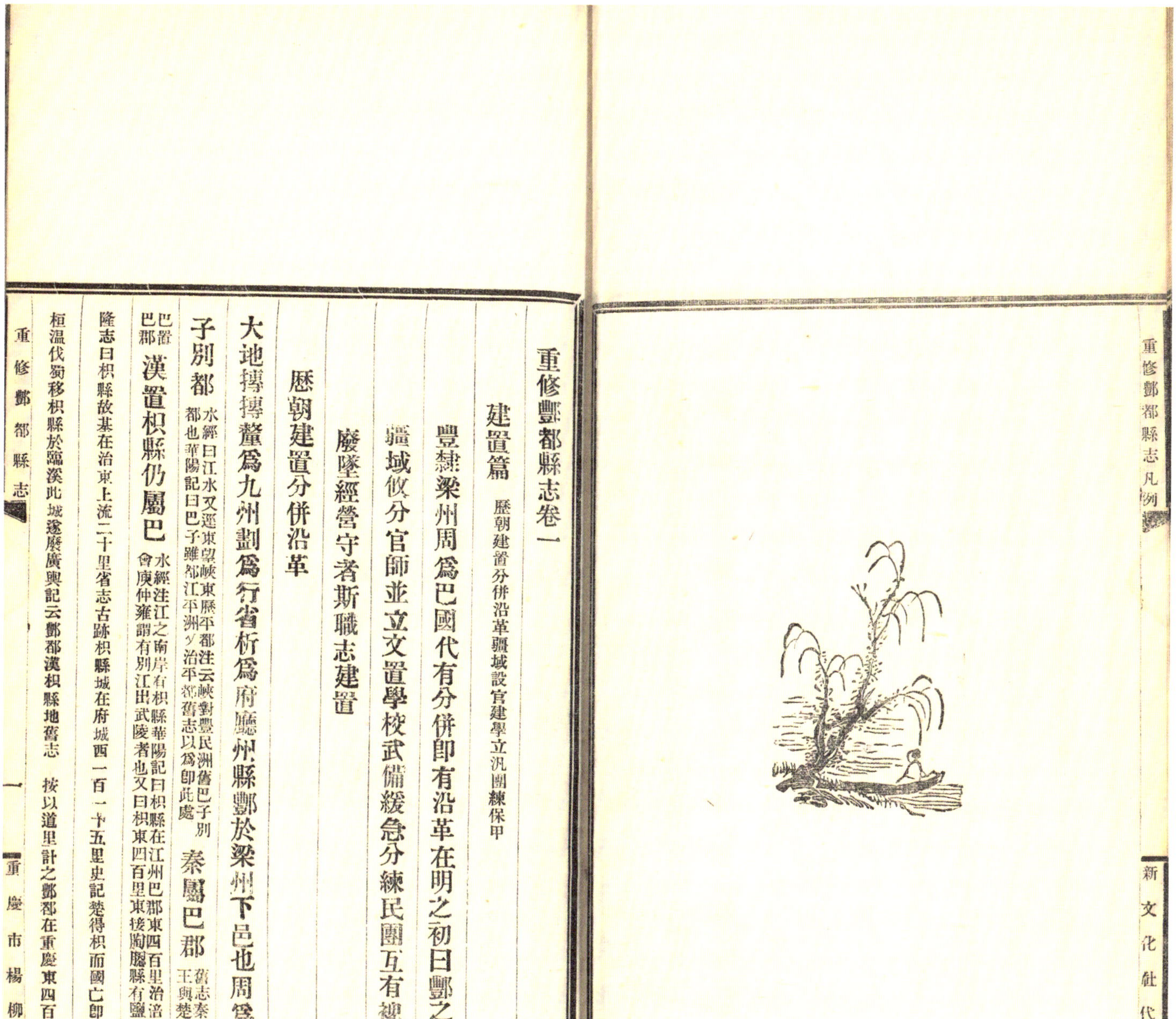

重修酆都縣志凡例

新文化社代印

重修酆都縣志卷一

建置篇　歷朝建置分併沿革疆域設官建學立汛團練保甲

豐隸梁州周爲巴國代有分併即有沿革在明之初曰酆之邑

疆域攸分官師並立文置學校武備緩急分練民團互有裨益

廢墜經營守者斯職志建置

歷朝建置分併沿革

大地摶摶釐爲九州劃爲行省析爲府廳州縣酆於梁州下邑也周爲巴

子別都　水經曰江水又逕東望峽東歷平都注云峽對豐民洲舊巴子別都也華陽記曰巴子雖都江州或治平都舊志以爲即此處　秦屬巴郡　舊志秦惠文王與楚共滅

巴置巴郡　漢置枳縣仍屬巴　水經注江之南岸有枳縣華陽記曰枳縣在江州巴郡東四百里治涪陵水會庾仲雍謂有別江出武陵者也又曰枳東四百里東接朐䏰縣有鹽官武

隆志曰枳縣故基在治東上流二十里省志古跡枳縣城在府城西一百一十五里史記楚得枳而國亡即此晉

桓溫伐蜀移枳縣於臨溪此城遂廢廣輿記云酆都漢枳縣地舊志　按以道里計之酆邳在重慶東四百里又

重修酆都縣志　一　重慶市楊柳街

〔民國〕重修酆都縣志十四卷　黄光輝等修　郎承詵等纂　民國十六年（1927）重慶市楊柳街鉛印本

匡高16.8厘米，廣12.8厘米。半葉十一行，每行二十八字，小字雙行四十三字，黑口，四周雙邊。重慶市涪陵區圖書館藏。六册。

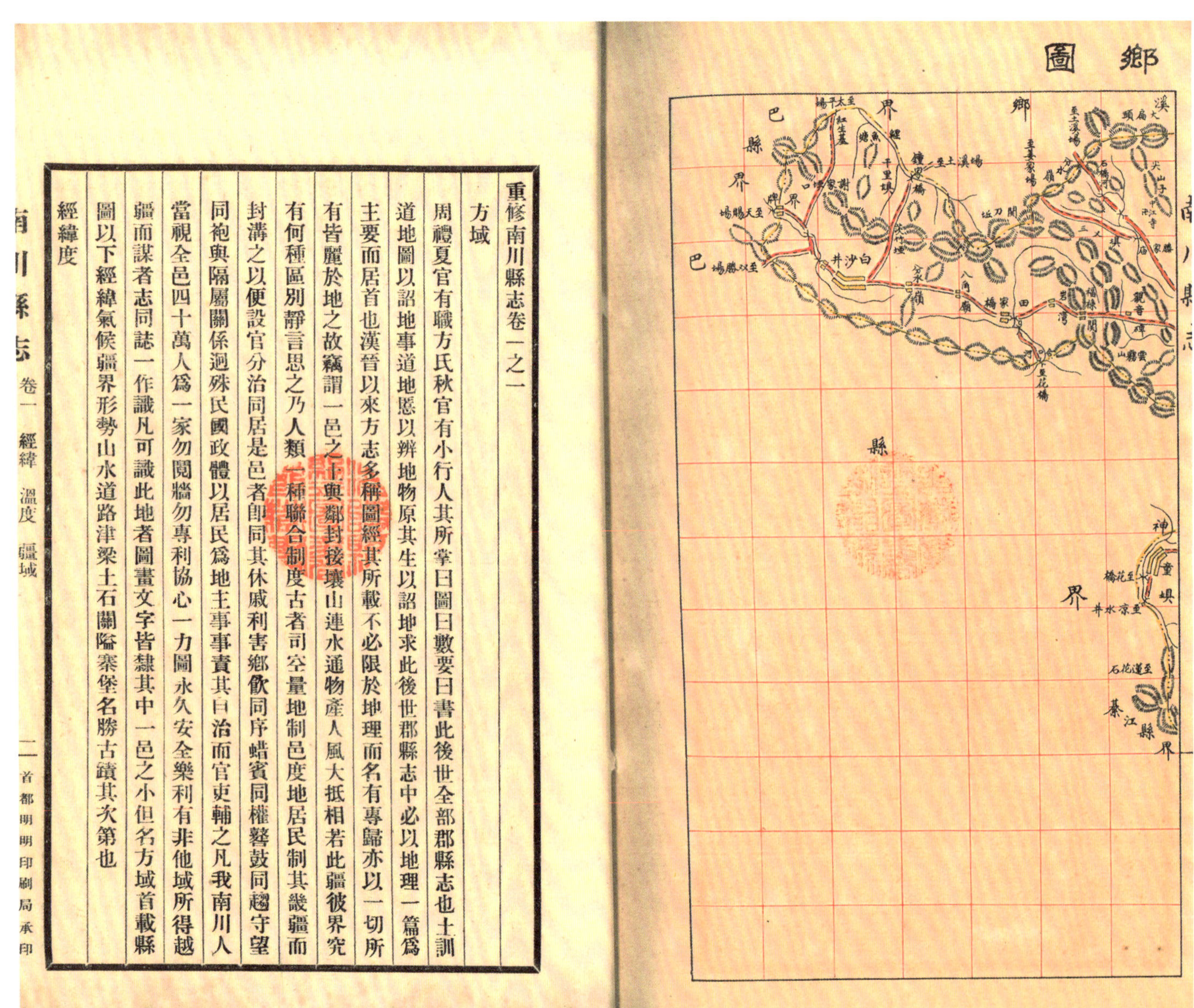

重修南川縣志卷一之一

方域

周禮夏官有職方氏秋官有小行人其所掌曰圖曰數要曰書此後世全部郡縣志也士訓道地圖以詔地事道地慝以辨地物原其生以詔地求此後世郡縣志中必以地理一篇爲主要而居首也漢晉以來方志多稱圖經其所載不必限於地理而名有專歸亦以一切所有皆麗於地之故竊謂一邑之土與鄰封接壤山連水通物產人風大抵相若此疆彼界究有何種區別靜言思之乃人類一種聯合制度古者司空量地制邑度地居民制其畿疆而封溝之以便設官分治同居是邑者卽同其休戚利害鄉飲同序蜡賓同權鼖鼓同趨守望同袍與隔屬關係迥殊民國政體以居民爲地主事事責其自治而官吏輔之凡我南川人當視全邑四十萬人爲一家勿閲牆勿專利協心一力圖永久安全樂利有非他域所得越疆而謀者志同誌一作識凡可識此地者圖畫文字皆隸其中一邑之小但名方域首載縣圖以下經緯氣候疆界形勢山水道路津梁土石關隘寨堡名勝古蹟其次第也

經緯度

南川縣志　卷一　經緯　溫度　疆域　　二　首都明明印刷局承印

〔民國〕重修南川縣志十四卷首一卷　柳琅聲等修　韋麟書等纂　民國十五年（1926）鉛印本

匡高21厘米，廣13.5厘米。半葉十三行，每行三十六字，白口，四周單邊。

重慶市涪陵區圖書館藏。十三册。

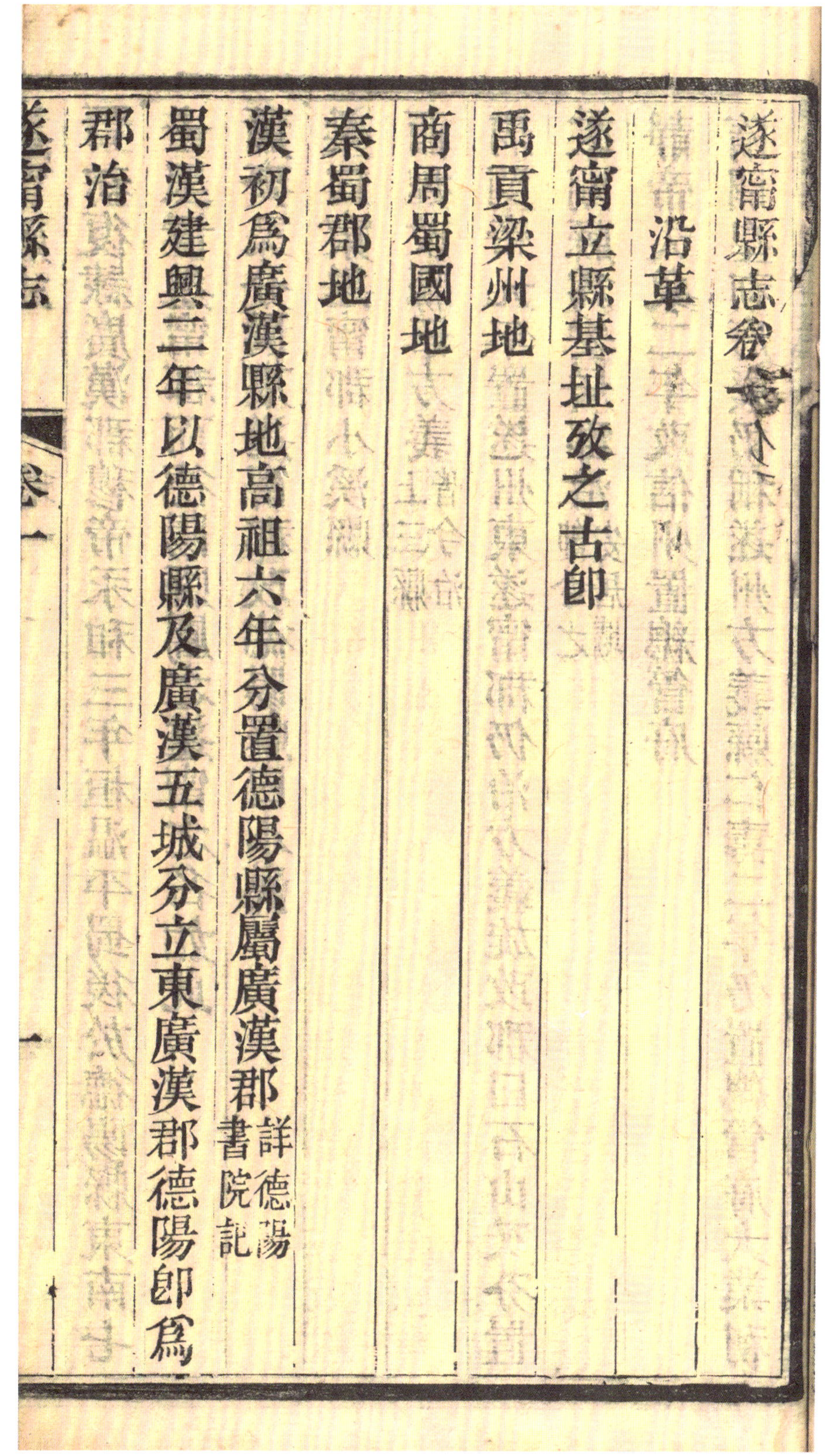

〔民國〕**遂甯縣志八卷首一卷**　甘燾等修　王懋昭等纂　民國十八年（1929）刻本

匡高23厘米，廣14.3厘米。半葉九行，每行二十五字，小字雙行同，白口，四周雙邊。重慶市涪陵區圖書館藏。八册。

榮縣志　沿革第一

昔黃帝畫野分州得百里之國萬區巴蜀爲九囿之一後世以蜀爲邊遠不知諸夏種族皆自西來高陽生於若水高辛生於江水二水皆蜀地今卭江水徵之史記本紀黃帝娶西陵之女嫘祖生二子其一立囂是爲青陽降居江水大戴禮帝繫青陽降居泜水按江水今岷江嘉定水也泜水卭濔水今沱江資中水也凡立國必以山川表其方望史偁江水其地實括江之東乃與泜水合禮偁泜水其地實括泜之西乃與江水合既界江泜東西之中是青陽降居地當榮縣審矣清張澍箸蜀

榮縣志　沿革第一　一

〔民國〕榮縣志十五卷附圖表叙録二卷　廖世英　趙熙　虞兆清等纂修　民國十八年（1929）刻本

匡高20.5厘米，廣13.6厘米。半葉十行，每行二十一字，白口，四周單邊。

重慶市涪陵區圖書館藏。八册。

民國二十年歲次辛未仲春月
重慶長安寺進化印刷社代印

民國新修武勝縣志　卷首

序一

序曰民國十四年春開江羅君興志官武勝委縣議長章君盡為修志局主辦楊君秉堃段君雲藩副之設局附縣議事會此新修武勝縣志所由始也於是章君集衆商定以某某任採訪某某任纂員某某任顧問某某任校勘規畫釐然惟總纂一席聘邑廩生龐鑫溶鑪峯君稱疾不就更聘唐君雪晴亦堅辭事遂擱置明年九月章君歿於局又明年縣人以龐君品行端重曾肄業蓉垣尊經書院有年文學尤優復推任主辦兼總纂時十六年古歷正月也龐君既接辦規畫益詳盡定纂員住局不兼他職計一寒暑乃始脫藁九月余承乏斯土整飭多防數巡行東西鄉於風雪中覽徧嘉陵江百餘里奇山水穆然想唐時吳道子圖畫其間峭壁幽崖邃洞及穿山磐石人馬物類往往而是而留題摩刻足資邑乘甄錄者竟闃無聞焉抑又何也龐君以志稿既具多盡遺纂員且

武勝縣新志　卷首　序一　一　重慶進化社代印

民國新修武勝縣志十三卷首一卷　羅興志等修　孫國藩等纂　民國二十年（1931）重慶進化社鉛印本

匡高18厘米，廣13.5厘米。半葉十三行，每行三十字，白口，四周雙邊。重慶市涪陵區圖書館藏。四册。

富順縣志卷之二

沿革　疆里　城池　治署　局所

建置　沿革

唐虞爲梁州域歷夏商至周爲庸蜀巴濮之地秦介巴蜀二郡之閒漢高帝分巴置廣漢郡建元六年武帝分廣漢置犍爲郡領縣十二江陽縣屬焉縣治在今直隸瀘州州治

華陽國志蜀志曰武帝分廣漢置犍爲郡巴志又曰高帝分巴置廣漢郡在高帝六年武帝又兩割置犍爲郡

富順縣志　卷之二　建置　一

〔民國〕富順縣志十七卷首一卷　彭文治　李永成修　盧慶家　高光照纂　民國二十年（1931）刻本

匡高21.2厘米，廣14.3厘米。半葉九行，每行二十二字，白口，左右雙邊。

重慶市涪陵區圖書館藏。十二册。

錄印以公諸世當亦究心方志者所不廢也
中華民國二十年二月長汀江瀚

故宮方志目

直隸 今名河北

畿輔通志一百二十卷 清唐執玉李衛等修 雍正十三年刻本 七十二册

又三百卷 清李鴻章修黃彭年纂 光緒十年刻本 二百四十册 又宣統二年石印本

順天府志一百三十卷 清李鴻章周家楣等修張之洞繆荃孫纂 又光緒二十八年重刊本 光緒十二年刻本 六十四册

宛平縣志六卷 清王養濂修米漢雯李開泰纂 康熙二十三年刻本 四册

良鄉縣志八卷 清楊嗣奇纂修 康熙四十年刻本 四册

固安縣志八卷 清鄭善述纂修 康熙五十三年刻本 四册

永清縣志十五卷 清萬一甗喬寯纂修 康熙十五年刻本 四册

又二十五卷 清周震榮修章學誠纂 乾隆四十四年刻本 四册

東安縣志二十二卷 清李光昭纂修 乾隆十四年刻本 六册 今名安次縣

香河縣志十一卷 清劉深纂修 康熙十四年刻本 四册

故宮方志目 直隸 一

故宮方志目 江瀚主编 民國二十年（1931）故宮博物院圖書館鉛印本

匡高18.5厘米，廣10.2厘米。半葉十二行，每行三十二字，小字雙行四十八字，上白口，下黑口，四周單邊。有“故宮博物院之印”印。重慶市涪陵區圖書館藏。存一册。

南宮縣志卷之一

地理志第一

沿革

南宮夏禹貢冀州之域湯革夏命仍爲九州冀如夏周武王克商至成王封弟叔虞爲唐侯後改國號曰晉大山以東號爲東陽地春秋末爲趙簡子食邑賜扁鵲田四萬畝即此地也後三分晉地趙氏擅食邑遂盡有大原東陽之地秦吞六國列郡縣隸鉅鹿郡漢興始置爲南宮縣屬信都國新莽時改曰序下明帝改屬樂成國安帝延光初隸安平國曹魏取袁紹河北地皆因漢舊

〔嘉靖〕南宮縣志五卷　（明）葉恒嵩修　（明）劉濂纂　民國二十二年（1933）南宮邢氏求己齋影明嘉靖本

匡高20.5厘米，廣14.3厘米。半葉十行，每行二十一字，白口，四周單邊。有“方鎮華”印。重慶市涪陵區古籍普查“私人收藏”。二册。

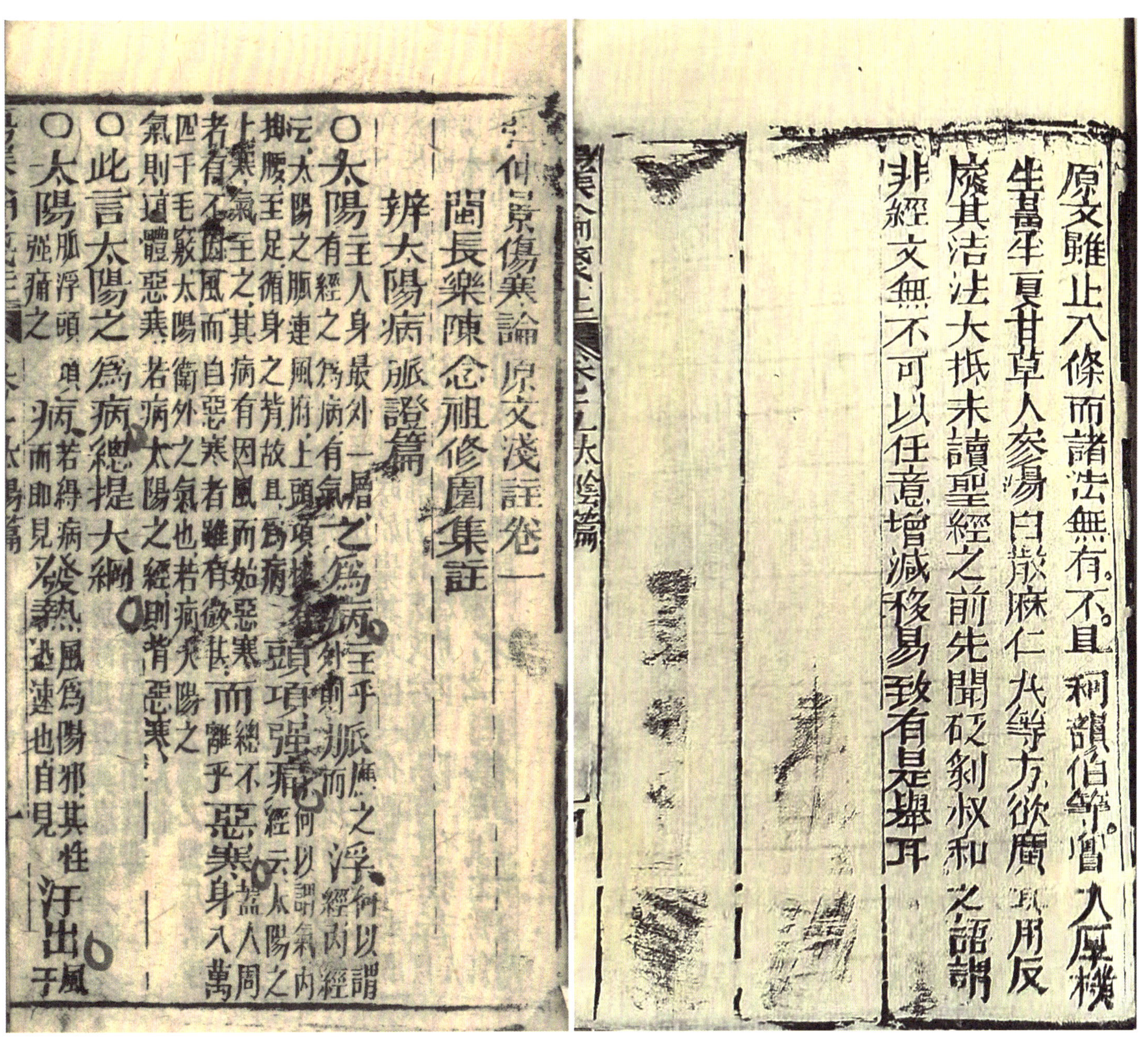

張仲景傷寒論原文淺註六卷 （漢）張機撰 （清）陳念祖集注 民國六年（1917）宏道堂刻本

匡高16.2厘米，廣10.4厘米。半葉九行，每行二十二字，小字雙行同，白口，四周雙邊。重慶市涪陵區圖書館藏。二册。

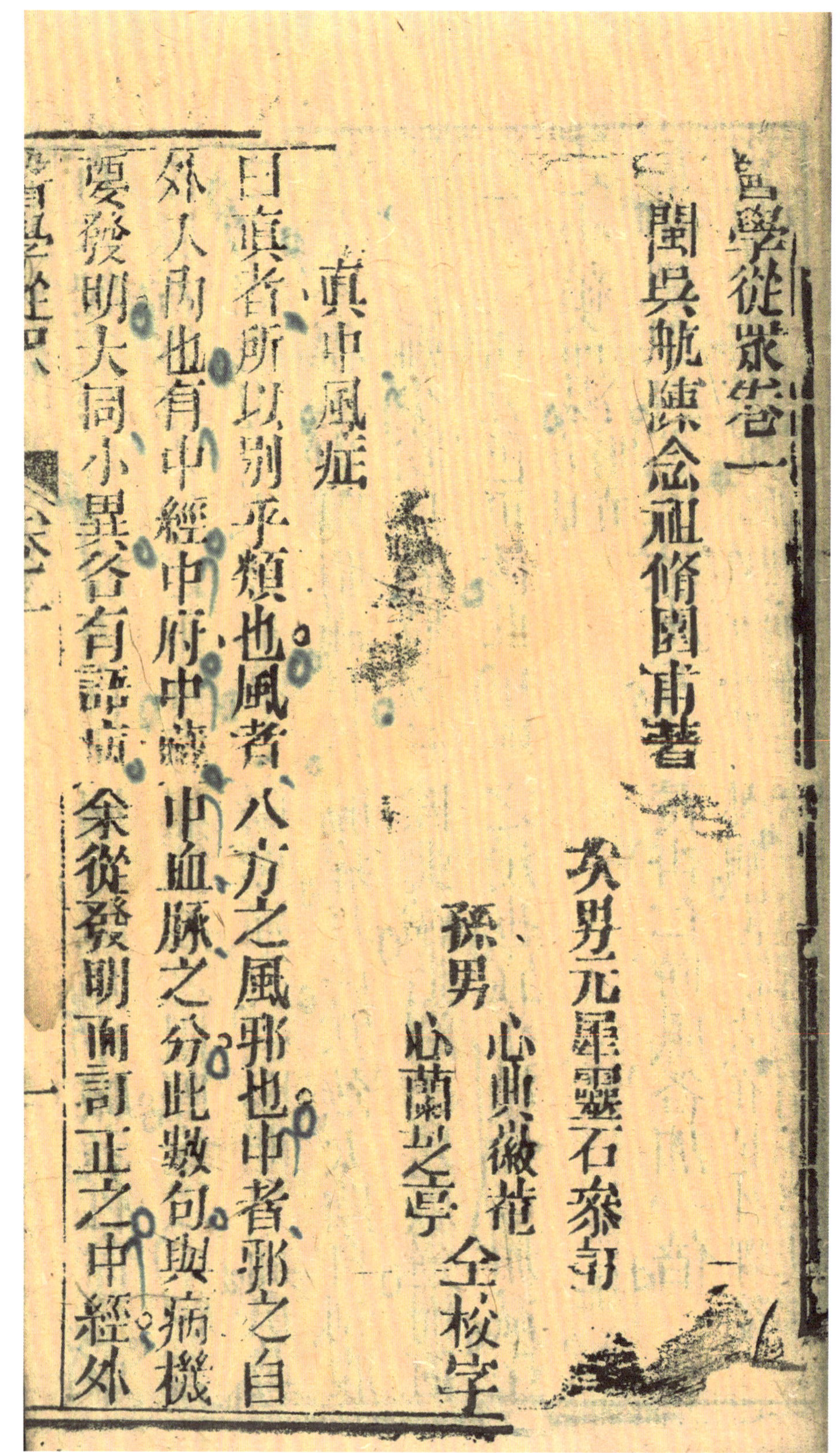

醫學從衆卷一

閩吳航陳念祖脩園甫著

次男元犀靈石參訂

孫男 心典徽庵 心蘭芝亭 仝校字

真中風症

曰真者所以別乎類也風者八方之風邪也中者邪之自外入内也有中經中府中藏中血脉之分此數句與病機要發明大同小異各有語病余從發明而訂正之中經外

醫學從衆 卷一 一

醫學從衆八卷　（清）陳念祖著　民國六年（1917）刻本

匡高16.5厘米，廣10.4厘米。半葉九行，每行二十二字，小字雙行同，白口，四周雙邊。重慶市涪陵區圖書館藏。三册。

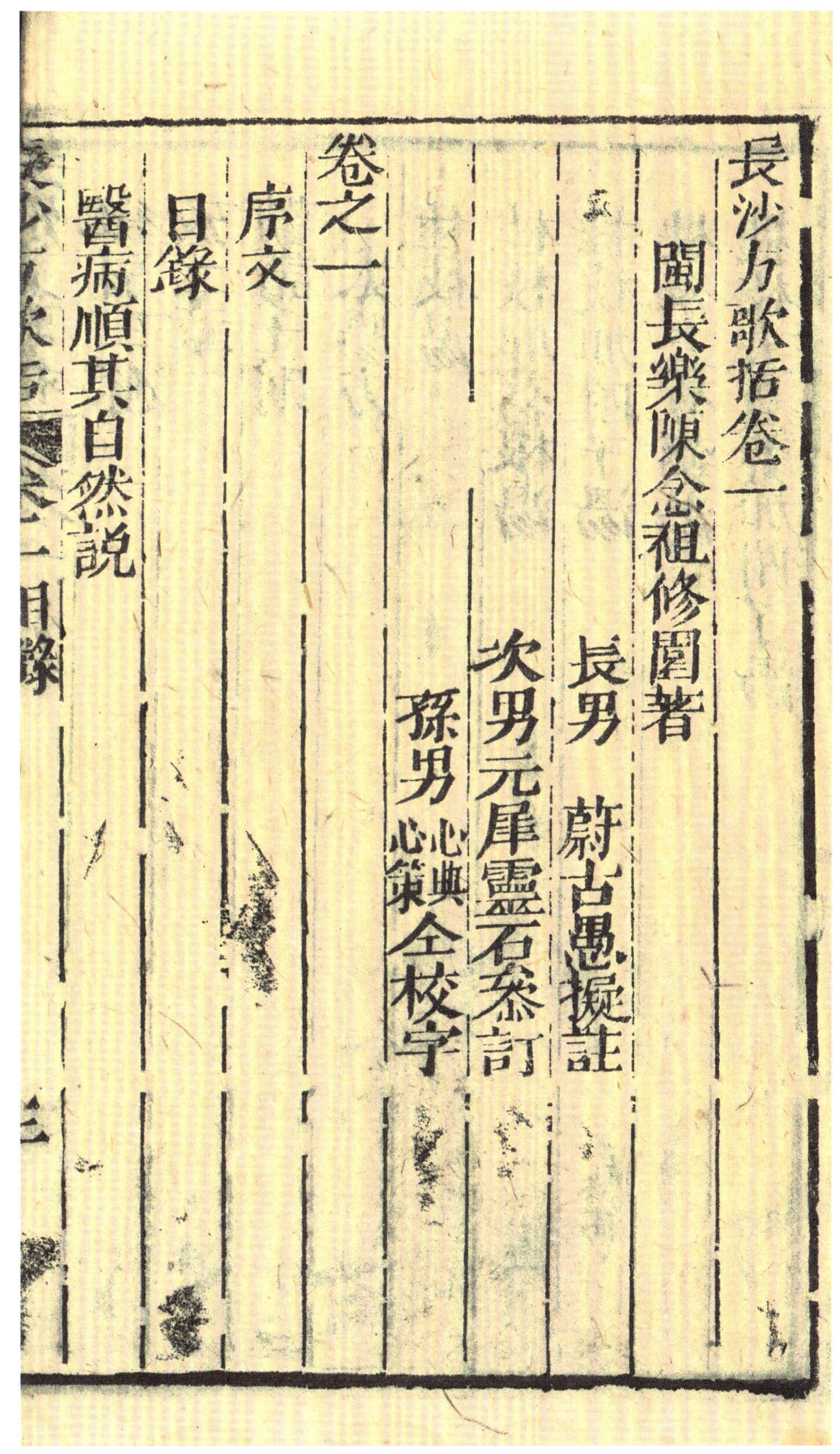

長沙方歌括六卷　（清）陳念祖著　民國十二年（1923）宏道堂刻本

匡高16厘米，廣10.6厘米。半葉九行，每行二十二字，小字雙行同，白口，四周單邊。重慶市涪陵區圖書館藏。二册。

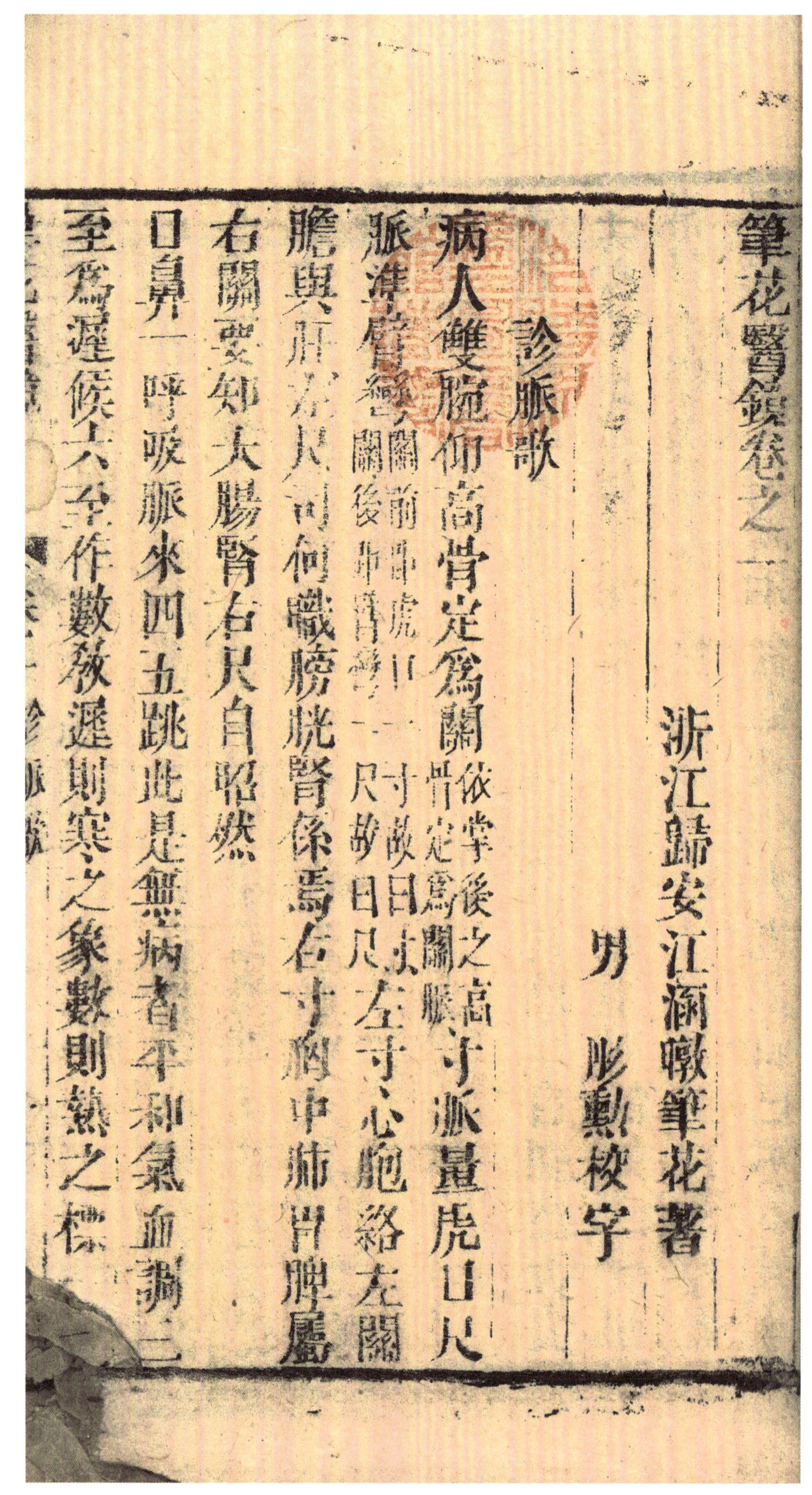

筆花醫鏡四卷　（清）江涵暾著　（清）江彤勳校　民國八年（1919）瀛洲書屋刻本

匡高16.6厘米，廣11.6厘米。半葉十行，每行二十一字，小字雙行同，白口，四周單邊。重慶市涪陵區圖書館藏。二册。

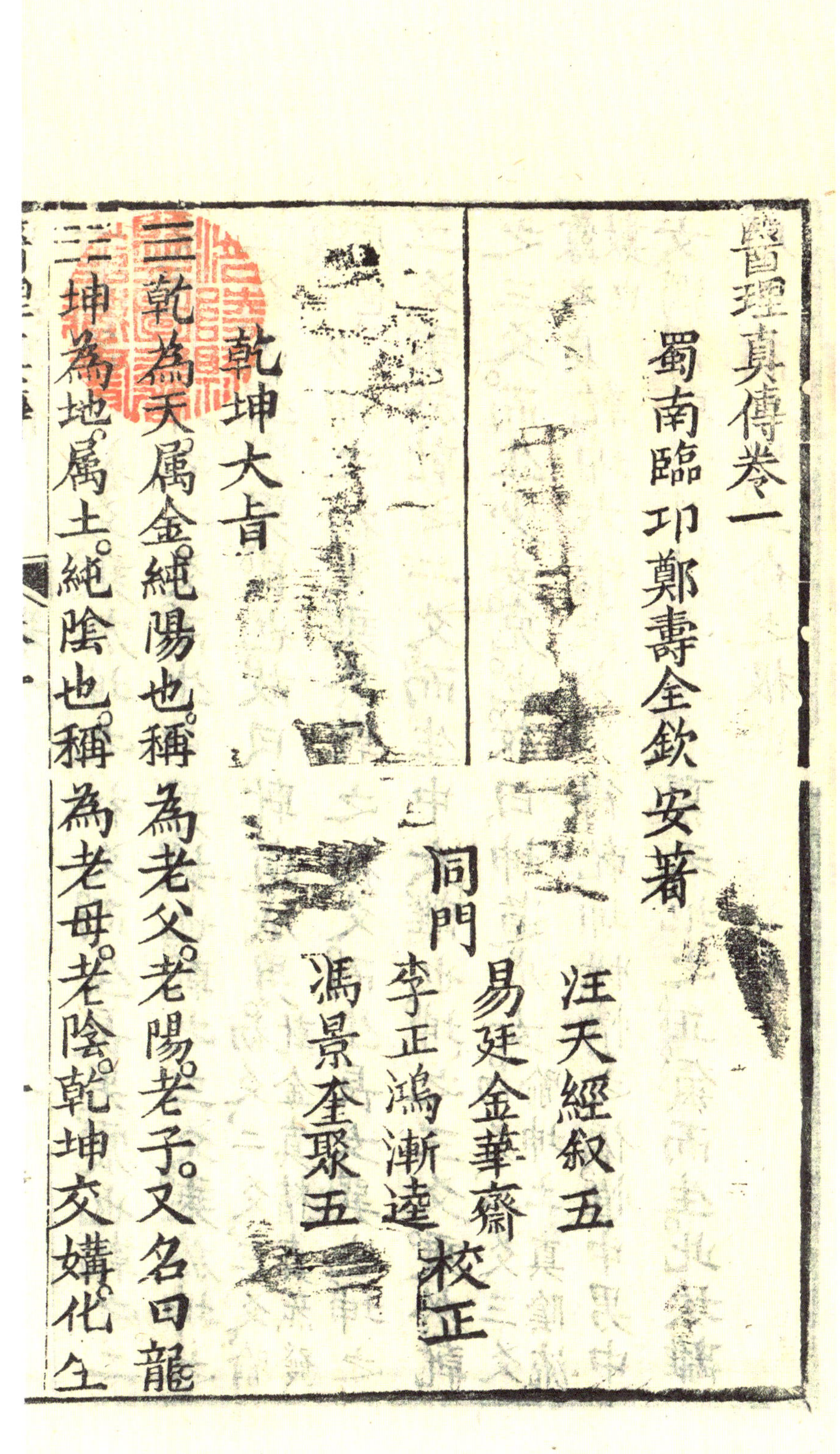

醫理真傳四卷目錄一卷 （清）鄭壽全著　民國十五年（1926）善成堂刻本

匡高19厘米，廣13厘米。半葉九行，每行二十一字，小字雙行同，白口，四周單邊。重慶市涪陵區圖書館藏。四册。

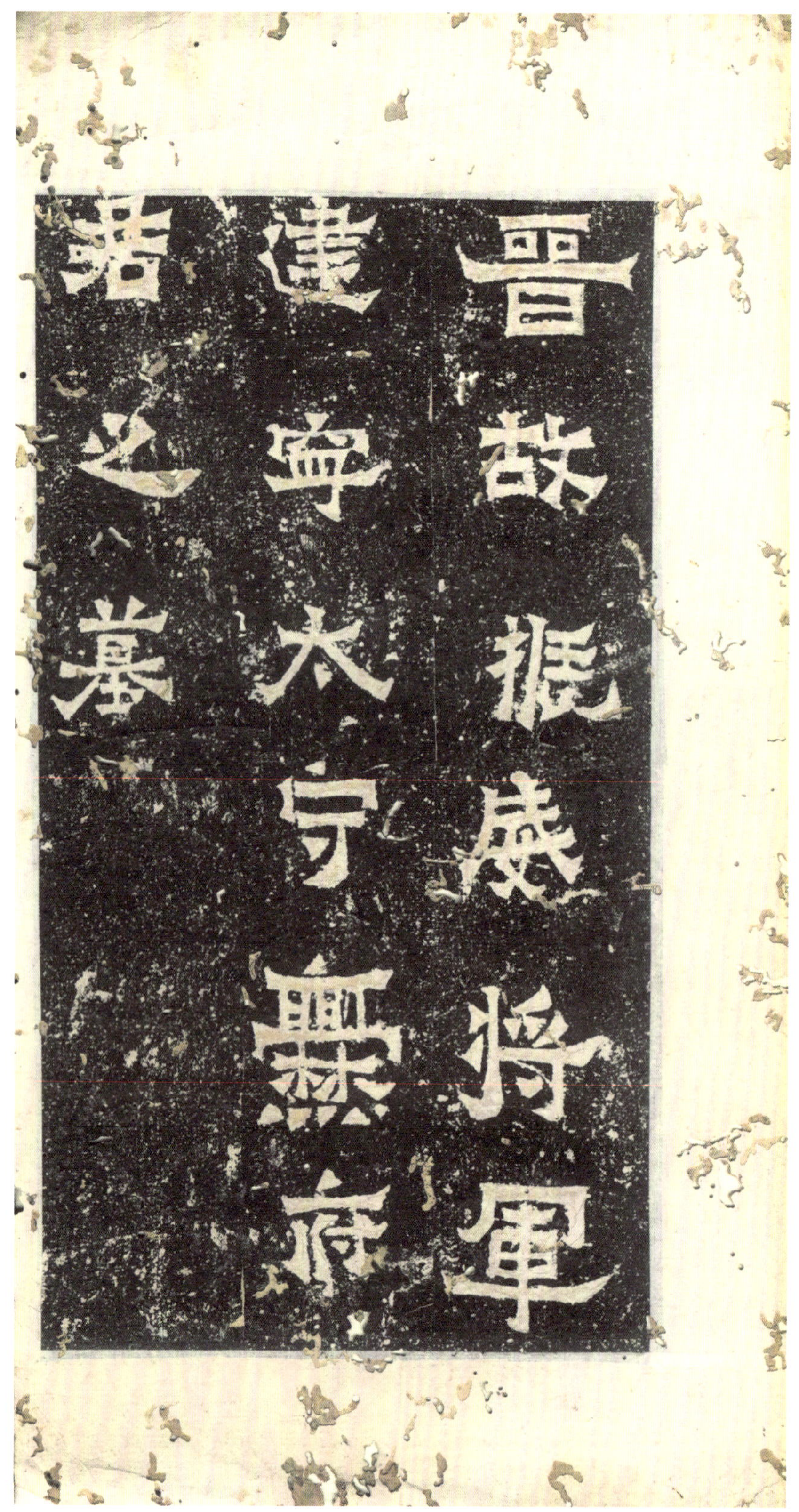

晉爨寶子墓誌 東晋太亨四年（405）刻石民國拓本

清乾隆四十三年（1778）出土於雲南曲靖南七十里揚旗田，原碑共十三行，每行三十字，下部爲立碑人名十三行，每行四字。全碑四百餘字。隸書向楷書過渡的書體。又名《晋故振威將軍建寧太守爨府君墓碑》。墨本高27.8厘米，廣15.2厘米。重慶市涪陵區圖書館藏。十六面。一册。

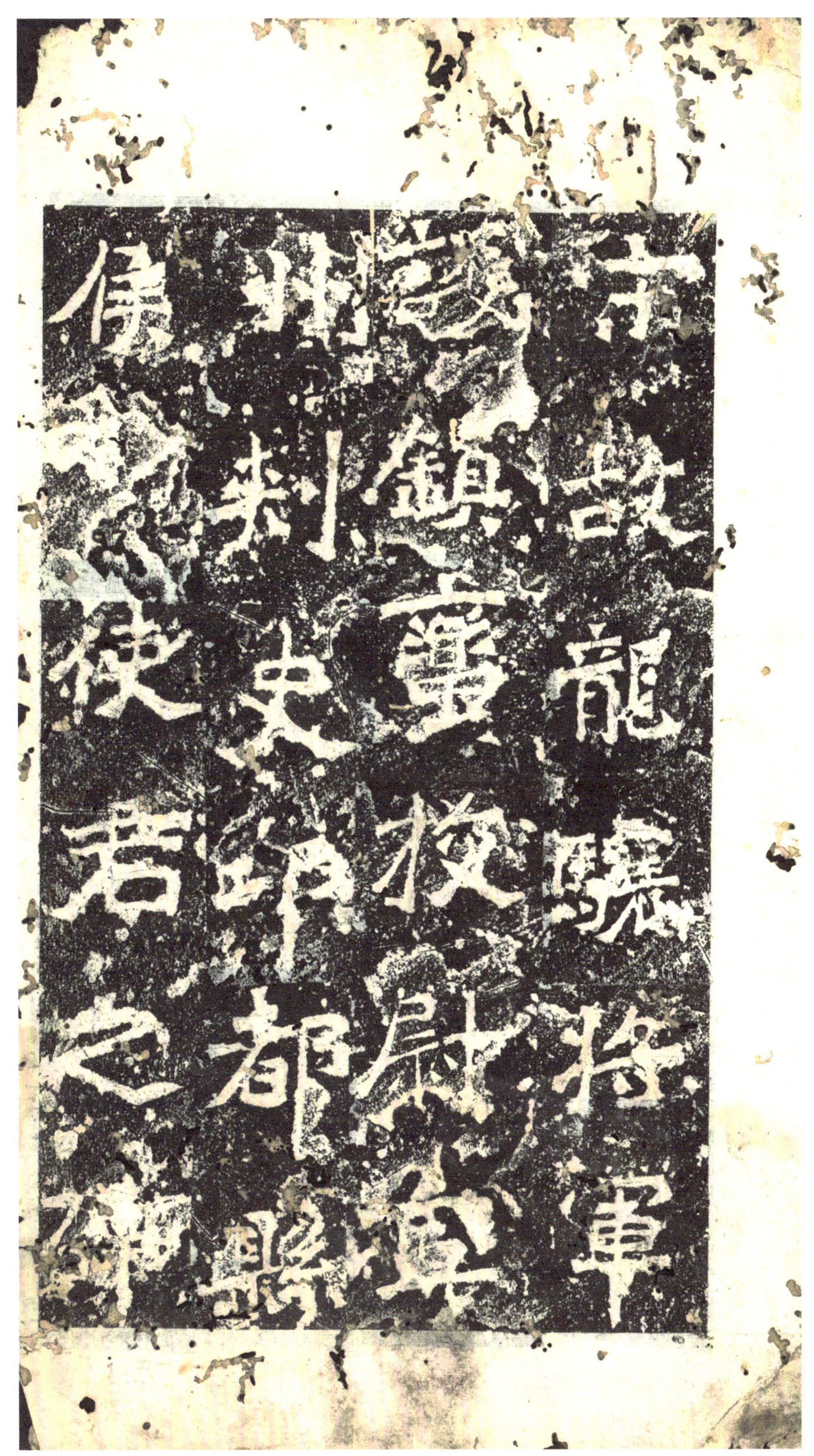

爨龍顔碑　（南朝宋）爨道慶撰文　南朝宋大明二年（458）刻石民國拓本

楷書。全稱《宋故龍驤將軍護鎮蠻校尉寧州刺史邛都縣侯爨使君之碑》。墨本高29.6厘米，廣18.5厘米。重慶市涪陵區圖書館藏。五十四面。一册。

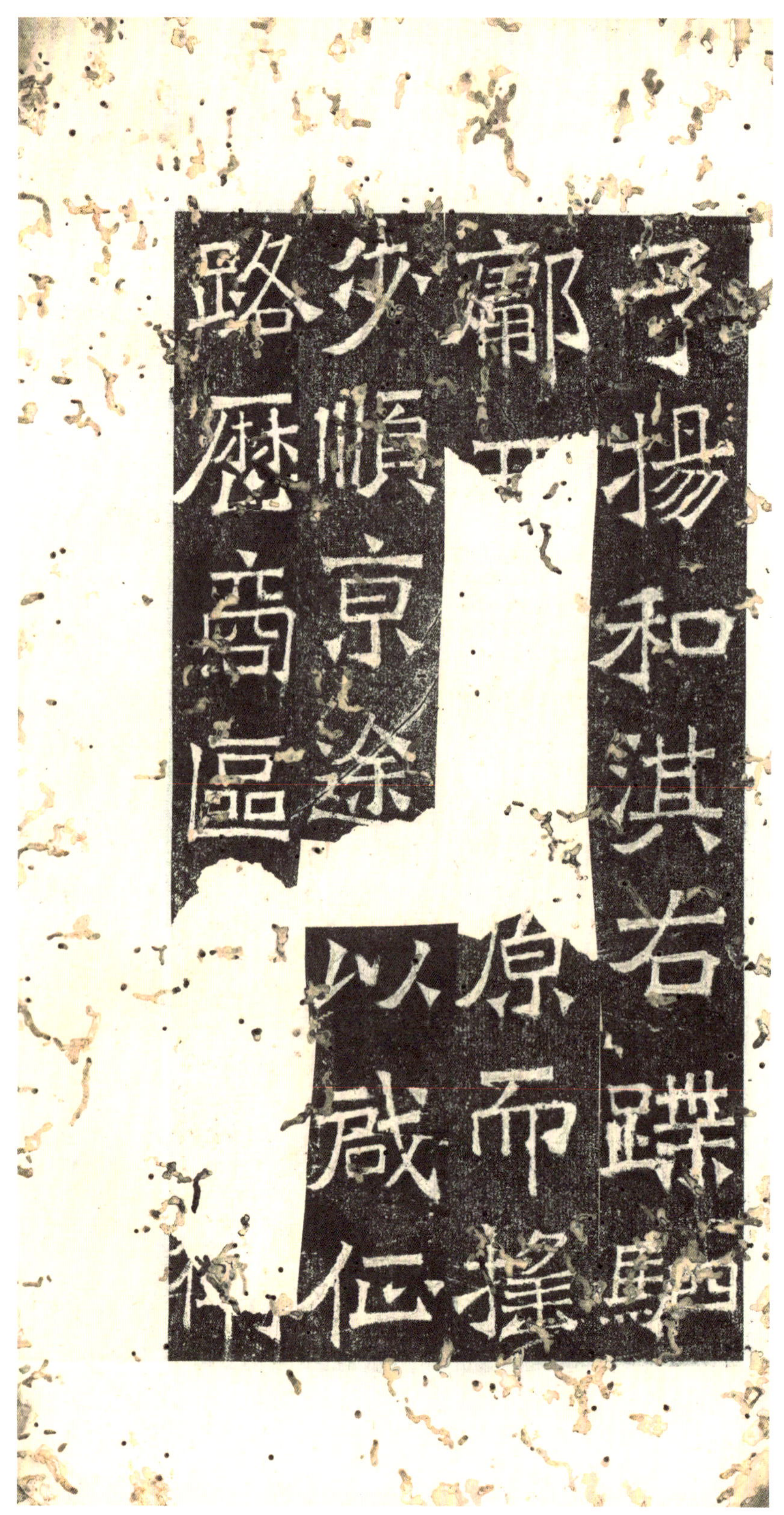

吊比干墓誌　（北魏）拓跋宏撰寫　北魏太和十八年（494）刻石民國十九年（1930）拓本

楷書。又稱《北魏吊比干墓文》《北魏孝文帝吊比干墓文》，俗稱"太和碑"。墨本高26.6厘米，廣13.7厘米。重慶市涪陵區圖書館藏。一册。

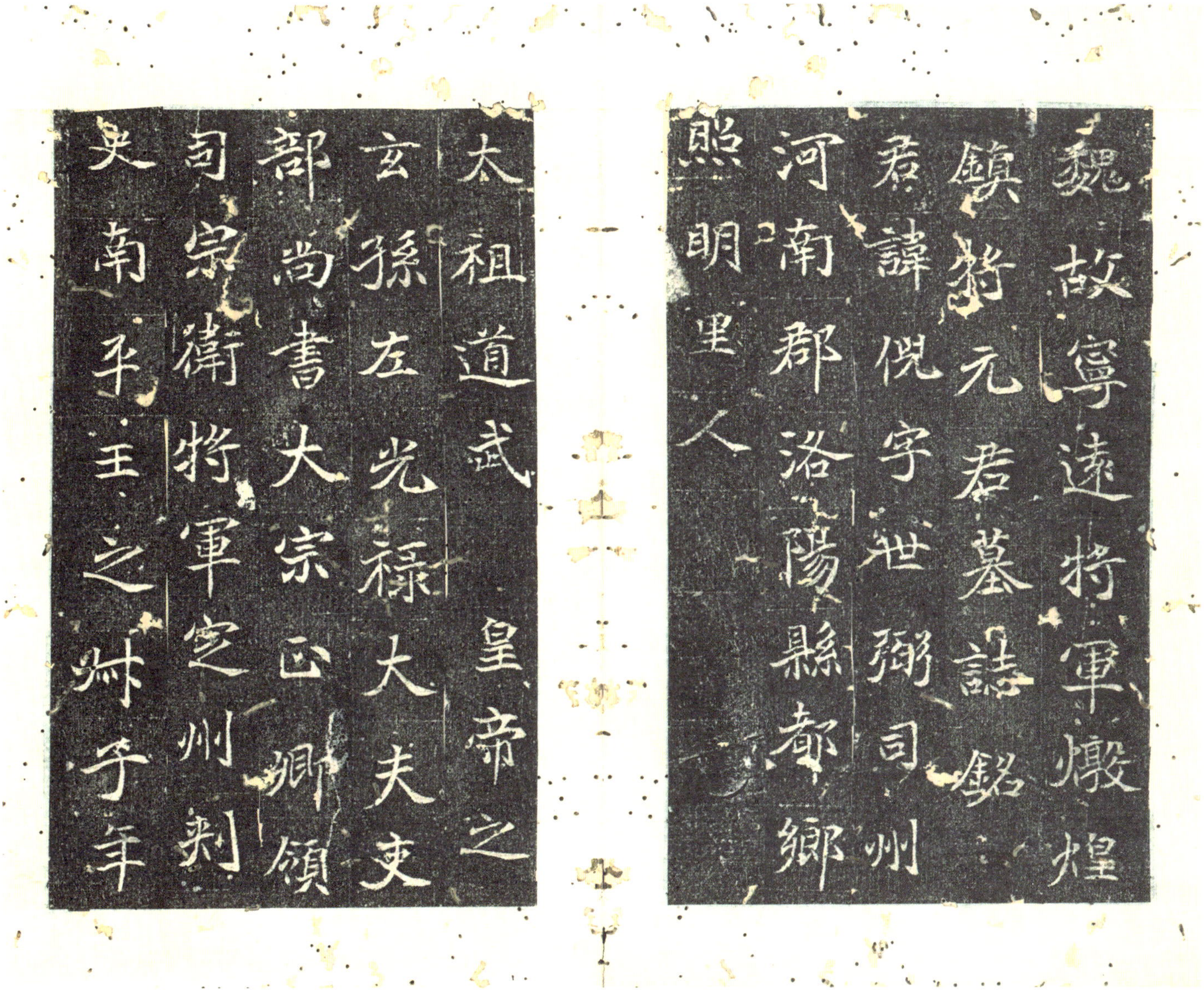

元倪墓誌　北魏正光四年（523）刻石民國初拓本

楷書。全稱《魏故寧遠將軍燉煌鎮將元君墓誌銘》，民國初年在河南洛陽姚凹村出土，原石現藏上海博物館。墨本高24厘米，廣15.1厘米。重慶市涪陵區圖書館藏。一册。

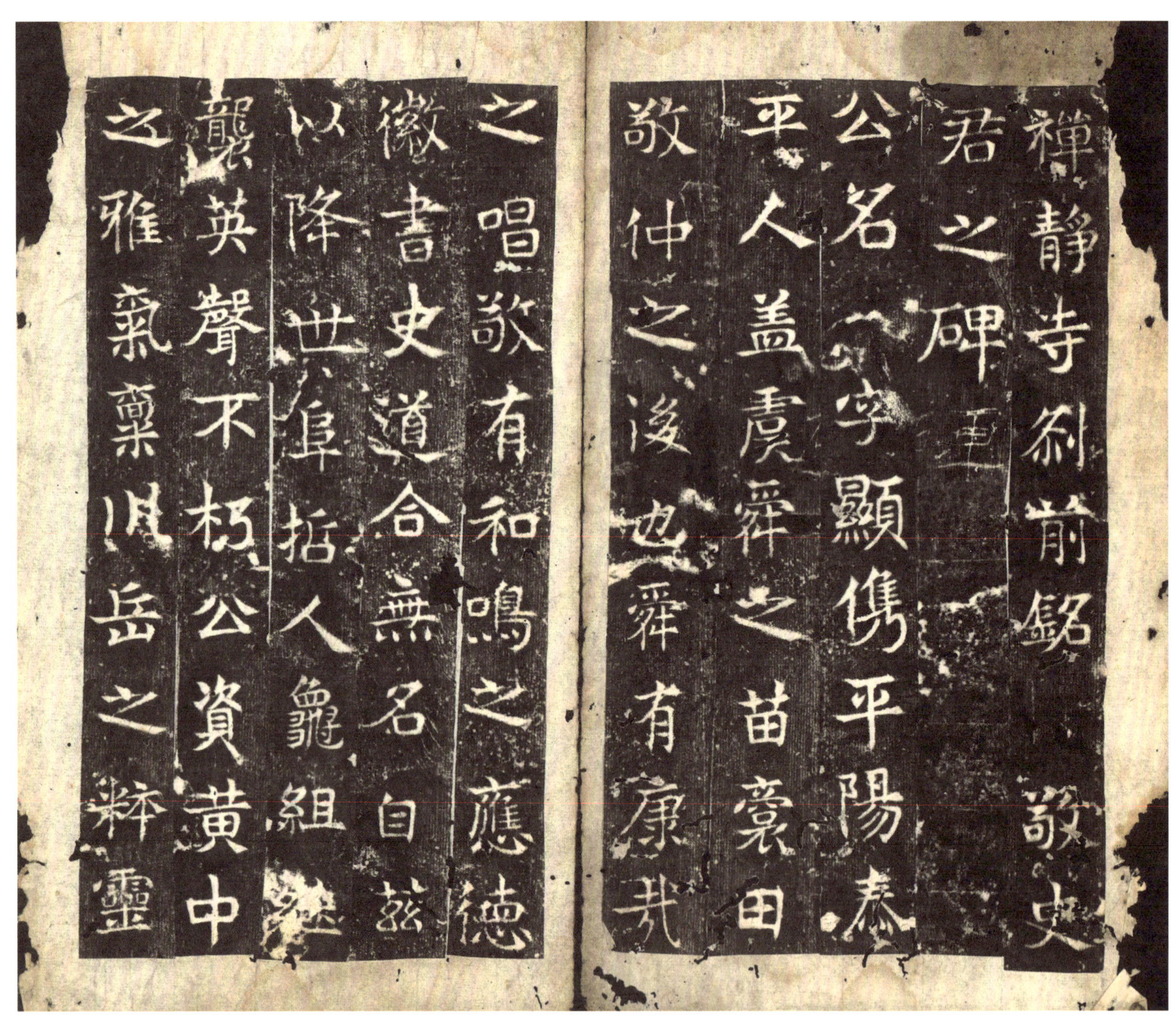

魏敬史君碑　東魏興和二年（540）刻石民國十五年（1926）拓本

隸到楷過渡魏書體。全稱《禪靜寺刹前銘敬史君之碑》，北齊敬顯雋（敬史君）的功德撰銘。墨本高26.1厘米，廣15.8厘米。重慶市涪陵區圖書館藏。一册。

金剛般若波羅蜜經

僊遊翁集英曰 金剛者金中精堅者也剛生金中百煉不銷取此堅利能斷壞萬物五金皆謂之金凡止言金者謂鐵也此言金剛乃若刄劒之有鋼鐵耳譬如智慧能斷絕貪嗔癡一切顛倒之見般若者梵語（梵語者西方之語也）唐言智慧（唐言者中國之言也）性體虛融照用自在故云般若梵語波羅蜜唐言到彼岸欲到彼岸須憑般若此岸者乃眾（平聲）生作業受苦生死輪迴之地彼岸者謂諸佛菩薩究竟超脫清淨安樂之地凡夫即此岸佛道即彼岸一念惡即此岸一念善即彼岸六

金剛經註　卷一　一

金剛般若波羅蜜經註　（後秦）釋鳩摩羅什譯　民國十七年（1928）李家鈺朱墨印刻本

匡高19.7厘米，廣14.2厘米。半葉十二行，每行二十字，小字雙行同，白口，左右雙邊。重慶市涪陵區圖書館藏。四冊。

大般涅槃經疏三德指歸卷第一

北涼三藏曇無讖譯梵　劉宋沙門慧嚴觀同謝靈運再治

隋章安頂法師撰疏　唐天台沙門湛然再治

宋錢唐沙門智圓述記三德指歸　優婆塞顯瑞會錄

記初疏文通題能所相對凡有二重初疏字是能解餘爲所解。二經是能詮涅槃是所詮。既攬所詮爲經之別名。故今亦攬所解爲疏之別目。以別簡通。即顯此疏非解他經。疏者疎也。決也。疎通經旨決擇佛意也。章安舊本則稱文句義尚乎謙。謂但能以科句節斷經文而已。荆溪治定改稱爲疏。謂

大般涅槃經疏記卷一　一

大般涅槃經疏三十三卷　（隋）釋灌頂撰疏　（唐）釋湛然再治　民國十四年（1925）揚州宛虹橋衆香庵佛經流通處刻本

匡高17.8厘米，廣13厘米。半葉十行，每行二十字，小字雙行四十二字，白口，左右雙邊。有“涪陵佛學社藏”印。重慶市涪陵區圖書館藏。三十四册。

瑜伽師地論卷第一

彌勒菩薩說

唐三藏沙門玄奘奉詔譯

本地分

云何瑜伽師地。謂十七地。何等十七。嗢柁南曰。

五識相應意。有尋伺等三。三摩地俱非。

有心無心地。聞思修所立。如是具三乘。

有依及無依。是名十七地

一者五識身相應地。二者意地。三者有尋有伺地。四者無尋唯伺地。五者無尋無伺地。六者三摩呬多地。

瑜伽師地論九十七卷序二卷　（唐）釋玄奘譯　民國六年（1917）金陵刻經處刻本

匡高17.8厘米，廣13厘米。半葉十行，每行二十字，小字雙行同，白口，左右雙邊。有“涪陵佛學社藏”印。重慶市涪陵區圖書館藏。三十一冊。

大方廣佛華嚴經卷第一

唐于闐國三藏沙門實叉難陀譯

世主妙嚴品第一之一

如是我聞一時佛在摩竭提國阿蘭若法菩提場中始成正覺其地堅固金剛所成上妙寶輪及衆寶華清淨摩尼以為嚴飾諸色相海無邊顯現摩尼為幢常放光明恆出妙音衆寶羅網妙香華纓周帀垂布摩尼寶王變現自在雨無盡寶及衆妙華分散於地

大方廣佛華嚴經　第一卷第一頁

世主妙嚴品第一之一　癸亥年五月廿四日退園敬寫

寶樹行列枝葉光茂佛神力故令此道場一切莊嚴於中影現其菩提樹高顯殊特金剛為身瑠璃為幹衆雜妙寶以為枝條寶葉扶踈垂蔭如雲寶華雜色分枝布影復以摩尼而為其果含暉發燄與華間列其樹周圓咸放光明於光明中雨摩尼寶摩尼寶內有諸菩薩其衆如雲俱時出現又以如來威神力故其菩提樹恆出妙音說種種法無有盡極如來所處宮殿樓閣廣博嚴麗充徧十方衆色摩尼之所集成

大方廣佛華嚴經七十七卷目錄一卷　（唐）釋實叉難陀譯　民國十二年（1923）抄本

匡高20.4厘米，廣13.7厘米。半葉八行，每行二十字，白口，四周雙邊。重慶市涪陵區圖書館藏。存六十卷（目録一卷、卷一至四十、卷四十五、卷五十、卷六十一至卷七十七）。存六十册。

大乘百法明門論

明　匡山五乳廣益　纂釋

言大者。揀小爲義。謂揀小乘唯是七十五法。大乘則有百法。乘者。運載得名。謂如世舟車。可以運重致遠。以喻菩薩乘。此大法。越生死河。到菩提鄉。登涅槃岸。名義互言。亦可說揀小得名。運載爲義。百者。數目也。法者。模範也。謂世間法九十四種。出世間法六種。其數有百。謂心法有八。心所有法五十一。色法有十一。不相應行法有二十四。無爲法有六。此爲大乘之百法。明者。乃菩薩無漏之慧。以能

百法論纂　一

大乘百法明門論不分卷八識規矩頌纂註不分卷　（明）釋廣益纂釋　民國十年（1921）刻本

匡高20厘米，廣14.2厘米。半葉十行，每行二十字，白口，四周雙邊。有“涪陵佛學社藏”印。重慶市涪陵區圖書館藏。一册。

入佛問答卷上

問樵居士述

問。我輩世間人以世間之理行世間之事。所謂早作夜息。寒衣飢食。仰事俯育。士農工商各有本業。士以讀書取科第。澤及於民。功名施於後世爲事。農工等各以其事自食其力。生子嫁女。生養死葬。傳子及孫。血食受享。人之爲人。事已盡矣。無餘事矣。此數端者。帝王許之。儒者用之。何用講不可

入佛問答卷上　一

入佛問答二卷　（清）江沅著　民國十一年（1922）北京佛經流通處刻本

匡高18.4厘米，廣13.2厘米。半葉九行，每行十八字，白口，左右雙邊。重慶市涪陵區圖書館藏。一册。

等不等觀雜錄卷一

清石埭楊文會仁山著

讀法華經妙音品

此品義味幽深須以三法釋之初依四賓主次依四法界三依六相且初依賓主釋者釋迦如來主中主也多寶如來賓中主也妙音菩薩賓中賓也文殊菩薩主中賓也先出主中主放光東照妙音方發意來觀衆寶蓮華既現于靈山會前文殊乃問世尊欲知妙音所行三昧並願見其色相表二菩薩均在因位各有分齊非仗佛力不能融會釋迦乃勅多寶爲現

等不等觀雜錄八卷　（清）楊文會著　民國金陵刻經處刻本

匡高18厘米，廣13厘米。半葉十行，每行二十字，小字雙行同，白口，左右雙邊。有“涪陵佛學社藏”印。重慶市涪陵區圖書館藏。四册。

印光法師嘉言錄

皈依弟子李圓淨謹編

一 讚淨土超勝

●大矣哉。淨土法門之爲教也。是心作佛。是心是佛。直指人心者。猶當遜其奇特。即念念佛。即念成佛。歷劫修證者。益宜挹其高風。普被上中下根。統攝律教禪宗。如時雨之潤物。若大海之納川。偏圓頓漸一切法。無不從此法界流。大小權實一切行。無不還歸此法界。不斷惑業得預補處。即此一生圓滿菩提。九界衆生離是門。上不能圓成佛道。十方諸佛捨此法。下不能普利羣萌。是以華嚴海衆盡遵十大願王。法華一稱悉證諸法實相。最勝方便之行。馬鳴示于起信。易行疾至之道。龍樹闡于婆沙。釋迦後身之智者。說十疑論而專志西方。彌陀示現之永明。著四料簡而終身念佛。匯三乘五性。總證眞常。導上聖下凡。同登彼岸。故得九界咸歸。十方共讚。千經俱闡。萬論均宣。誠可謂一代時教之極談。一乘無上之大教也。不植德本。歷劫難逢。既獲見聞。當勤修習。

●教理行果。乃佛法之綱宗。憶佛念佛。實得道之捷徑。在昔之時。隨修一法。而四者皆備。即

印光法師嘉言錄　一　讚淨土超勝

印光法師嘉言錄　釋印光著　釋李圓淨編　民國十七年（1928）上海漕河涇江蘇第二監獄第三科鉛印本

匡高19.8厘米，廣13.2厘米。半葉十三行，每行三十五字，小字雙行同，白口，四周單邊。有“涪陵佛學社藏”印。重慶市涪陵區圖書館藏。一册。

印光法師文鈔卷第一

書一

與大興善寺體安和尚書戊戌年稿、教行理三、唯約教論、今以教理約教、行果約機、謂依教理以起行、行滿方克證果也、

教理行果、乃佛法之綱宗。憶佛念佛、實得道之捷徑。在昔之時、隨修一法、而四者皆備。卽今之世、若捨淨土、則果證全無。良以去聖時遙、人根陋劣。匪仗佛力、決難解脫。夫所謂淨土法門者、以其普攝上中下根、高超律教禪宗、實諸佛徹底之悲心、示衆生本具之體性。匯三乘五性、同歸淨域。導上聖下凡、共證眞常。九界衆生、離此法、上不能圓成佛道。十方諸佛、捨此法、下不能普利羣生。所以往聖前賢、人人趣向。千經萬論、處處指歸。自華嚴導歸之後、盡十方世界海諸大菩薩、無一不求生淨土。由祇園演說以來、凡西天東土中一切著述、末後皆結歸蓮邦。粵自大教東流、廬山創興蓮社、一倡百和、無不率從。而其大有功而顯著者、北魏則有曇鸞。鸞乃不測之人也。因事至南朝見梁武帝、後復歸北。武帝每向北稽首曰、鸞法師、肉身菩薩也。陳隋則有智者。唐則有道綽、踵曇鸞之敎、專修淨業。一生講淨土三經、幾二百徧。綽之門出善導、以至承遠、法照、少康、大行、則蓮風普扇于中外矣。由此諸宗知識、莫不以

印光法師文鈔卷一　書　與體安和尚書

印光法師文鈔四卷　釋印光著　民國十八年（1929）中華書局鉛印本

匡高20厘米，廣13厘米。半葉十三行，每行三十五字，小字雙行同，白口，四周單邊。有“涪陵佛學社藏”印。重慶市涪陵區圖書館藏。四册。

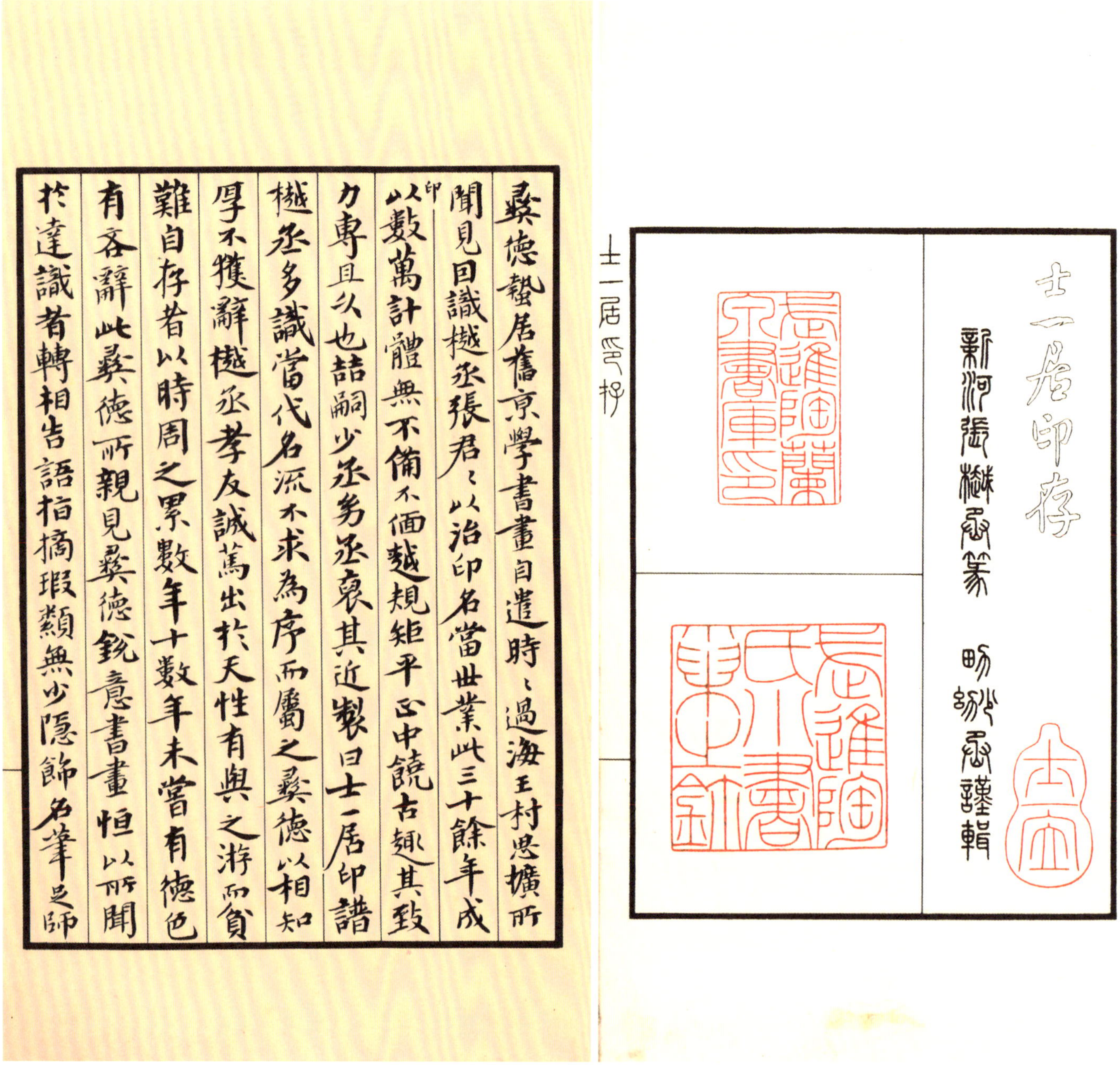
蓺德蟄居舊京學畫自遣時時過海王村思擴所
聞見因識樾丞張君君以治印名當世業此三十餘年成
印以數萬計體無不備不偭越規矩平正中饒古趣其致
力專且久也詰嗣少丞幼丞裒其近製曰士一居印譜
樾丞多識當代名流不求為序而屬之蓺德以相知
厚不獲辭樾丞孝友誠篤出於天性有與之游而貧
難自存者以時周之累數年十數年未嘗有德色
有吝辭此蓺德所親見蓺德鋭意書畫恒以所聞
於達識者轉相告語指摘瑕纇無少隱飾名筆足師

士一居印存

士一居印存
新河張樾丞篆
畇叔氏謹輯

士一居印存印譜　張樾丞篆刻　民國二十四年（1935）舊京同古堂朱墨雙色影印本

匡高21厘米，廣15.2厘米。半葉九行，行字不一，白口，四周單邊。重慶市涪陵區古籍普查“私人藏書”。一函一册。

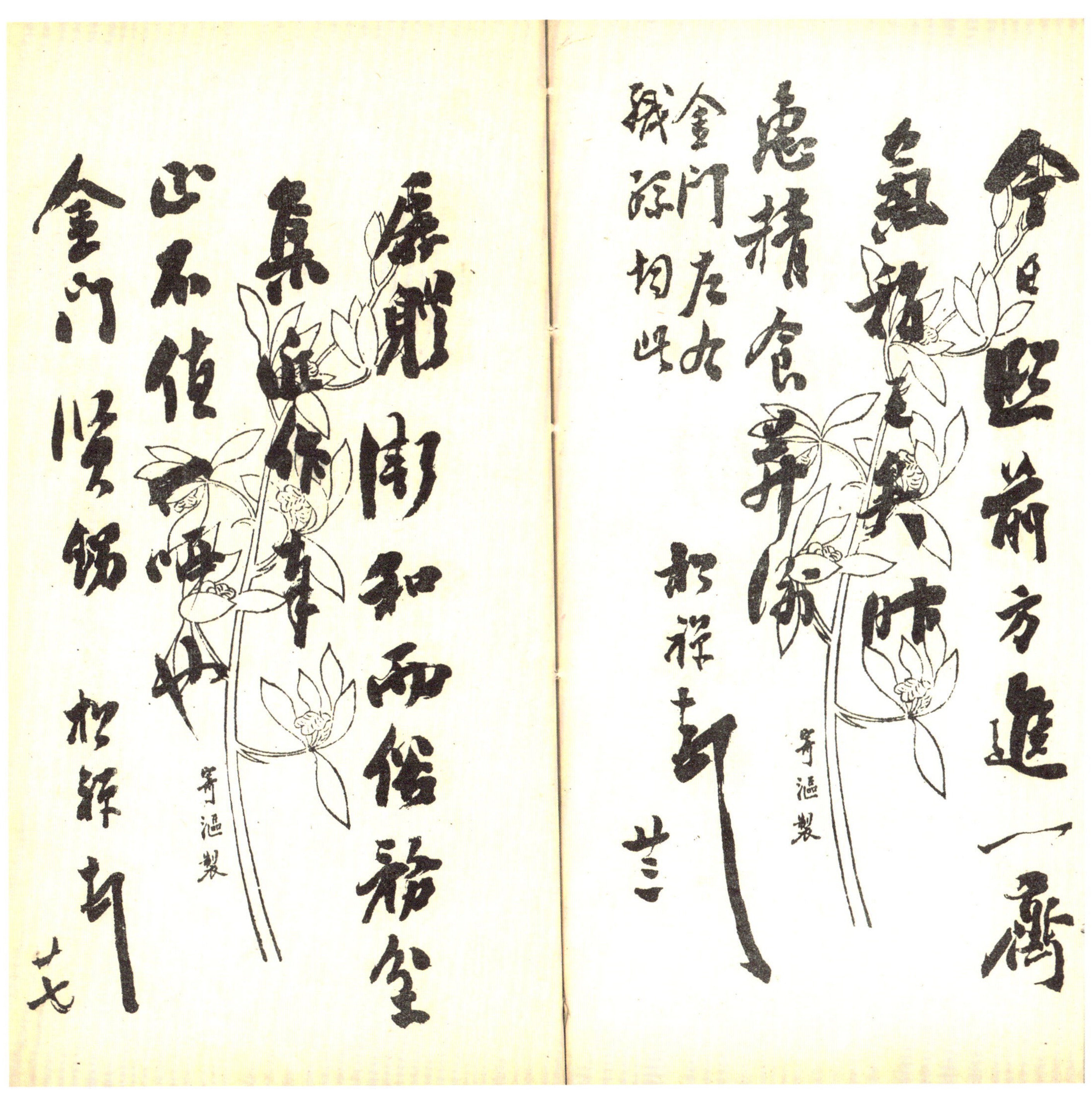

常熟翁相國手劄八集 （清）翁同龢書 清光緒三十四年至民國四年（1908—1915）上海有正書局影印本

無版匡與界欄。重慶市涪陵區圖書館藏。存一集、二集、七集。存二册。

天香室詩卷上起壬寅訖壬戌

河間　邢錦生　麗江

壬寅

春光好

何處春光好吾廬絕可誇綠畦鸚鵡茱紅樹杜鵑花好客原天性能詩愧世家坐來塵慮滌一盌雨前茶

雨過

銀牀冰簟夢迢迢雨過中庭暑乍消好是紅塵飛不到一簾晴翠滴芭蕉

七夕詞

銀河影淡漏聲停瓜果芳筵撤小亭不管雙星離別苦牽牛花下撲流螢

天香室詩卷上　一

天香室詩卷二卷附詩債一卷詩餘初稿一卷　邢錦生撰　民國二十二年（1933）成都邢氏天香室刻本

匡高16.4厘米，廣13厘米。半葉十二行，每行二十字，小字雙行同，白口，左右雙邊。重慶市涪陵區圖書館藏。二册。

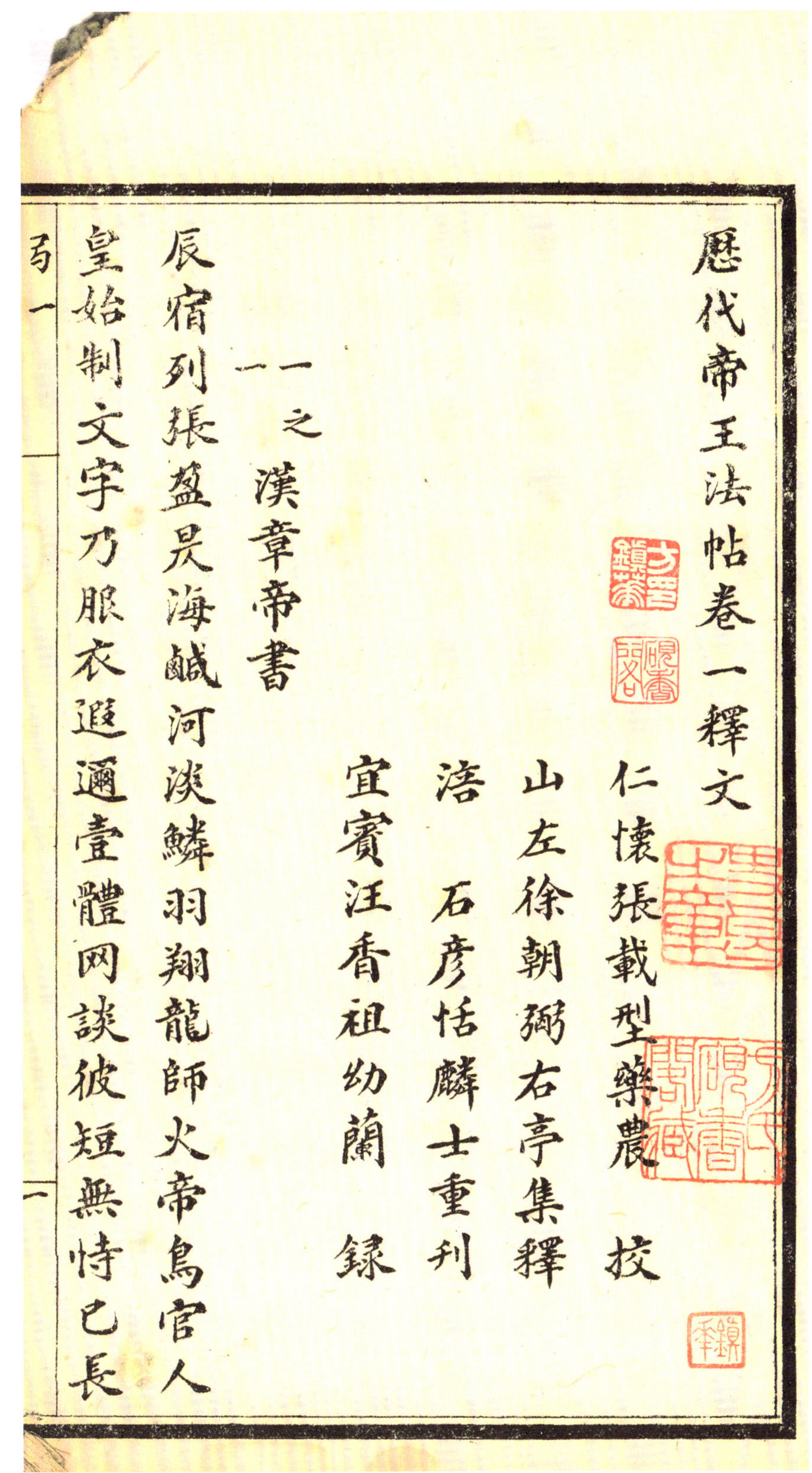

淳化閣帖釋文十卷　（清）徐朝弼集釋　（清）石彦恬重刊　（清）汪香祖録　民國石印本

匡高21.5厘米，廣14.2厘米。半葉八行，每行二十字，小字雙行同，白口，四周雙邊。有“方鎮華”“方鎮華印”“方氏硯香閣藏”等印。重慶市涪陵區古籍普查“私人藏書”。一册。

後記

涪陵區圖書館作爲全區古籍保護中心，其前身可追溯到1926年成立的涪陵縣公立圖書館，現館藏1.57萬餘册/件珍貴古籍文獻，是幾代人歷經九十餘年風雨守護的成果。

古籍，是祖先留給我們不可再生的珍貴歷史瑰寶，是中華民族數千年歷史發展進程中創造的重要文明成果。《涪陵區珍稀文獻圖録》收録了17種已納入第一批、第三批《重慶市珍貴古籍名録》的館藏，如清乾隆《周文恭公册封琉球圖原卷》六段、清康熙《函史》一百二卷、清乾隆《再重訂傷寒集註》十卷附五卷、清同治九年廣州倅署刻四色套印本《李義山詩集》三卷等彌足珍貴，是極具研究價值的重要歷史文獻。

涪陵區圖書館在中華優秀傳統文化傳承發展上持續發力，推進古籍整理保護，加强地方文獻建設，讓沉寂的珍稀文獻資源"活"起來，把跨越時空的優秀文化挖掘出來，宣傳古籍中藴含的人文精神、文化價值，弘揚中華優秀傳統文化，讓古籍走進百姓生活，這就是我們今天出版《涪陵區珍稀文獻圖録》一書的目的。

本書在編撰過程中，得到涪陵區委宣傳部、涪陵區文化和旅游發展委員會以及國家圖書館出版社的大力支持。涪陵區委常委、宣傳部長，區古籍保護工作領導小組組長吴輝同志在百忙之中，爲該書作序，在此表示衷心的感謝！

謹以此書獻給爲保護古籍篳路藍縷的圖書館前輩！

謹以此書獻給爲涪陵區圖書館事業做出貢獻的人們！

劉争

重慶市涪陵區圖書館館長、研究館員

2023年9月4日於武陵山